Ralph Dutli

Ossip Mandelstam

»Als riefe man mich bei meinem Namen«

Dialog mit Frankreich –
Ein Essay
über Dichtung und Kultur

Fischer Taschenbuch Verlag

Veröffentlicht im Fischer Taschenbuch Verlag GmbH,
Frankfurt am Main, Dezember 1990

Lizenzausgabe mit freundlicher Genehmigung des
Ammann Verlags AG, Zürich

Umschlaggestaltung: Buchholz / Hinsch / Hensinger
Umschlagbild: Ossip Mandelstam 1910,
mit freundlicher Genehmigung des
Ammann Verlags AG, Zürich
Druck und Bindung: Clausen & Bosse, Leck
Printed in Germany
ISBN 3-596-10548-X

Inhalt

Dem Andenken meiner Mutter

Одиссей возвратился, пространством и временем полный.

Odysseus ist zurückgekehrt, voller Raum und Zeit.

MANDELSTAM, in einem Gedicht, 1917

Einführung

Nur *eine* Zugehörigkeit hat Ossip Mandelstam (1891–1938) gegen Ende seines Lebens beansprucht, nämlich die Zugehörigkeit zur russischen Dichtung, auch wenn er sie – als Verfemter und Totgeschwiegener – prophetisch in der Zukunft anzusiedeln hatte: *Das Wichtige mit Lappalien mischend, schwimme ich nun bereits ein Vierteljahrhundert auf die russische Dichtung zu; bald jedoch werden meine Verse mit ihr zusammenfließen, nachdem sie einiges an ihrem Bau und ihrer Beschaffenheit verändert haben werden* /III, 280 f./.[1]

Die Voraussage findet sich in einem der letzten Briefe Mandelstams aus der Woronescher Verbannung und ist datiert vom 21. Januar 1937. Bereits ein Jahrzehnt zuvor hatte Mandelstam mit Beharrlichkeit von der künftigen Wirkung seiner Dichtung gesprochen und für sich eine persönliche Avantgarde definiert: ein unzeitgemäßes, der Zeit vorauseilendes Schaffen. In der Antwort auf eine Zeitungsumfrage unter sowjetischen Schriftstellern hält er 1928 fest, er fühle sich als Schuldner der Revolution, bringe ihr jedoch Gaben dar, die sie *vorläufig noch nicht benötige* /II, 217/.[2]

Am 27. Dezember 1938 ist Mandelstam auf dem Weg in ein sibirisches Zwangsarbeitslager, in der Nähe von Wladiwostok umgekommen – auch er ein *vergeudeter Dichter*, um jenes treffende, noch immer unersetzliche Wort aufzugreifen, das Roman Jakobson nach dem Freitod Vladimir Majakovskijs geprägt hat.[3] Waren Mandelstams Voraussagen nur Vermessenheit, nur ein unglücklicher Versuch, sich eine Legende zu formen? Zu einem guten Teil ist das Prophezeite bereits eingetroffen, hat eine östliche und eine westliche Erfüllung erfahren. In weiten Kreisen der heutigen sowjetischen Intelligenzia wird die Dichtung Mandelstams nicht nur hoch geschätzt – sie hat sich bereits selbst überschritten, ist zum Symbol geworden, zum Symbol für die Unbeirrbarkeit und Ungebrochenheit eines ästhetisch wie ethisch bedeutsamen künstlerischen Schaffens. Offiziell hingegen tut man sich immer noch und schon wieder schwer mit diesem Dichter. Der 1973, fünfzehn Jahre nach seiner Ankündigung im Taumel des Tauwetters, fünfundvierzig Jahre nach der letzten, noch zu Mandelstams Lebzeiten veröffentlichten Gedichtsammlung, in Leningrad erschienene Auswahlband kann bei seinem bescheidenen Umfang, einer äußerst geringen Auflage und einem geschichtsklitternden Vorwort auch für den kühnsten Optimismus keine dem dichterischen Rang Mandelstams entsprechende Würdigung darstellen.

In seinem Heimatland mögen die Handabschriften seiner Werke unglaubliche Dunkelziffern erlangt haben – editorisch bleibt Ossip Mandelstam ein Dichter des Exils. Beredter Ausdruck für diesen Umstand ist die dreibändige New Yorker Ausgabe (1967–1971), die bisher beste Annäherung an eine Mandelstam-Gesamtausgabe, wobei die letztere Bezeichnung von vorneherein dazu verurteilt ist, Utopie zu beschildern. Seit 1981, seit dem Erscheinen eines Ergänzungsbandes in Paris, kann immerhin gesagt werden, die meisten und wichtigsten Texte Mandelstams seien nun veröffentlicht – was allerdings Verluste nicht ungeschehen und wie auch immer geringe Lücken nicht weniger bedauerlich macht.

In der westlichen Kritik besteht heute kein Zweifel mehr darüber, daß Ossip Mandelstam als einer der bedeutendsten russischen Dichter überhaupt zu gelten hat. Nicht wenige Kenner der russischen Literatur betrachten ihn als den größten russischen Lyriker dieses Jahrhunderts.[4] Seit den sechziger Jahren – und ab dem Beginn der siebziger Jahre mit dem unverkennbaren Auftrieb durch die Veröffentlichung der Memoiren Nadeschda Mandelstams, der Witwe des Dichters – ist in zahlreichen Aufsätzen und einigen umfänglicheren Untersuchungen von Spezialisten die Entdeckung der Fülle dieses Werkes an die Hand genommen worden.[5] Mandelstam ist allmählich jedoch eine nicht nur von Exilrussen, Slawisten und Russisten gehegte Erscheinung, und auch ein des Russischen unkundiger, literarisch interessierter deutscher Leser kann auf eine Anzahl von Übersetzungen zurückgreifen.[6]

Nicht nur das Werk eines außergewöhnlichen Dichters gilt es zu würdigen – auch seine Epoche, sein Hintergrund darf für sich Beachtung fordern. Ob man die vier zwischen 1892 und 1932 liegenden Jahrzehnte der russischen Dichtung als *silbernes Zeitalter*, als *Renaissance* oder gar als *zweites goldenes Zeitalter* nach der Plejade um Alexander Puschkin (1799–1837) bezeichnen will[7] – zumindest im Westen unbestritten ist die Tatsache, daß diese Epoche begünstigter Moment, Zeit der Vielfalt und des Reichtums, eine Periode besten künstlerischen Gedeihens war. Die Umwandlung der ästhetischen Normen und literarischen Ausdrucksformen, eine Wiedergeburt der Dichtung nach der von der Prosa beherrschten zweiten Hälfte des 19. Jahrhunderts war in Rußland ab 1892 im Gange. Das neue Bewußtsein des dichterischen Wortes wurde von der Lektüre Ibsens, Strindbergs und Nietzsches begleitet, beeinflußt von der Aufnahme des französischen wie europäischen Symbolismus, von der Offenbarung, welche die Namen Edgar Allan Poe, Charles Baudelaire und Paul Verlaine trug.[8]

Mit dem Symbolismus vermochte sich der russische Modernismus nicht zu erschöpfen: die nach-symbolistischen Strömungen (Akmeismus, Futurismus, Imaginismus usw.) fügen sich, als Erben des russischen Symbolismus in einem weiteren Sinne, ganz organisch in die *silberne* Epoche ein, die erst 1932 mit der Gleichschaltung des literarischen Schaffens in der Sowjetunion und 1934 mit dem Absolutheitsanspruch der Doktrin des sozialistischen Realismus ihr Ende fand.

Der Reichtum dieser Periode der russischen Literatur ist weit davon entfernt, gänzlich ausgelotet und erforscht zu sein – und so wird dieser Zeitabschnitt die Ära der ungehobenen Schätze, die Ära der möglichen Überraschungen bleiben. Als Überraschung der sechziger Jahre darf man auch den Akmeismus und seine Hauptvertreter Nikolaj Gumilev, Anna Achmatowa und Ossip Mandelstam bezeichnen, deren Wiederentdeckung noch immer andauert. Was bedeutet Akmeismus? Der Name leitet sich vom griechischen *akmē* ab (Spitze, Höhepunkt, Blüte, Reife) und bezeichnet eine literarische Gruppierung in der Nachfolge des russischen Symbolismus, der sich um 1910 erschöpft hatte.[9] In Petersburg gründete Nikolaj Gumilev 1911 die *Dichtergilde*, eine Gesprächsrunde jüngerer Dichter, aus der 1912 der Akmeismus hervorging. Der Jenseitsbezogenheit der zweiten Symbolistengeneration, ihren religiösen Spekulationen (Theosophie, Okkultismus), einer mystisch-entrückten Dichtung und dem Denken in Symbolen und Analogien hielten die Akmeisten ihr Programm entgegen: Rückkehr zum Irdischen, Organischen, zum konkreten, plastisch-dreidimensionalen Gegenstand, Rückkehr zum Prinzip der Identität, zur kunstvollen Genauigkeit des Handwerks und zu apollinischer Klarheit – sowie nicht zuletzt zu einer Bejahung dieser Welt, als der einzigen, die dem Menschen und Dichter zugänglich sei. 1913 erschienen in der Petersburger Kunstzeitschrift *Apollon* zwei Manifeste zur Verkündung dieses Programms. Als Autoren zeichneten Nikolaj Gumilev und Sergej Gorodeckij. Ossip Mandelstams Manifest *Der Morgen des Akmeismus* – gedanklich schärfer, origineller und dichter als die Texte seiner älteren Kollegen – wurde aus unbekannten Gründen erst 1919 gedruckt, ist aber zweifellos 1912 oder 1913 im Umkreis der Manifeste von Gumilev und Gorodeckij entstanden.[10]

In der Überwindung des Symbolismus hatten die Akmeisten, die sich auf Vorläufer und Verbündete in der weltliterarischen Tradition beriefen, von Anfang an eine bedeutende, sich weitaus radikaler gebärdende Konkurrenz: die Gruppe der Futuristen (Velimir Chlebnikov, Vladimir Majakovskij u. a.) pflegte den kulturrevolutionären Gestus, verfocht den Neubeginn beim Nullpunkt und fegte erst einmal die gesamte Tradition von Bord des *Schiffes der Gegenwart.*[11] Über der Frage, wer denn die wahren *Überwinder des Symbolismus* seien, die Akmeisten oder die Futuristen, ist schon früh ein Streit entbrannt, der noch heute in der Debatte um den Ehrentitel *Avantgarde* – wem er nach welchen Gesichtspunkten zu verleihen oder strikte nicht zu verleihen sei – fortlebt.[12] Der Disput um Titel und Ehren darf nicht vergessen lassen, daß ein Dichter von Format ohnehin dazu neigt, dazu neigen muß, den engen Rahmen von Manifestwortlaut und Schuldoktrin zu sprengen. So haben denn die beiden wichtigsten Akmeisten, zwei so verschiedene Dichter wie Anna Achmatowa und Ossip Mandelstam, auch wenn sie sich immer zum Akmeismus bekannt haben, die ursprüngliche Bewegung entwickelt, bereichert – und im besten Sinne verformt, indem sie ihr eine stark persönliche Prägung zu geben vermochten. *Das Weltgefühl ist indessen für den Künstler nur Werkzeug und Mittel, wie etwa der Hammer in den Händen des Maurers, und das einzig Reale ist das Werk selbst,* hält Mandelstam im *Morgen des Akmeismus* fest /II, 320/. Auch wenn dieser Akmeist in seinem Werk, sei es durch die Form seines Verses oder seines Gedichtes, bewußt auf das Erbe der russischen Klassiker Deržavin, Batjuškov und Puschkin zurückgreift, wird er – angesichts der Kühnheit und Modernität seiner Bildsprache – nicht selten als *Avantgardist* betrachtet.[13] Mandelstams Bildsprache vermochte schon die Zeitgenossen zu verwirren: 1921 nannte Viktor Žirmunskij Mandelstam einen *großartigen Phantasten sprachlicher Bilder*, verschiedene Kritiker versuchten die Nähe des bedeutendsten Akmeisten zum Futurismus zu zeigen und selbst Boris Pasternak soll 1932 nach einer Lesung bewundernd zu Mandelstam gesagt haben, er sei ein *neuer Chlebnikov*[14] – Chlebnikov (1885–1922) war unbestritten die überragende Figur des russischen Futurismus gewesen. Die Urteile der verblüfften Zeitgenossen sind nur ein Indiz dafür, wie sehr Mandelstam in seinem Werk die Grenzen von Symbolismus, Akmeismus und Futurismus sprengt und diese Strömungen zu einer neuen Synthese führt – so daß gerade er die moderne russische Dichtung des *silbernen Zeitalters* würdig zu vertreten vermag.

Ein bestimmender Zug der Epoche zwischen 1892 und 1932 liegt darin, daß sie sich – und dies betrifft Dichtung, Malerei wie Musik – nicht im Nationalen isolierte, sondern bei aller Respektierung des unverkennbar Eigenen das Über-Nationale, Verbindende, den Dialog mit Westeuropa suchte. Die Moderne des 20. Jahrhunderts ist in der Intensität des Gesprächs zwischen Rußland und Westeuropa entstanden. Die Gleichschaltung des künstlerischen Schaffens in der Sowjetunion des Jahres 1932 bedeutete auch und vor allem: erneute Isolation, Abtrennung von Europa, Tilgung einer künstlerischen Suche, die bereits reichste Früchte getragen hatte. Wenn gleich zu Beginn dieser EINFÜHRUNG die Zugehörigkeit Mandelstams zur russischen Dichtung betont wurde, so geschah dies gerade nicht mit dem Ziel einer Eingrenzung ins Nationale, sondern vielmehr vorausnehmend zur Bekräftigung des Gedankens, daß eine Nationalliteratur gerade dort künstlerische Höhepunkte zu erlangen vermag, wo sie sich am wenigsten isoliert, wo sie am offensten ist für Dialog und Einfluß – das *goldene Zeitalter* der Generation Alexander Puschkins und die von Experiment und Neuerung geprägte Epoche von Symbolismus, Akmeismus und Futurismus mitsamt ihren Erben sind dafür nur die lohnendsten Beispiele.

Im Werk Ossip Mandelstams ist die Bereitschaft zum Dialog besonders augenfällig: der Leser nimmt eine Reise durch die Kulte und Kulturen wahr, die in der europäischen und in einer utopisch einen *Weltkultur* aufgehoben sind. Den jüdischen, christlichen, hellenistischen, klassisch-römischen und italienischen Mythen, Themen, Motiven und Bildern in Mandelstams Dichtung ist bereits Beachtung geschenkt worden.[15] Die vorliegenden Seiten sind ein Versuch, die Bedeutung der französischen Kultur für das Werk Mandelstams zu erschließen. Dieses Interesse steht somit gewiß nicht isoliert und erratisch da, sondern fügt sich in ein Ganzes – doch läßt sich gerade an ihm die Beziehung Mandelstams zu einer »fremden« Kultur neu beleuchten und lesbar machen: die französischen Werke haben Mandelstam während seiner ganzen dichterischen Tätigkeit begleitet – Zeugnisse werden sich aus allen von diesem Dichter gewählten literarischen Genres und aus sämtlichen Schaffensperioden beibringen lassen.

Es war bereits bekannt, daß der russische Symbolismus von französischen Dichtern fruchtbare Impulse empfangen hat[16] – hier nun läßt sich unter anderen Dingen zeigen, daß die französische Literatur auch im nachsymbolistischen russischen Modernismus, auch nach

1910 ihre Wirkung entfaltet hat. Mandelstam ist ein nicht zu unterschätzendes Glied im Kulturdialog zwischen Moskau und Paris in den ersten Jahrzehnten dieses Jahrhunderts – einem besonders ertragreichen Austausch zwischen privilegierten Partnern, durch den die Moderne des 20. Jahrhunderts wesentlich mitgestaltet worden ist.[17]

Darüber hinaus steht Mandelstams Werk hier auch in einem allgemeineren Sinne als Modellfall der Komparatistik – es läßt alle Formen literarischer Wirkung sehen, alle Arten der Kontaktnahme von Werken über die Grenzen der Nationalliteraturen hinweg: von der Übersetzung und Nachahmung bis hin zur Reminiszenz, vom sich unmittelbar öffnenden bis zum verschlüsselten Zitat.

Die Suche nach den literarischen Quellen und Dialogpartnern eines Dichters, der Versuch einer Ergründung seiner Genealogie, wird von Mandelstam selber legitimiert. In seinem Essay *Der Dachsbau*, einer Würdigung Alexander Bloks zu dessen erstem Todestag am 7. August 1922, heißt es: *Die Bestimmung der literarischen Genesis eines Dichters, seiner literarischen Quellen, seiner* Verwandtschaft *und Herkunft führt uns unverzüglich auf festen Boden. Auf die Frage, was der Dichter sagen wollte, darf ein Kritiker allenfalls auch* nicht *antworten, auf die Frage jedoch, woher er kam, ist er zu antworten verpflichtet* /II, 207 f./ . . .

Seien wir strenger als Mandelstam: die Beantwortung der Frage nach dem Ursprung wäre zu einem nicht unbedeutenden Teil ihres Sinnes beraubt, bemühte sie sich nicht zugleich um das Sein des Dichters, um das *Was*? seiner dichterischen Botschaft. Diesem doppelten Anspruch zu genügen, sollen beide Hauptteile des vorliegenden Essays bestrebt sein, die Konzentration auf Mandelstams französische Genealogie wie auch eine einleitende Skizze der Zusammenhänge von Poetik und Kultur in seiner Dichtung.

Poetik und Kultur

О Европа, новая Эллада...

O Europa, neues Hellas . . .

MANDELSTAM, in einem Gedicht, 1916

Europäische Kultur und das Prinzip der Anverwandlung

Als Ossip Mandelstam 1933 bei seiner letzten öffentlichen Lesung provokativ gefragt wurde, was denn Akmeismus sei, lautete die Antwort sehr kurz: *Sehnsucht nach Weltkultur.*[1] Die lapidare Äußerung war ein erneutes Bekenntnis zu jener nach-symbolistischen Gruppierung, die dem kulturrevolutionären futuristischen Gestus fremd gegenüberstand und die weltliterarische Vergangenheit nicht nur nicht verwerfen mochte, sondern als ihr Fundament betrachtete. Mandelstams Werk verhehlt nicht, wo der Ursprung, der Ur-Raum einer solchen utopischen Weltkultur zu orten wäre. Es ist unzweifelhaft Europa – und genauer: der mediterrane Raum. Mit der Faszination des Europäischen verbunden ist auch Mandelstams Begeisterung für die Krim, das alte Tauris, für Georgien und Armenien mit ihrer reichen kulturellen Vergangenheit und ihren frühesten christlichen Kulturen. Auch sie bezog er – die Verbindung bildete das Schwarze Meer – in seinen mythisch erweiterten Mittelmeerraum ein.[2] Das Gedicht an den italienischen Dichter Ariosto (1474–1533), das aus dem Jahre 1933 stammt, ist durchaus ein Programm. Hier die Schlußstrophe:

Любезный Ариост, быть может, век пройдет —
В одно широкое и братское лазорье
Сольем твою лазурь и наше черноморье.
И мы бывали там. И мы там пили мед. /I,193/

Mein lieber Ariost, noch eine Frist, mag sein –
Und wir verschmelzen hin zu brüderlichen Fluten
Das Deine, tiefes Blau, und schwarz mein Meer, das gute.
Auch wir: wir waren dort. Wir tranken Honigwein.
(Übertragung: RD)

Die Kultur ist das große Thema, um das die Mandelstamsche Dichtung kreist. *Die Kultur berauscht* /III, 37/ – schreibt der Dichter in einem Essay über die georgische Kunst und führt die Analogie mit dem Wein noch weiter, im Gedenken daran, daß *Kultur*, im Sinne einer Gesamtheit geistiger und künstlerischer Lebensäußerungen, wortgeschichtlich mit der Urbarmachung, Bebauung der Erde, der Veredlung und dem Reifenlassen von Pflanzen und deren Säften in Verbindung steht: *Der Wein altert – und darin liegt seine Zukunft, die Kultur gärt – und darin liegt ihre Jugend* /III, 39/. Kultur ist hier ein dynamischer Vorgang, ein Umwandlungsprozeß, zukunftsreich, aller Statik fremd. Mandelstam hat Kultur nie im Sinne einer musealen Summierung verstanden. Kein Kult des Isolierten, Fernen, Grandiosen – Mandelstams Kulturverständnis beruht auf der Idee einer kulturellen Intimität und Häuslichkeit, einer Vertrautheit und Familiarität mit den Werken. Erhellend ist sein Essay *Über die Natur des Wortes* von 1922, wo er einen *inneren Hellenismus* umreißt, den *häuslichen Hellenismus* des warmen, zweckvollen Gerätes, das die Kultur bedeutet:

Hellenismus – das ist ein Tontopf, eine Ofengabel, ein Krug mit Milch, häusliches Gerät, Geschirr, alles, was den menschlichen Körper umgibt; Hellenismus – das ist die Wärme eines Herdes, die als etwas Geheiligtes empfunden wird, jegliches Besitztum, das den Menschen an der äußeren Welt teilhaben läßt, jegliche Kleidung, die über jemandes Schultern gelegt wird /. . ./.

Hellenismus – das ist des Menschen bewußtes Sich-Umgeben mit Gerät anstatt mit bedeutungslosen Gegenständen, die

Verwandlung solcher Gegenstände in Gerät, die Vermenschlichung der umliegenden Welt, deren Erwärmung durch feinste teleologische Glut /II, 253/.

In einer Poetik mit dem Hintergrund dieser Anschauungen ist es ausgeschlossen, daß das Gedicht nur Kulturgutvehikel ist, reine Bildungssumme, die mit Poesie nichts zu schaffen hätte und im Widerspruch zum Geiste kultureller Familiarität stünde. Das Gedicht kann nicht fortwährend aus sich hinausverweisen, ohne seine Substanz einzubüßen. Schöpferisches Tun führt denn das Fremde in die Nähe des Schaffenden und verwandelt es in zweck-volles, motiviertes Gerät. Die einfühlende Durchdringung des Fremden ist bei Mandelstam gefolgt von einer schöpferischen Anverwandlung, einer Umgestaltung, Neu-Erschaffung des Fremden im eigenen Werk. Schon 1914 wird diese Anverwandlung in einem Gedicht als Programm sichtbar gemacht:

Я не слыхал рассказов Оссиана,
Не пробовал старинного вина —
Зачем же мне мерещится поляна,
Шотландии кровавая луна?

И перекличка ворона и арфы
Мне чудится в зловещей тишине,
И ветром развеваемые шарфы
Дружинников мелькают при луне!

Я получил блаженное наследство —
Чужих певцов блуждающие сны;
Свое родство и скучное соседство
Мы презирать заведомо вольны.

И не одно сокровище, быть может,
Минуя внуков, к правнукам уйдет,
И снова скальд чужую песню сложит
И как свою ее произнесет. /I, 41/

Die Klänge Ossians, ich hab sie nie vernommen,
Hab nie den Wein der alten Zeit versucht –
Warum ist mir im Traum ein Feld gekommen
Ganz unter Schottlands Blutmond, Nachtgeruch?

Den Schrei des Raben, und dann Harfenklänge
Erahn ich in der Stille, unheilschwer,
Es schimmern windgeblähte Schals, Gespänge
Im Mondlicht auf – von einem Kriegerheer!

Denn ich erhielt ein Erbe, selig-reiches:
Von fremden Sängern irre Träumerei –
Das Nahverwandte, Nachbarn, immergleiche
Ganz zu mißachten, sind wir immer frei.

Und manche Schätze gehn, vorbei an Enkeln,
Zu fernen Urenkeln ins Haus,
Der Skalde wird ein fremdes Lied erdenken
Und spricht es als sein eignes aus.

(Übertragung: RD)

Viktor Žirmunskij hat 1916 Mandelstams Dichtung als *Poesie der Poesie* charakterisiert[3] und damit ein Konzept Friedrich Schlegels aufgegriffen: das Konzept einer sich durch einen hohen Grad an poetologischer Selbstreflexion (Merkmal der Modernität) auszeichnenden Dichtung, die *in jeder ihrer Darstellungen sich selbst mit darstellt und überall zugleich Poesie und Poesie der Poesie ist.*[4] Mandelstams eigentliches Anliegen ist, wie schon im Ossian-Gedicht, die Hervorhebung der Kontinuität menschlichen Schöpfertums. Erst in dieser Kontinuität erweist sich die Sinnfülle der Kultur. Gerade deshalb kann die akmeistische Poetik keine Sammlerin von Monumenten und Museumsobjekten sein: sie ist tätige Bejahung des Fortgestaltens als eines anverwandelnden Umgestaltens. Ein Gedicht Mandelstams aus dem Jahre 1932 ist dem russischen Klassiker Konstantin Batjuškov (1787–1855) gewidmet, in dessen Dichtung Petrarca, die italienische

OSSIP MANDELSTAM,
DREISSIGER JAHRE
(AUSWEISPAPIER)

Renaissance, Torquato Tasso weiterleben. Mit den beiden letzten Versen unterstreicht Mandelstam imperativisch die Notwendigkeit von Batjuškovs Tun, die Notwendigkeit kultureller Kontinuität als einer Reise des Universellen durch verschiedene Gefäße: *Die ewigen Träume, wie Blutproben/ gieße sie von einem Glas ins andere* /I, 186/ . . . Die Würde des Dichters besteht hier in der Einfügung seines Werkes in eine große Kulturtradition, die sich nicht einschränken läßt von räumlichen und zeitlichen Grenzen. Die Faszination des Klassischen, in Mandelstams Werk an mehr als einer Stelle augenfällig (von ihr wird noch die Rede sein), erhält vor dem Hintergrund dieses Denkens erst ihren eigentlichen Sinn. Die Zugehörigkeit zu diesem einen Schaffensstrom ist für den Dichter Grund zu Stolz *und* Demut, und es ist dieses doppelte Bewußtsein, das aus den freien Versen von Mandelstams *Hufeisenfinder* (1923) spricht:

То, что я сейчас говорю, говорю не я,
А вырыто из земли, подобно зернам окаменелой пшеницы.
/I,106/

Was ich jetzt sage, sage nicht ich,
Es ist ausgegraben aus der Erde, Körnern ähnlich von
versteinertem Weizen.

Und dennoch ist Mandelstam unleugbar ein russischer Dichter und schafft keineswegs von einem Niemandsland aus. Das Programm der Über-Nationalität des künstlerischen Schaffens schließt die Verwurzelung in der russischen Kultur nicht aus. Und sind Konstantin Batjuškov und Alexander Puschkin etwa unwürdige Vertreter dieser russischen Tradition? Erinnert sei an Puschkins *dritte Periode*, wie sie Dostojewskij in seiner berühmten Puschkinrede vom 8. Juni 1880 bezeichnet hat und die Werke wie die *Szene aus dem Faust* und den Gedichtzyklus *Nachahmungen des Korans*, die kurzen Tragödien des Jahres 1830 (*Das Gastmahl während der Pest, Der steinerne Gast, Der geizige Ritter, Mozart und Salieri*) und das Vers und Prosa vereinende Romanfragment *Ägyptische Nächte* umfaßt: *So lassen sich der dritten Periode diejenigen seiner Werke zuordnen, in denen vor allem weltumspannende Ideen aufleuchten, in denen sich poetische Gestalten anderer Völker widerspiegeln und ihr Genie sich verkörpert.* Der Redner spricht im weiteren von der *weltumspannenden Einfühlungsgabe* Puschkins, von seiner Fähigkeit, *sich ganz in das Wesen des fremden Volkes hineinzuversetzen*, von seiner *Universalität* und der *Allmenschlichkeit seines Geistes.*[5] Dostojewskijs gerade in diesem Zusammenhang widersprüchliche, russophile und russozentrische Schlußfolgerungen aus seiner Analyse der Qualitäten Puschkins muß man nicht teilen, um die Gültigkeit seiner Beschreibung der dichterischen Einfühlung in ein fremdes künstlerisch-kulturelles Universum anzuerkennen.

Mandelstam ist in mehr als einer Hinsicht würdiger Nachfahre Batjuškovs und Puschkins im 20. Jahrhundert. Gerade jene Momente der russischen Kulturgeschichte vermochten ihn zu faszinieren, wo das russische Element dem fremden, vor allem dem *mittelmeerischen*, begegnet war und mit ihm eine Synthese gebildet hatte.[6]

Die allem übergeordnete Synthese heißt *Europa*, dieses *neue Hellas*, wie es in einem Gedicht von 1916 genannt wird.[7] Mandelstams Dichtung zeigt eine Fülle solcher Begegnungen. In der Uspenskij-Kathedrale mit ihrer *italienischen und russischen Seele*, der ein ganzes Gedicht gewidmet ist, erblickt er 1916 *Florenz in Moskau* /I, 58/. Im eingangs zitierten Gedicht an Ariosto wird die Begegnung des Himmels über dem Mittelmeer mit dem Schwarzen Meer gefeiert, und im selben Text von 1933 liegt in der Sprache der Zikaden die *bezaubernde Mischung von Puschkinscher Trauer und mediterranem Hochmut* /I, 192/. Mandelstams Dichtung lebt – neben anderen Kontrasten – aus der Spannung solcher Begegnungen. Die diesem Werk innewohnende Dialektik des Schöpfens aus einer nationalen Tradition und der Reise durch fremde Kulturen läßt sich besonders lohnend am Thema der Fremdsprache aufzeigen, an dessen Verbindung mit dem Thema der Muttersprache. Die fremde Sprache ist eine ganz natürliche Metonymie für die fremde Kultur.

Есть речи — значенье
Темно иль ничтожно,
Но им без волненья
Внимать невозможно.

MICHAIL LERMONTOW, 1840

(Es gibt Reden – ihre Bedeutung
sei dunkel oder nichtig,
doch sie ohne Bewegung
zu vernehmen – unmöglich.)

FREMDSPRACHE – MUTTERSPRACHE

Muttersprache ist im Falle Mandelstams zunächst in einem ganz wörtlichen Sinne als die Sprache der Mutter zu verstehen. In seinem ungewöhnlichen Erinnerungswerk *Das Rauschen der Zeit* (1925) charakterisiert er mit Eindringlichkeit die prägende Erfahrung der Sprache seiner Eltern: zwei Sprachen, zwei Welten. Die Sprache des Vaters ist die Sprache dessen, der sich *als Autodidakt aus dem Talmuddickicht in die germanische Welt durchgeschlagen hatte*, wie es im Kapitel *Der Bücherschrank* heißt /II, 58/. Die eigentlichen Sprachporträts im *Rauschen der Zeit* finden sich im Kapitel *Jüdisches Chaos*:

Mein Vater hatte gar keine Sprache, es war Sprachgestammel und Sprachlosigkeit. Das Russisch eines polnischen Juden? Nein. Die Sprache eines deutschen Juden? Auch nicht. Vielleicht ein besonderer kurländischer Akzent? Einen solchen habe ich nie gehört. Es war eine völlig abstrakte, erfundene Sprache, die schwülstige und geschraubte Ausdrucksweise des Autodidakten, in der Alltagswörter sich mit altertümlichen philosophischen Termini Herders, Leibniz' und Spinozas verflochten, die wunderliche Syntax des Talmudisten, künstliche, nicht immer zu Ende geführte Sätze – es hätte alles mögliche sein können, nur keine Sprache, weder Russisch noch Deutsch /II, 66f./.

Der Kontrast zum Porträt der Mutter-Sprache könnte

nicht größer sein, das bei Mandelstam dem eben zitierten voraufgeht und ihn ganz andere Worte finden läßt:

Die Sprache meiner Mutter war die klare und klangvolle russische Literatursprache, ohne die geringste fremdländische Beimischung, mit etwas breiten und übermäßig offenen Vokalen; ihr Wortschatz war arm und gedrängt, ihre Wendungen einförmig – doch dies war eine Sprache, sie hatte etwas Ursprüngliches und Zuversichtliches. Meine Mutter sprach gerne und freute sich an den Stämmen und am Klang der durch den Gebrauch der Intellektuellen etwas verarmten großrussischen Sprache. War nicht sie als erste in unserer Familie zu reinen und klaren russischen Lauten vorgedrungen /II,66/?

In Mandelstams Werk finden sich nicht wenige Huldigungen an die russische Sprache. Die Freude an deren Klang wird stetes Element der Würdigung bleiben – und vielleicht gerade dadurch unterscheidet sich Mandelstams *Hommage* von dem anderer russischer Schriftsteller, welche die Verehrung der Sprache nicht selten als ein Vehikel des Patriotismus, der Russophilie oder des Messianismus verstanden haben.[8] Selbst Turgenjew ist wohl in seinem berühmten Prosagedicht *Die russische Sprache* dieser Versuchung erlegen.

In einem Gedicht des Jahres 1920 – ein Theatergedicht Mandelstams, wo ein komplexes Reich der Bühne, seine Atmosphäre, in aller Dichte und Sinnlichkeit vor dem Leser ersteht (hier ist es Musiktheater, Hintergrund: Mandelstams Lieblingsoper, Glucks *Orfeo ed Euridice*) – zeigt sich ein Denkmal besonderer Art, ganz abgesehen davon, daß der Dichter, einem Grundgestus treu, das mittelmeerische *Täubchen Eurydike* in den russischen Schnee entführt.

Слаще пенья итальянской речи
Для меня родной язык,
Ибо в нем таинственно лепечет
Чужеземных арф родник. /I,82/

Süßer als der Gesang italienischer Rede
ist für mich die Muttersprache
[im Russischen: heimatliche, verwandte, vertraute Sprache]
denn in ihr lallt geheimnisvoll
die Quelle fremdländischer Harfen.

Die Muttersprache ersetzt hier alle Fremdsprachen – nicht indem sie diese ausschließt, sondern im Gegenteil umfaßt und deren Grundton in sich selber zum Klingen bringt (bemerkenswert die ausschließlich musikalische Metaphorik in der Annäherung an die Sprache: *Gesang* und *Harfen*). Die Muttersprache, das Russische, ist bereits hier eine Sprache der Synthese. Die Konzentration auf das Musikalische, Klanglich-Ästhetische in dieser Huldigung ist neu, der Gedanke an sich hat Tradition – schon Michail Lomonosov (1711–1765), Rußlands Universalgelehrter und Dichter des 18. Jahrhunderts, hebt im Vorwort zu seiner *Russischen Grammatik* von 1755 anhand einer Anekdote hervor, das Russische vereinige in sich die guten Eigenschaften der übrigen europäischen Sprachen: . . . *Denn er hätte in ihr gefunden: die Pracht der spanischen, die Lebendigkeit der französischen, die Kraft der deutschen, die Zärtlichkeit der italienischen und darüber hinaus den Reichtum und die ausdrucksvolle Kürze der griechischen und der lateinischen Sprache.*[9]

Es hieße die Bedeutung von Mandelstams Reflexion über Dichtung und Sprache verkennen, wollte man seine Würdigung der russischen Muttersprache nur einseitig verstehen und sie für all ihre Erscheinungen auf das Ästhetische begrenzen. In seinem grundlegenden Essay *Über die Natur des Wortes* (1922), von dem bereits im Zusammenhang mit dem Konzept eines *inneren, häuslichen Hellenismus* die Rede war, spricht Mandelstam vom Wesen des Russischen und dessen historischer Bestimmung: die russische Sprache sei die Begünstigte des hellenistischen Erbes (*Die russische Sprache ist eine hellenistische*

Sprache), die das *von Selbstvertrauen erfüllte Geheimnis hellenistischer Weltanschauung* empfangen habe und gerade durch dieses Erbe *klingendes und sprechendes Fleisch* geworden sei /II, 245/. Durch Anlehnung ans Johannes-Evangelium – *Und das Wort ward Fleisch . . .* – verleiht Mandelstam dieser Verkündung besonderes Gewicht. Der Essay von 1922 gipfelt in einer Identifikation der Geschichte Rußlands mit seiner Sprache. *Eine so hochgradig organisierte, so stark organische Sprache ist nicht nur eine Tür zur Geschichte, sondern auch diese Geschichte selbst* /II, 247/.

Mandelstam ist sich sehr wohl des Spannungsverhältnisses bewußt, das zwischen der Bereitschaft zur Aufnahme fremder Einflüsse und einer kulturellen Eigenständigkeit besteht. Es ist, als ob er in einem Essay des folgenden Jahres, in den *Notizen über Poesie* von 1923, seine »hellenistische« Sicht begrenzen und vor falschen Schlüssen warnen wolle – das Beharren auf der eigenständigen Größe des Russischen ist jedoch weder eine Aufhebung noch eine Korrektur des Hellenismus von 1922, sondern einzig Antithese einer inneren, dieses Werk durchziehenden Dialektik: *Es ist unwahr, daß in der russischen Sprache das Lateinische schlafe, unwahr, daß in ihr Hellas schlafe. Mit demselben Recht könnte man Negertrommeln oder einsilbige Wortäußerungen der Kaffer in die Musik der russischen Sprache hineinzaubern. In der russischen Sprache schläft sie selbst und nur sie allein. Für einen russischen Versschöpfer ist es kein Lob, sondern eine offene Beleidigung, wenn seine Verse wie Latein klingen* /II, 262/.

Mit dem Ende der zwanziger Jahre bekam das dialektisch angelegte Thema eine neue, existentielle und nicht zuletzt politische Dimension. Mit seinem unzeitgemäß humanistischen, europäischen, auf große Zusammenhänge und individuelle Würde gerichteten Denken stand Mandelstam in der Sowjetliteratur zwar schon früh als Fremdkörper fest, doch brach der Konflikt erst 1928 mit einer Kampagne gegen den Dichter aus. In der 1929/30 als Antwort auf die Hetze geschriebenen *Vierten Prosa*, einer pamphletarischen Prosa der Selbstbefreiung und des Bekenntnisses zum eigenen Weg, zeigt sich Mandelstams Bewußtsein der eigenen *Fremdheit*, das Bewußtsein, daß er auch dann, wenn er in der Muttersprache verbliebe, für seine Zeitgenossen eine Fremdsprache sprechen würde. Die Geste der Verweigerung, Geste eines Anders-Sprachigen, resümiert sich in einem einzigen Satz: *Ich bin Chinese, niemand versteht mich* /II, 183/.

Mit den abnehmenden Möglichkeiten einer Veröffentlichung seiner Werke drohte die Muttersprache Russisch in einem gewissen Sinne gar zur verbotenen Sprache zu werden. Gerade Mandelstams Lyrik der dreißiger Jahre zeigt die Suche nach einer übergreifenden Sprache, nach jener Universalsprache der Poesie, wie sie schon die französischen Modernisten erträumt hatten. Erinnert sei an den Seher-Brief (*La Lettre du Voyant*) Arthur Rimbauds vom 15. Mai 1871, in dem es heißt: . . . *die Zeit einer universalen Sprache wird kommen! . . . diese Sprache wird von der Seele für die Seele sein, alles zusammenfassen, Gerüche, Klänge, Farben . . .*[10] Und Guillaume Apollinaire resümiert in einem Gedicht der *Calligrammes* von 1918 die Bestrebungen der modernen Dichter, definiert jene zu findende Universalsprache als un-grammatisch, jenseits der nationalen Grammatiken liegend:

> *O Münder der Mensch ist auf der Suche nach neuer Sprache*
> *Zu der kein Grammatiker keiner Sprache irgend etwas*
> *zu sagen hätte*[11]

Mandelstams Ringen um ein Idiom ist denn einerseits gewiß auch in diesem europäischen Kontext zu sehen. Das wichtigste Zeugnis einer Sprachsuche in seinem Spätwerk findet sich im Gedicht *An die deutsche Sprache* (1932), von dem hier die 1. und die 7. Strophe zitiert werden:

Себя губя, себе противореча,
Как моль летит на огонек полночный,
Мне хочется уйти из нашей речи
За все, чем я обязан ей бессрочно.

/. . ./

Чужая речь мне будет оболочкой,
И много прежде, чем я смел родиться,
Я буквой был, был виноградной строчкой.
Я книгой был, которая вам снится. /I,190f./

Mich selber ins Verderben stürzend, mir selber widersprechend,
wie eine Motte in die mitternächtliche Flamme fliegt,
will ich weggehen aus unserer Sprache
um dessentwillen, wofür ich ihr verpflichtet bin auf unbefristete Zeit.

/. . ./

Die fremde Sprache wird mir Hülle sein,
und lange bevor ich wagte, geboren zu werden,
war ich Buchstabe, war ich Weinrebenzeile.
Ich war das Buch, das euch im Schlaf erscheint.

Zweierlei ist für Mandelstam charakteristisch. Bei aller Suche nach dem Neuen wird die Bindung an die Muttersprache nicht abgebrochen, sondern es bleibt ein *unbefristetes Verpflichtetsein* bestehen. Keiner der französischen Modernisten und Sprachsucher hat je so von seiner Muttersprache gesprochen. Außerdem ist das künftige Neue und Universale im Ursprünglichen, Archaischen, in einer mythischen Vor-Existenz zu suchen. 1910, im Gedicht *Silentium*, war es die Einheit von Wort und Musik gewesen (*Bleib Schaum, Aphrodite,/ Und, Wort, kehr in die Musik zurück*; /I, 9/) – hier, in der Spätzeit, erfährt die Dichtung eine noch umgreifendere Deutung, ist gar vormusikalisch, ist Ur-Buch, Ur-Traum des Menschen, das Universale *an sich*. Die zitierte Strophe weist auf die poetologischen *Achtzeiler* des Jahres 1934 voraus, wo es heißen wird, das *Flustern* sei schon vor den *Lippen* entstanden /I, 200/: Dichtung war schon vor dem Dichter da, Dichtung ist eins und beständig – in seiner Verfügbarkeit für diese Dichtung hat sich der Dichter zu beweisen.

Bei allem europäischen Kontext ist es andrerseits für Mandelstams persönliche Situation kennzeichnend, daß es sich bei seiner Sprachsuche um bedrohtes Geschehen handelt, die Suche mit einem existentiellen Konflikt gleichgesetzt und von dunklen Vorahnungen einer notwendigen, zwangsläufigen Selbstaufopferung begleitet wird. Die Suche jedoch ist nicht dem Willen des Dichters unterworfen, ist Leidenschaft: die Motte kann nicht anders, sie muß in die Flamme fliegen.

Der Konflikt spitzt sich weiter zu: ein Jahr später, in einem Gedicht vom Mai 1933, wird aus dem inneren Widerstreit eine Verurteilung von außen, aus der Vorahnung einer Selbstverbrennung die Vorahnung einer Hinrichtung – und aus dem Fluchtgedanken Schuldgefühl. Die Leidenschaft (Passion) des *unverbesserlichen Lautliebhabers* erhält ihre volle Bedeutung, wird Martyrium und rückt – durch die Anspielung auf die Kreuzigungsszene (der Essigschwamm!) – in einen Assoziationszusammenhang mit der *Passio Christi*:

Не искушай чужих наречий, но постарайся их забыть —
Ведь все равно ты не сумеешь стекла зубами укусить!

Ведь умирающее тело и мыслящий бессмертный рот
В последний раз перед разлукой чужое имя не спасет.

О, как мучительно дается чужого клекота почет —
За беззаконные восторги лихая плата стережет.

Что если Ариост и Тассо, обворожающие нас,
Чудовища с лазурным мозгом и чешуей из влажных глаз.

И в наказанье за гордыню, неисправимый звуколюб,
Получишь уксусную губку ты для изменнических губ. /I,195/

Versuch sie nicht, die fremden Sprachen, bemüh dich,
laß sie doch, vergiß –
Die Zähne werden doch nichts nützen, was hilft im
harten Glas ihr Biß!

Für ihn, den Leib, und ihn, den andren: unsterblichen
und klugen Mund,
Beim letzten Mal, grad vor der Trennung – kann fremder Name
nichts mehr tun.

Wie wird sie qualvoll, diese Achtung für eines fremden
Vogels Schrei –
Für Rausch von jenseits des Gesetzes steht, unheilvoll,
der Lohn bereit.

Was ist, wenn Ariost und Tasso, die uns bezaubern
und verwirrn,
Nur Ungeheuer sind aus Schuppen und feuchten Augen,
blauem Hirn.

Und zur Vergeltung für den Hochmut, du unrettbarer
Freund des Klangs,
Erhalten die Verräterlippen zur Stillung nur den
Essigschwamm.

(Übertragung: RD)

Der Konflikt ist auf dem Höhepunkt angelangt. Durch die Vorahnung einer vernichtenden Strafe für *Hochmut* und *Verrat* erreicht das Thema der Fremdsprache (zur Erinnerung: als einer Metonymie für die fremde Kultur) außer der elementar-existentiellen eine politische Dimension. Das politische Thema der späten Lyrik, die Problematik des Unbotmäßigen und Aufsässigen wie des Exilierten, des *nichtanerkannten Bruders* und *Abtrünnigen in der Familie des Volkes* /I, 167/, wird auf das Thema der den *Lautliebhaber* leidenschaftlich faszinierenden, jedoch – seit der Gleichschaltung der sowjetischen Literatur im Jahre 1932 und deren Vereinnahmung durch den Auftrag im Rahmen des Sozialismus und der Nation – verbotenen und damit unheilbringenden Fremdsprache projiziert. Die Zuspitzung in eine Hinrichtung scheint unausweichlich. Die Beharrlichkeit und Zuversicht, die Mandelstams Spätwerk trotz allen Indizien der Not und der Angst charakterisiert, weicht für Augenblicke einem tiefen Zweifel und Schuldgefühlen. Auch wenn im *denkenden unsterblichen Mund* weiterhin der Ort der Lautentstehung und damit die Dichtung als eine fortdauernde Kraft verherrlicht erscheint, regiert ein Gefühl der Ausweg- und Rettungslosigkeit dieses ungewöhnliche Gedicht, und die Lippen, in deren unermüdlicher *Bewegung* Mandelstam sonst Mut zum Ausharren schöpft[12], werden unter dem Druck des Schuldgefühls durch das Epitheton *verräterisch* herabgesetzt. Des Dichters *Unverbesserlichkeit* wird hier jedoch ebenso beharrlich prophezeit wie die unausweichliche Hinrichtung. Mandelstam wußte bereits, daß der einmal gewählte Weg bis zum Ende führen würde. Die Hingabe an die Klänge der fremden Sprache, an die fremde Kultur und *Weltkultur* war jedoch zu stark in das Fundament seines Werkes eingelassen, als daß sie leicht hätte beseitigt werden können. Die Kluft zwischen seiner Dichtung und der »Vaterländischen Literatur« war längst unüberbrückbar geworden. Nur der Tod konnte dem Konflikt mit der Wirklichkeit des Stalinismus ein Ende setzen, der gewaltsame Tod, jener Tod im Transitlager bei Wladiwostok.

Fern ist im zitierten Gedicht die offene Zeit seiner literarischen Anfänge, wo Mandelstam am Schluß der *Notizen über Chénier* (1914/15) ohne Rückhalt hatte schreiben können: *So stürzen in der Dichtung die Grenzen des Nationalen ein, und der Urstoff der einen Sprache findet seinen Widerhall in der andern, über die Köpfe von Raum und Zeit hinweg, denn alle Sprachen sind geeint durch einen schwesterlichen Bund, der fest dasteht auf der Freiheit und Häuslichkeit einer jeden, und innerhalb dieser Freiheit sind sie schwesterlich verwandt und in häuslicher Vertrautheit rufen sie sich zu* /II, 300/.

Bei aller Unrast, bei allen Spannungen der dreißiger Jahre hat Mandelstam dennoch in einem bestimmten Sinne den Konflikt für sich zu lösen vermocht – nicht auf der Ebene der politischen Realität und nicht auf der Ebene der dichterischen Themen, sondern im sprachlichen Medium selber. Kehren wir zum zitierten Abschnitt zurück. Mandelstam hat diesen Aufruf gegen den (Sprach-)Nationalismus während des ersten Weltkrieges geschrieben, zu einem Zeitpunkt, da Europa im Namen dieses Nationalismus geschunden wurde. Dichtung erscheint ihm unvereinbar mit Nationalismus, der Dichter verweigert seine Unterordnung unter dieses Prinzip. Mandelstam formuliert hier die Keime dessen, was seine Zeitgenossin und Dichterfreundin Marina Zwetajewa (1892–1941) ein Jahrzehnt später, in ihrem Brief an Rainer Maria Rilke vom 6. Juli 1926, großartig – in deutscher Sprache! – festgehalten hat:

Dichten ist schon übertragen, aus der Muttersprache – in eine andere, ob französisch oder deutsch wird wohl gleich sein. Keine Sprache ist Muttersprache. Dichten ist nachdichten. Darum versteh ich nicht wenn man von französischen oder russischen etc. Dichtern redet. Ein Dichter kann französisch schreiben, er kann nicht ein französischer Dichter sein. Das ist lächerlich.

Ich bin kein russischer Dichter und staune immer, wenn man mich für einen solchen hält und als solchen betrachtet. Darum wird man Dichter (wenn man es überhaupt werden *könnte, wenn man es schon nicht allem voraus* seie!*) um nicht Franzose, Russe usw. zu sein, um alles zu sein. Oder: man ist Dichter, weil man kein Franzose ist. Nationalität – Ab- und*

Eingeschlossenheit. Orpheus sprengt die Nationalität, oder dehnt sie so weit und breit, daß alle (gewesene und seiende) eingeschlossen sind.[13]

Trotz ihres Dranges zum Universalen und mancher sonstiger Gemeinsamkeiten gibt es einen bedeutsamen Unterschied zwischen Marina Zwetajewa und Rilke einerseits, und Mandelstam andrerseits. Rilke ist eines der schönsten Beispiele mehrsprachiger Dichtkunst. Am bekanntesten sind gewiß seine französischen Gedichtsammlungen (*Vergers, Les Quatrains Valaisans* u. a.), doch hat Rilke auch Versuche in russischer Sprache unternommen, keine Spielereien, sondern zu einem bestimmten Zeitpunkt notwendiger Ausdruck seines Wesens, wie er in der Rückschau bekennt: *Vor siebzehn Jahren, in Rußland, war ich nahe daran, mir diese Sprache, als die meinem Gemüt nächste, sogar für meinen künstlerischen Ausdruck aneignen zu wollen – (es wäre, selbstverständlich, ohne enorme Verluste nicht möglich gewesen) –, im Grunde müßte man alle Sprachen schreiben . . .* (15. Januar 1918, an Marie von Mutius). Bereits im Frühjahr 1907, im Brief an Ernst Norlind, bedenkt er seine russischen Gedichtträume und die Gefahren des Unternehmens und hält fest, er sei *dabei auch zu der Einsicht gekommen, daß man diesem Drängen nicht zu sehr nachgeben, vielmehr immer wieder seine Kraft daran setzen muß, in der eigenen Sprache alles zu finden, mit ihr alles zu sagen . . .*[14] Daß Rilke dennoch der Versuchung nicht hat widerstehen können, bezeugen – auf allerdings schönste Weise – jene französisch geschriebenen *Fruchtgärten*. Marina Zwetajewa hat nicht nur in französischer Sprache, in der Sprache ihres Exils der Jahre 1925–1939, Gedichte und Prosa geschrieben, sondern auch fremdsprachige, vor allem deutsche Sprachelemente in ihre russischen Werke integriert[15], um jene Über-Nationalität der Dichtung im sprachlichen Medium selber abzubilden.

Im Gegensatz zu diesen beiden Dichtern hat Mandelstam bis zum Schluß ausschließlich in Russisch geschrieben und damit manifestiert, daß er eine Muttersprache habe und sich als russischen Dichter verstehe. Die fremde Sprache war bei ihm nur Thema und Metonymie, weder Kunstmittel (etwa in fremdsprachigen Einsprengseln) noch sprachliches Medium. Im Gedicht *An die deutsche Sprache* ist der Weggang aus der Muttersprache, bei unbefristeter Verpflichtung ihr gegenüber, zwar als Wunsch formuliert (die fremde Sprache als Verlockung, ein Versprechen der Universalität, Befreiung, Anschluß an die kühnen Visionen der französischen Modernisten) – doch hat sich Mandelstam die Erfüllung dieses Traumes versagt. In einem kurzen, vermutlich im November 1933 entstandenen Gedicht zeigt sich wohl der poetisch und nicht ohne Humor formulierte Wunsch eines verfemten und totgeschwiegenen Dichters, in einer anderen, fremden Sprache Stimme zu erhalten, Widerhall zu finden, erkannt zu werden, doch überläßt Mandelstam diese Vermittlung einem ihm unbekannten Übersetzer und weigert sich, den entscheidenden Schritt in die Fremdsprache selber zu tun.

И может быть в эту минуту
Меня на турецкий язык
Японец какой переводит
И в самую душу проник. /I,197/

Und vielleicht in dieser Minute
übersetzt ein Japaner
mich ins Türkische
und ist bis zu meiner Seele vorgedrungen.

Mandelstams bewußtes Verbleiben in der russischen Muttersprache ist auch als Wunsch deutbar, in einer Sprache aufgehoben zu sein, Wunsch eines Umhergetriebenen und Nomaden, in ihr Behausung zu finden, Behaustheit in der Sprache zu erlangen. Die Freude über ein solches Aufgehobensein in der Sprache, Aufgehobensein im Wort, spricht bereits aus einem Gedicht des Jahres 1915: *Das Wort ist reine Heiterkeit,/ Heilung von der Schwermut* /I, 47/. Mandelstam hat wiederholt sein Vertrauen in die russische Sprache bekundet, in diese reine Geschichtlichkeit, die eigenständig wie allumfassend sei. Bei aller geistigen Reise in die fremde Kultur ist er im Russischen aufgehoben. Wenn Mandelstam in den Konflikten der dreißiger Jahre der Muttersprache verhaftet bleibt, so ist dies als Hoffnung zu deuten, das Russische könnte jener erträumten Universalsprache der Lyrik näherzubringen sein (im zu Beginn der EINFÜHRUNG zitierten Brief sieht Mandelstam in der Tat seine Dichtung mit der Kraft zur Veränderung begabt), die entworfene Sprache sei innerhalb des Russischen selbst zu erschaffen. Als Versuch in diesem Sinne ist die gesamte späte Lyrik Mandelstams zu verstehen: die *Neuen Gedichte* der Moskauer Periode (1930–1934) wie die *Woronescher Hefte* aus der Zeit der Verbannung (1935–1937). In ihrem Bilder- und Assoziationsreichtum, ihrer Dichte und Suggestivität, ihrer kühnen Anordnung der Bedeutungen und Laute spiegelt sich Mandelstams Bestreben, im Medium des Russischen zum Universalen vorzustoßen. Die russische Muttersprache ist endgültig die Sprache der Synthese, seiner Synthese, geworden.

Die im Abschnitt aus den *Notizen über Chénier* zitierte Formel *über die Köpfe von Raum und Zeit hinweg* leitet über zum dritten Teil dieser Skizze der Poetik Mandelstams, der – nach der fremden Kultur und der fremden Sprache – dem Menschen gewidmet sein soll, der Kultur und Sprache trägt: der andere, fremde Dichter, zu dem und mit dem Mandelstam fortwährend *über Raum und Zeit hinweg* das Gespräch sucht.

Чтоб обо мне, как верный друг,
Напомнил хоть единый звук.

И чье-нибудь он сердце тронет;
И, сохраненная судьбой,
Быть может, в Лете не потонет
Строфа, слагаемая мной.

Daß, wie ein Freund, der mich noch liebt,
Ein Ton von mir noch Zeugnis gibt.

Der könnte dann ein Herz noch rühren,
Ihm gönnte das Geschick Verbleib,
Und Lethe würde nicht entführen
Vielleicht die Strophe, die ich schreib.

ALEXANDER PUSCHKIN, Jewgenij Onegin II, 39/40
(Übertragung: Rolf-Dietrich Keil)

Gesprächspartner über Raum und Zeit hinweg

In den Notizen zur *Reise nach Armenien* aus den Jahren 1931/32 hält Mandelstam fest, die *Physiologie des Lesens* sei noch von niemandem untersucht worden, und befragt sich in einigen wenigen Abschnitten von wunderlicher Originalität über das Wesen des Buches wie über die Rolle von Gedächtnis, Erfahrungsschatz und Assoziationsfähigkeit des Lesers:

Das Buch in seiner Betätigung, auf dem Lesepult festgemacht, wird der Leinwand gleich, die auf den Spannrahmen gezogen ist.

Es ist noch kein Ergebnis der Leseenergie, doch bereits ein Bruch in der Biographie des Lesers; noch nicht Fund, doch bereits Beute. Ein Stück durchrieselten Spates . . .

Unser Gedächtnis, unsere Erfahrung und ihre Einsturzstellen, die Tropen und Metaphern unserer Sinnesassoziationen fallen dem Buch zu, seiner unkontrollierten und raubgierigen Besitznahme.

Und wie vielfältig sind seine taktischen Finten und die Listigkeiten seines Schaltens und Waltens /III, 165/.

Mandelstams Überlegungen gipfeln in der Betonung der Notwendigkeit einer aktiven Lektüre, wo sich der Leser mit seinem Gedächtnis und seinen Erfahrungen miteinbezöge. Ist nicht gleich darauf eine Würdigung der einzigen lesenden Gattung unter den Lebewesen herauszuhören?

Wir lesen ein Buch, um bewahrend zu erinnern, doch gerade da liegt ja das Problem: daß man ein Buch nur lesen kann, indem man heraufbringend erinnert.

Wenn wir völlig *von der Tätigkeit des Lesens umschlossen sind, genießen wir mehr als alles andere unsere* Gattungs-Eigenheiten. *Wir erfahren gleichsam die Ekstase einer Klassifikation unserer Wachstumsstufen* /III, 166/.[16]

Daß sich Mandelstam von Anfang an für die Tätigkeit des Lesens und die subtilen Beziehungen zwischen Dichter, Botschaft und Leser interessiert hat, bezeugt schon sein erster literarischer Essay von 1913, der den Titel *Über den Gesprächspartner* trug. Obwohl im Manifestjahr des Akmeismus erschienen, gehört der Text nicht zu den eigentlichen Manifesten. Dennoch hat der *Gesprächspartner* insofern Programmcharakter, als die Aufmerksamkeit des zeitgenössischen Lesers auf einen Punkt gelenkt wurde, der bislang, bei den Symbolisten, nicht eben große Beachtung für sich hatte beanspruchen dürfen. Der russische Symbolismus war zu sehr mit dem Wesen des Dichters beschäftigt (der Dichter als Priester, Magier, Prophet), als daß er dem Empfänger seiner dichterischen Botschaft besondere Aufmerksamkeit hätte schenken können. Mandelstams Essay ist nicht eine vereinzelte Bemühung um eine Verschiebung der Perspektive (und damit um eine Abgrenzung gegen den Symbolismus auch in dieser Hinsicht): auch sein Kollege Nikolaj Gumilev hat einen Essay verfaßt mit dem schlichten Titel *Der Leser*.[17]

Mandelstam geht ganz einfach von der Frage aus: *Mit*

wem spricht denn der Dichter /II, 234/? Der Dichter könne nicht wissen, wo der Zuhörer sich befinde. Mandelstams Beispiel: François Villon, von dem auf diesen Seiten noch die Rede sein wird. Der Poet habe für das Pariser Gesindel des 15. Jahrhunderts geschrieben, und wir fänden in seinen Versen einen *lebendigen Reiz*. Mandelstam fordert vom Dichter ein Bewußtsein dieser Situation. Dem positiven Beispiel Evgenij Baratynskijs (1800–1844), der in seinem Gedicht *Meine Gabe ist arm* aus dem Jahre 1828 von der Überzeugung getragen sei, in der Nachwelt einen Freund und Leser zu finden, und sich somit in seinem Werk an diesen künftigen Leser richte, setzt Mandelstam das negative Beispiel eines selbstbezogenen Symbolismus gegenüber, das Werk Konstantin Bal'monts (1867–1943), das durch die Absage an den Gesprächspartner abgewertet sei. *Zu seiner Überraschung zahlen wir ihm mit gleicher Münze zurück: wenn wir für dich uninteressant sind, bist auch du für uns uninteressant. /. . ./ In seinen Versen traktiert Bal'mont jemanden fortwährend geringschätzig, behandelt ihn ohne Respekt, nachlässig, von oben herab. Dieser »Jemand« ist kein anderer als der heimliche Gesprächspartner. Von Bal'mont unverstanden und verkannt, nimmt er grausame Rache* /II, 236/. Und die Schlußfolgerung: *Keine Lyrik ohne Dialog* /II, 239/. Mit wem? Der wahre Dichter wende sich an einen fernen und unbekannten Adressaten, an einen *providentiellen Gesprächspartner*.

Bedeutsam ist Mandelstams Flaschenpost-Metapher zur Ergründung des Wesens literarischer Texte. Die Botschaft sei nicht konkret an einen Menschen gerichtet, und dennoch sei ihr Finder der rechtmäßige Empfänger. *Der Brief in der Flasche ist an denjenigen adressiert, der sie findet. Ich habe sie gefunden. Dies bedeutet, daß ich auch der heimliche Adressat bin* /II, 235/. Das Flaschenpost-Motiv ist ein romantisches. Die vielleicht reichste Ausgestaltung hat es beim französischen Dichter Alfred de Vigny (1797–1863) erfahren, im Poem *La bouteille à la mer* (1853), das in der Sammlung seines Alterswerkes *Les Destinées (Poèmes philosophiques)* zu finden ist. Der Schiffbrüchige warnt in seiner Flaschenpost die Nachwelt vor einem bislang unbekannten Riff. Vigny gestaltet nicht einfach ein Stück Seefahrerromantik, sondern steigert das Motiv insofern, als es ihm um die Überwindung des Todes und den Triumph des menschlichen Geistes geht. Dem Motiv wird somit Allgemeingültigkeit für die Verfasser von *Botschaften* verliehen, und der Schiffbrüchige ist letztlich ein Bild für den sich aufopfernden und trotz allem triumphierenden Dichter und Denker:

XV *Il sourit en songeant que ce fragile verre*
Portera sa pensée et son nom jusqu'au port;
Que d'une île inconnue il agrandit la terre;
Qu'il marque un nouvel astre et le confie au sort;
Que Dieu peut bien permettre à des eaux insensées
De perdre des vaisseaux, mais non pas des pensées,
Et qu'avec un flacon il a vaincu la mort.[18]

Im Akt des Findens wird die Distanz überwunden. Mandelstam war nicht nur Autor, sondern auch ein bewußter Adressat. Die Entfernung auch wirklich zu überbrücken, mit dem anderen Dichter eine persönliche Verbindung, eine Gemeinschaft im Gespräch einzugehen, sei eine Fähigkeit, die sowohl Mandelstam als auch Anna Achmatowa geeignet habe, hält Nadeschda Mandelstam in ihren Memoiren fest und bezeichnet nicht zu Unrecht diese Art der Lektüre als *anachronistisch.*[19]

Die Aufhebung der Chronologie in Mandelstams Gespräch mit Vorläufern entspringt seiner Zeitphilosophie, in der wiederum seine Auffassung von Kunst und Kultur sich spiegelt. Einen kaum zu unterschätzenden Einfluß hat Mandelstam vom Philosophen Henri Bergson

OSSIP MANDELSTAM UND ANNA ACHMATOWA, DREISSIGER JAHRE

(1859–1941) empfangen, der die französische Geisteswelt der Jahrhundertwende entscheidend geprägt, ja überstrahlt hat. Die Wiedereinsetzung der Intuition in ihre Rechte – Erwiderung auf eine von Rationalismus und Wissenschaftsgläubigkeit beherrschte zweite Hälfte des 19. Jahrhunderts – war nur *ein* Verdienst Bergsons: eine neue Auffassung der Zeit stellt seinen eigentlichen Beitrag zur Geistesgeschichte dar. Alle bisherigen Zeitkonzeptionen – Bergson wendet sich in erster Linie gegen Kant – bestanden in Projektionen der Zeit auf den Raum: es war eine räumlich definierte Zeit, mechanisch, statisch (am augenfälligsten: die zerlegbare mathematische Zeit im Pendel der Uhr, im Vorrücken des Zeigers auf dem Zifferblatt), eine Abstraktion, der nun Bergson eine *wirkliche* Zeit, eine *durée pure* (reine Dauer) entgegenhält, die Zeit als Zeitfluidum und das Bewußtsein von ihr als Bewußtseinsstrom auffassend. Diese Dauer ist nur intuitiv erlebbar, unmittelbar, unmeßbar, dauerndes Werden, den Intensitäten zugehörig, heterogen, von der dauernden gegenseitigen Durchdringung der Bewußtseinsinhalte bestimmt. *Die völlig reine Dauer ist die Form, welche die Abfolge unserer Bewußtseinszustände einnimmt, wenn unser Ich sich leben läßt, wenn es sich enthält, eine Trennung zu vollziehen zwischen gegenwärtigem Zustand und vorangegangenen Zuständen.*[20]

Mandelstam hat sich seit seinem frühen Frankreichaufenthalt mit Henri Bergson beschäftigt – in seine Pariser Zeit fiel das Erscheinen von Bergsons *Evolution créatrice* (1907) – und kommt in seinem Essay *Über die Natur des Wortes* von 1922 ausführlich auf den französischen Philosophen zu sprechen. *Um das Prinzip der Einheit im Wirbelwind der Veränderungen und ununterbrochenen Strom der Erscheinungen zu retten, legt uns die zeitgenössische Philosophie, in der Gestalt Bergsons, dessen tief judaistischer Geist besessen ist von dem beharrlichen Bedürfnis nach einem praktischen Monotheismus, eine Lehre über das System der Erscheinungen vor. Bergson betrachtet die Erscheinungen nicht in der Ordnung ihrer Unterwerfung unter das Prinzip zeitlicher Aufeinanderfolge, sondern gleichsam in der Ordnung ihrer räumlichen Ausdehnung. Ihn interessiert ausschließlich die innere Verbindung der Erscheinungen. Diese Verbindung befreit er von der Zeit und betrachtet sie gesondert. Die auf diese Weise miteinander verbundenen Erscheinungen formen eine Art Fächer, dessen Flügel in der Zeit entfaltet werden können, der sich jedoch zugleich der Zusammenfaltung fügt, die dem Geiste anheimgestellt ist* /II, 242/.

Das Bild des Fächers muß Mandelstam beschäftigt haben. Es erscheint nicht nur bereits in einem Gedicht von 1917 (*Und es öffnet sich mit einem Rauschen/ der traurige Fächer vergangener Jahre*; I, 65), sondern wird im zitierten Essay noch einmal aufgegriffen, um Mandelstams eigenes Konzept des *inneren, häuslichen Hellenismus* mit dem

Bergsonismus zu vermählen: *Hellenismus – das ist ein System im Bergsonschen Sinne des Wortes, vom Menschen um sich herum entfaltet wie der Fächer der Erscheinungen, die befreit sind von der zeitlichen Abhängigkeit, koordiniert in ihrer inneren Verbindung über das menschliche Ich* /II, 254/.

Der Dichter hat sich die Lehre des Philosophen einmal mehr anverwandelt, hat ausgewählt und gewichtet. Das Interesse für die *innere Verbindung der Erscheinungen* ist in der Tat für beide Autoren grundlegend – das Fächer-Bild jedoch ist bei Bergson Aufdeckung einer jener Verräumlichungen und Abstraktionen unseres Denkens.[21] In seiner Auslegung Bergsons verrät Mandelstam seine eigene beständige Suche nach Einheit, Ganzheit, Kontinuität. Wenn er in seinem Essay *Über die Natur des Wortes* der Frage nachgeht, ob die russische Literatur eins und einheitlich sei, ist es gewiß angebracht, sich eine ähnliche Frage mit Bezug auf das Werk dieses Dichters zu stellen. Die von der Mandelstam-Kritik vollzogene Einteilung seines Schaffens in fünf oder sechs Perioden und Poetiken[22] hat zweifellos ihre Verdienste, doch dürfte sie nicht vergessen lassen, daß sie nur Hilfskonstrukt, nur Instrument ist und dem Willen Mandelstams zur Einheit und Ganzheit kaum Rechnung trägt. Ein Symptom: Mandelstam hat – im Gegensatz etwa zu Boris Pasternak, doch genau wie Alexander Puschkin – sein Frühwerk nie widerrufen und hat 1928, im letzten zu seinen Lebzeiten veröffentlichten Gedichtband, Gedichte ab dem Jahre 1908 versammelt, damit zu verstehen gebend, daß er auch die frühesten, noch vom Symbolismus inspirierten Werke vollkommen als die seinigen betrachte. Die Vielheit der Etappen ist in Wirklichkeit fließende Bereicherung, und Mandelstams Werk stellt einen geeinten Schaffensstrom dar, eine *schöpferische Entwicklung* in Bergsonschem Geiste, organisches Wachstum, Ganzheit wie ein Baum bis in seine Verästelungen. So ist noch in der letzten Poetik, in jener der *Woronescher Hefte* (1935–1937), die früh-akmeistische gegenwärtig. *Ja, ich glaube, daß unser vergangenes Leben da ist, bewahrt bis in seine geringsten Einzelheiten, und daß wir nichts vergessen, und daß alles, was wir seit dem ersten Erwachen unseres Bewußtseins wahrgenommen, gedacht, gewollt haben, unbegrenzt fortdauert* – Henri Bergson in *L'Energie spirituelle.*[23]

Mandelstam hat in der *Divina Commedia* Dantes eine *einzige, einheitliche und unteilbare Strophe* gesehen /II, 376/. Ist da der Gedanke abwegig, Mandelstam selber habe nur *einen einzigen Text* geschrieben? In einem so gearteten Schaffen wird es keine unwesentlichen Teile geben können. Gewiß ist es bedauerlich, daß eine eigentliche *Gesamtausgabe* der Werke Mandelstams nie zu verwirklichen sein wird. Alexander Puschkin schreibt in einem Artikel über die Briefe Voltaires, *jede Zeile* eines großen Schriftstellers sei für die Nachkommenden wertvoll, selbst die Notiz an dessen Schneider mit der Bitte um Fristerstreckung für eine Zahlung . . .[24] Ist es andrerseits jedoch nicht auch denkbar, daß in einem dichten und organisch geeinten Schaffen ein Element, jedes Element das Ganze zu widerspiegeln vermöchte?

Auch Bergsons *reine Dauer* lebt in der Lyrik Mandelstams. Sie ist in jenem seltsam gebrochenen Liebesgedicht von 1920 erfahrbar, das *aus dem Innern des Trojanischen Pferdes* kommt /I, 86f./, im Titelgedicht des Bandes *Tristia* (*Ich lernte die Wissenschaft des Abschieds/ in nächtlichen Klagen von unbedecktem Haar*; I, 73) und in vielen anderen Texten. Der Beginn eines Krim-Gedichtes von 1920 – in Anapästen (dem Versfuß der Dauer?) – läßt den Zeitstrom selber ahnen:

Золотистого меда струя из бутылки текла
Так тягуче и долго, что молвить хозяйка успела:
Здесь, в печальной Тавриде, куда нас судьба занесла,
Мы совсем не скучаем — и через плечо поглядела. /I,63/

Aus der Flasche ein Strom – wie der goldene Honig da floß
So gedehnt und so lang, daß die Hausherrin Zeit fand
zu sprechen:
Auf das traurige Tauris verbracht, wie's das Schicksal beschloß,
Wird der Tag uns nie lang – und sie wandte den Kopf und
ihr Lächeln.

(Übertragung: RD)

Bergsons Wirkung auf den russischen Dichter wird hier nur angedeutet: zu reich ist die Materie. Eine künftige Prüfung der Texte Mandelstams wird den Austausch in seiner Fülle vor Augen führen. Schon im frühen Villon-Essay von 1913 ist der Hintergrund einer Bergsonlektüre spürbar. Im letzten und bedeutendsten Essay Mandelstams, im *Gespräch über Dante* aus dem Jahre 1933/34, wo er seine Sicht von Dichter und Dichtung bilderreich dargelegt, sind die Echos auf das Denken und die Bildsprache des französischen Philosophen noch dichter und unverkennbarer vorhanden. Und auch Mandelstams Gespräche mit fernen Dichtern, die Aufhebung von räumlichen und zeitlichen Begrenzungen im Wirken des Kunstwerks – all dies findet bei Bergson seine Vorbereitung: *So wird die Schranke einstürzen, welche die Zeit und der Raum zwischen sein und unser Bewußtsein gelegt haben . . .*[25]

Künstlerisches Schaffen ist bei Mandelstam chronologiefern, ein synchronistischer Akt. *Das Unvereinbare vereinend, veränderte Dante die Struktur der Zeit, und vielleicht auch umgekehrt: er war gerade deshalb gezwungen, den Weg der Glossolalie der Fakten, den Weg des Synchronismus durch Jahrhunderte getrennter Ereignisse, Namen und Überlieferungen zu beschreiten, weil er die Obertöne der Zeit hörte* /II, 409/. Zum Ausdruck der gegenseitigen Durchdringung weit voneinander entfernter Schichten in der Sprachkunst hatte Mandelstam bereits 1921, in seinem Essay *Das Wort und die Kultur*, die traditionelle Pflugmetapher[26] neu belebt und bereichert. Die Dichtung sei ein *Pflug*, der die Zeit in der Weise sprenge, daß ihre Tiefenschichten, ihre *Schwarzerde* an die Oberfläche zu liegen komme /II, 224/ ... Seine eigentliche Feier wird das Bildgefüge von Pflug und Schwarzerde in Mandelstams spätesten Gedichten erfahren, in den *Woronescher Heften*, den Zeugen der Verbannungszeit. Deren erstes Gedicht, mit dem Titel *Schwarzerde*, eröffnet ein ganzes poetologisches Programm, zeigt gleich zu Beginn die Verbindung von Sprechen und Pflügen, von Dichtung und aufgepflügter Erde, tut kund, daß in dieser Schwarzerde auch Freiheit sich erschließt.[27] Die Pflugschar der Dichtung läßt das Getrennte sich durchdringen, verflicht das Entlegenste mit dem Nahesten, das Archaischste mit dem Modernsten. Die potentielle Gleichzeitigkeit des Fernen mit dem Gegenwärtigen, das ewig Präsentische *innerlich miteinander verbundener Erscheinungen* macht auch den Dialog mit dem fernen Dichter möglich: Distanz wird ohne Zeremonien aufgehoben.

Diese zeitphilosophische Begründung spiegelt sich auf einer sprachlichen, rhetorischen Ebene in den Appellfiguren, insbesondere in der Apostrophe, in der Anrede. Die Form dieser Anrede ist ein vertrauliches Du, weil nur sie dem *inneren, häuslichen Hellenismus*, dem Konzept kultureller Intimität zu entsprechen vermag. Einige Verse Mandelstams mögen dieses direkte Gespräch mit einem fernen und vergegenwärtigten Du illustrieren:

Что ж, поднимай удивленные брови
Ты, горожанин и друг горожан — /I,186/

Nun denn, zieh deine erstaunten Augenbrauen hoch,
Du, der Städter und Freund der Städter
(an Batjuškov, 1787–1855)

Сядь Державин, развалися — /I,186/

Setz dich Deržavin /1743–1816/, mach dirs bequem

Простишь ли ты меня, великолепный брат /I,249/

Wirst du mir verzeihen, herrlicher Bruder
(an Rembrandt, 1606–1669)

Еще слышен твой скрежет зубовный /I,261/

Noch ist dein Zähneknirschen hörbar
(an François Villon, 1431–1463)

Ein Extremfall liegt im Gedicht *Batjuškov* von 1932 vor, das einen wirklichen kurzen Dialog im Innern des Gedichtes aufweist. Hier meldet sich das Gegenüber (geboren 1787, verstorben 1855) direkt – nicht nur durch sein Werk – zum Wort:

И отвечал мне оплакавший Тасса:
— Я к величаньям еще не привык;
Только стихов виноградное мясо
Мне освежило случайно язык. /I,186/

Und der Tasso beweint hat, antwortete mir:
– Ich bin die Lobgesänge noch nicht gewohnt;
nur das Traubenfleisch der Verse
hat mir gelegentlich die Zunge erfrischt.

Alle hier zitierten Beispiele stammen aus den dreißiger Jahren. Tatsächlich nehmen in Mandelstams Spätwerk jene Gedichte, die an einen bestimmten fernen Adressaten gerichtet sind und sprachliche Signale erhöhter Gesprächsbezogenheit und Expressivität zeigen (Grußformel, Anrede, Frage, Imperativ, Ausruf), in auffallender Weise zu.[28] In diesen vertraulichen Apostrophen an literarische Vorfahren und Verbündete drückt sich nur der Wunsch nach einem Gespräch aus, der Wunsch eines Totgeschwiegenen und Geächteten, dem der Weg zu den Zeitgenossen versperrt, dem das Gespräch mit ihnen verboten war. Ein Gedicht vom Februar 1937 spricht eine nur allzu deutliche Sprache: *Nur einen Leser möcht ich!*

Einen Helfer! Arzt! / auf Dornentreppen: ein Gespräch (I, 243) . . .[29] Dennoch kennzeichnet der Gesprächsgestus, der dialogische Auftrag der Dichtung Mandelstams Werk als Ganzes, und es dürfte kein Zufall sein, daß sein erster veröffentlichter Essay von 1913 *Über den Gesprächspartner*, sein zuletzt geschaffener, aus den Jahren 1933/34 stammend, *Gespräch über Dante* heißt und auch als ein Gespräch *mit* Dante aufgefaßt werden kann.

Mandelstam war bewußt Dichter und Adressat, Flaschenpost-Autor und Flaschenpost-Finder, um zur Metapher zurückzukehren, die zu Beginn dieses Kapitels zitiert wurde. Durch seine Fügung in diese Doppelrolle ist er selber Garant der von ihm zugleich erkannten wie angestrebten schöpferisch-kulturellen Kontinuität. Seine Botschaft wird den künftigen Leser erreichen, der die Flaschenpost entsiegeln wird mit dem *Gefühl einer wiedergefundenen Verwandtschaft*, das André Gide in seiner *Apologie des literarischen Einflusses* (*De l'influence en littérature*, 1900) treffend beschrieben hat. *Über Raum und Zeit hinweg* wird durch die *innere Verbindung der Erscheinungen* – jenseits der Nationalitäten – Kontinuität gestiftet, Gemeinsamkeit geschaffen, und es entsteht eine neue Art der Familie, wie Gide hervorhebt: *Da man aber für sich allein nichts Neues erfinden kann, sind jene Einflüsse, die ich persönlich nenne, weil sie in gewissem Sinne die ihnen ausgesetzte Person, das Individuum, von seiner Familie, seiner Gesellschaft trennen, zugleich dieselben, die es einem Unbekannten nähern, der ihnen gleichermaßen ausgesetzt war oder ist. So bilden sich neue Gruppen, so entsteht eine neue Familie mit sehr weit verstreuten Gliedern; so knüpft sich ein Band und gründet sich eine Verwandtschaft, die einem Bewohner Moskaus und mir denselben Gedanken eingeben kann, und die über die Zeiten hinweg einen Jammes mit Virgil verbindet.*[30]

Auf dem Hintergrund der hier skizzierten Poetik und ihrer Verbindungen zur fremden Kultur, zur fremden

Sprache, zum fremden Dichter ist Ossip Mandelstams Dialog mit Frankreich zu verstehen, sein Gespräch mit französischen Flaschenpost-Autoren, Vorläufern und Gefährten.

Dialog mit Frankreich

Französische Gouvernanten, ein erstes Frankreichbild

Je n'eus besoin pour les faire renaître
que de prononcer ces noms: Balbec, Venise,
Florence, dans l'intérieur desquels avait
fini par s'accumuler le désir que m'avaient
inspiré les lieux qu'ils désignaient.

MARCEL PROUST , A la recherche du temps perdu/
Du côté de chez Swann, III: Nom de pays: Le nom

(Ich hatte, um sie neu zum Leben zu bringen,
nur die Namen auszusprechen: Balbec, Venedig,
Florenz, in deren Innern bereits das Verlangen
nach den durch sie bezeichneten Orten sich
angesammelt hatte.)

DER NEWSKIJ-PROSPEKT, PETERSBURG ZU BEGINN DES JAHRHUNDERTS

Bereits im Kapitel *Musik in Pawlowsk*, der Eröffnungsnovelle des *Rauschens der Zeit* (1925) sieht man sich einem Wink gegenüber:

Am Newskij-Prospekt, im Pfarrhaus der katholischen Katharinenkirche, lebte ein ehrwürdiges altes Männchen – Père Lagrange. Zu Hochwürdens Obliegenheiten gehörte es, arme junge Französinnen als Kindermädchen an ordentliche Häuser zu empfehlen. Die Damen gingen mit ihren Besorgungen aus dem Kaufhof direkt zu Père Lagrange, um sich von ihm beraten zu lassen. Im einfachen Priesterrock kam einem das alte Männchen entgegen und machte gütig mit den Kindern salbungsvolle, katholische Späßchen, die mit französischem Esprit gewürzt waren. Die Empfehlungen von Père Lagrange galten sehr viel.

Das berühmte Vermittlungsbüro für Köchinnen, Bonnen und Gouvernanten an der Wladimirskaja, wohin ich recht oft mitgenommen wurde, glich einem richtigen Sklavenmarkt /II, 47/.

Sucht man Auskünfte über Mandelstams vor-literarische Zeit, ist man nicht selten auf sein Prosawerk *Das Rauschen der Zeit* angewiesen, das eine Fülle präziser Erinnerungen der frühen Jahre vorführt. Andrerseits kann diese Prosadichtung nicht als Autobiographie im herkömmlichen Sinne gelesen werden, da sie das Genre der Autobiographie gerade problematisiert, da und dort geradezu durchbricht und an einer Stelle sogar eine ausdrückliche Verneinung des Persönlichen und Autobiographischen (als eines »Schreibens vom eigenen Leben«) in sich trägt: *Ich will nicht von mir selber sprechen, sondern dem Zeitalter nachspüren, dem Heranwachsen und Rauschen der Zeit. Mein Gedächtnis ist allem Persönlichen feind* /II, 99/. Tatsächlich handelt es sich beim *Rauschen der Zeit* um das atmosphärische Porträt einer Epoche, um deren Verdichtung in bedeutsamen Details – in den 14 Kapiteln oder Kurznovellen entstehen gedrängte, splitterhafte Ansichten Rußlands im letzten Jahrzehnt des neunzehnten und in den ersten Jahren des zwanzigsten Jahrhunderts.

Dies ist jedoch nur eine Facette dieser schillernden Prosa, die man ebensogut als modernistische Splitterform des traditionellen Bildungsromans begreifen könnte, da in ihr auch vom Weg des Autors zum Wort, zur Dichtung die Rede ist. Ins Zeitporträt mischt sich auf natürliche Weise das Personenporträt, da das letzte Jahrzehnt des vorigen Jahrhunderts mit Mandelstams erstem Lebensjahrzehnt zusammenfällt. So ist etwa das Jahr 1894 sowohl durch das Beerdigungszeremoniell für Alexander III. und die Studentenunruhen als auch durch das Einsetzen des Bewußtseins charakterisiert: *Die dunklen Volksmassen auf den Straßen waren meine erste klare und bewußte Wahrnehmung. Ich war genau drei Jahre alt* /II, 53/. Die Epoche wird durch ein individuelles Bewußtsein wahrgenommen (einmal ist es das eines Kindes, dann wieder das eines reifen Autors), getreu dem Bergsonschen Gedanken, daß Zeitverständnis nur über intuitive Ich-Erfahrung, »aus dem Innern« zustande kommen kann: *Es gibt wenigstens eine Realität, die wir alle vom Innern her begreifen, durch Intuition und nicht durch einfache Analyse. Es ist unsere eigene Person in ihrem Hinströmen durch die Zeit. Es ist unser Ich, das dauert.*[1]

Die Epoche ist Schuldnerin der individuellen Wahrnehmung. Sie verdankt ihre Präsenz in der Vorstellung des Lesers der Sensibilität des Erzählenden für Sinneseindrücke. Zahlreich sind etwa die präzis erinnerten, stark differenzierten Gerüche im *Rauschen der Zeit* – und der Gehörsinn kommt bereits im Titel zu seinem Recht. Es ist sinnlich wahrgenommene und intuitiv erfaßte Epoche, die in dieser Prosa dem Leser vermittelt wird.

Das Rauschen der Zeit gehört in dieselbe Familie von Prosawerken wie Rilkes *Aufzeichnungen des Malte Laurids Brigge,* Prousts *A la recherche du temps perdu,* Joyces *Portrait of the Artist as a Young Man,* Belyjs *Kotik Letaev* (die in der russischen Literatur am weitesten vorangetriebene Bewußtseinsdarstellung – eines Kleinkindes!) und andere, die – jedes Werk auf seine eigene, unverkennbare Art – das autobiographische Genre auflösen und in eine für die ersten Jahrzehnte des 20. Jahrhunderts charakteristische, künstlerische Reflexion über Zeit und Raum, Bewußtsein und Gedächtnis überführen.[2]

Wenn Mandelstams Befragung einer alternden Epoche nicht ohne jene feinsten Einzelheiten einer persönlichen Erinnerung auskommen kann, so darf man auch den Hinweisen auf einen ersten Kontakt des Erzählenden mit der französischen Kultur ohne allzu großes Mißtrauen begegnen. Und wäre das Geschilderte reinste Fiktion, könnte sich seine Bedeutsamkeit für das Anliegen dieses Essays nur vermehren.

Die von Père Lagrange vermittelten französischen Kindermädchen haben denn im *Rauschen der Zeit* ein nicht unerhebliches Gewicht und tauchen in mehreren Kapiteln auf – in von Sympathie wie von Ironie gleichermaßen gezeichneten Erinnerungen. Der Schwerpunkt liegt auf dem Kapitel *Unruhen und Französinnen,* das am ausführlichsten von ihrem Werdegang, ihren Neigungen und Rollen handelt. In das Porträt des imperialen Petersburg mit seinen Militärparaden und Studentenrevolten fällt plötzlich ein Stück französischer Familien- und Sozialgeschichte ein. *Irgendwo in der Ile-de-France: Weintraubenfässer, weiße Wege, Pappeln, ein Winzer ist mit seinen Töchtern zur Großmutter nach Rouen gefahren. Er kommt zurück – alles »scellé«, Kelterpressen und Bottiche sind plombiert, an den Türen und Kellern – Siegellack. Der Verwalter hatte versucht, ein paar Eimer jungen Wein zu verheimlichen, um der Verbrauchssteuer zu entgehen. Er wurde erwischt. Die Familie ist ruiniert. Eine riesige Geldstrafe – und in der Folge schenkten mir Frankreichs gestrenge Gesetze eine Erzieherin* /II, 55/.

Der erste Kontakt ist zustande gekommen. Es waren Mandelstams französische Gouvernanten, die ihm ein erstes, wenn auch sehr vages Frankreichbild vermitteln konnten: *Für mich stellte man so viele Französinnen ein, daß all ihre Züge durcheinandergeraten und zu einem einzigen Porträtfleck zusammengeflossen sind. Meiner Ansicht nach waren all diese Französinnen und Schweizerinnen von den vielen Liedern, Schreibvorlagen, Lesebüchern und Konjugationen in ihre eigene Kindheit zurückgefallen. /. . ./ und wie sehr ich mich in meiner Wißbegierde auch bemühte, von ihnen etwas über Frankreich in Erfahrung zu bringen – es wollte sich nichts ergeben außer der Vorstellung, daß es ein herrliches Land sei* /II, 54/. Ganz abgesehen von ihrem Beistand beim Erwerb erster Sprachkenntnisse haben diese Kindermädchen mit ihren Lesebüchern auch Geschichte und Dichtung jenes Landes – und sei es über die schlichtesten Gemeinplätze – in den Petersburger Haushalt eingeführt. *Diese armen Mädchen waren durchdrungen vom Kult großer Persönlichkeiten: Hugo, Lamartine, Napoleon und Molière* /II, 55/ . . . Die naive Bewunderung seiner Kindermädchen für die erwähnten Größen hat sich Mandelstam so stark eingeprägt, daß sie zu einem Maß werden und sich im selben *Rauschen der Zeit* in völlig anderem Zusammenhang für einen Vergleich anbieten konnte: *Er sprach von den Juden, wie eine Französin von Hugo oder Napoleon spricht* /II, 58/.

Das *herrliche Land* Frankreich mag etwas Undeutliches, die klingenden Namen noch kaum mit Bedeutung gefüllt gewesen sein – die Neugierde jedoch war bereits geweckt. Der Name verfügt über ein Potential der Lokkung und des Reizes, verführt den, der ihn aufnimmt, zu Reise und Augenscheinnahme. Wie kein zweiter Schriftsteller hat Marcel Proust (1871–1922) mit Eindringlichkeit im ersten Teil der *Recherche du temps perdu* die Wirkung des Namens, das in ihm aufgespeicherte *Verlangen* zu ergründen versucht. Der Name Proust tritt hier unwillkürlich ins Gedächtnis, und es ist durchaus nicht abwegig, Mandelstams *Rauschen der Zeit* mit der *Suche nach der verlorenen Zeit* des um zwanzig Jahre älteren Marcel Proust zu vergleichen, die in kurzen Novellen verdichteten Erinnerungsbruchstücke des russischen Lyrikers mit dem groß angelegten Prosazyklus des französischen Romanciers in Beziehung zu setzen – wie dies bereits versucht worden ist.[3] Tatsächlich tun sich bemerkenswerte Parallelen in der Annäherung an das Wesen der Dauer, des Bewußtseins, des Gedächtnisses, der sinnlichen Wahrnehmung auf. Beruhen sie jedoch nicht eher auf einem der ganzen Epoche gemeinsamen Hintergrund Bergsonschen Denkens? Sucht man einen direkten Einfluß, lauert hier wohl doch die Enttäuschung. Die zwei sehr spärlich gehaltenen Echos auf Prousts umwälzendes Romanunternehmen in Mandelstams kritischen Essays sind kaum dazu angetan, vielversprechende Fährten zu eröffnen. Proust war nach dem Erscheinen des ersten Teils seiner *Suche* (1913) auch in Frankreich noch einige Jahre ein verkannter Autor, und im revolutionären Rußland wurde erst recht das altbackene Klischee vom schriftstellernden Snob kolportiert. Auch Mandelstam umschifft diese Klippe nicht /II, 439/ – selbst dann nicht gänzlich, wenn er im polemischen Text *Der Fächer der Herzogin* (1929) eine Proustsche Szene als Beistand und Exempel zur Kritik der zeitgenössischen sowjetischen Literaturkritik heranzieht /III, 52/.

Die Parallele jedoch bleibt verführerisch – und bestünde sie einzig in der Neugierde und der Phantasie der beiden geschilderten Kinder. Die Lockung des Namens, der Wunsch nach der Vermittlung, die er zur bezeichneten Person oder Landschaft herstellen könnte, besteht jedenfalls beim jungen Ossip (*wie sehr ich mich in meiner Wißbegierde auch bemühte, etwas zu erfahren*) ebenso stark wie beim jungen Marcel:

Statt dessen wurde ich nur jeden Tag in die Champs-Elysées geschickt unter Aufsicht einer Person, die dafür sorgen sollte, daß ich mich nicht überanstrengte, und zwar war das Françoise, die nach dem Tode meiner Tante Léonie in unsere Dienste getreten war. In die Champs-Elysées zu gehen war mir unerträglich. Hätte sie nur Bergotte in einem seiner Bücher beschrieben, dann hätte ich zweifellos gewünscht, sie näher kennenzulernen wie alle Dinge, die, dichterisch nachgeformt, in meine Phantasie Eingang gefunden hatten. Die nämlich erwärmte sie, erfüllte sie mit Leben, gab ihnen ein Gesicht, und dann wünschte ich mir, auch in Wirklichkeit ihnen zu begegnen . . .[4]

Schon bald lernte Ossip Mandelstam Frankreich und dessen Metropole aus eigener Anschauung kennen, und das erste Frankreichbild mit seiner Verschwommenheit und dem »Kult der großen Namen« sollte durch ein persönlicheres abgelöst werden. Noch vorher jedoch waren da neue Orte der Begegnung, neue Vermittlergestalten und »Bergottes«, prägende literarische Erlebnisse. Auch ihnen wird im *Rauschen der Zeit* Rechnung getragen. Ab dem Jahre 1900 besuchte Mandelstam das Tenišev-Gymnasium in Petersburg, dem ein ganzes Kapitel gewidmet ist. Das eigentliche Ereignis seiner Schulzeit jedoch wird im letzten und bedeutsamsten Kapitel (*»In einem allzu herrschaftlichen Pelz«*) beschworen oder zumindest angetönt. Es ist die entscheidende Anregung durch seinen Russischlehrer Vladimir Gippius. Und damit: Mandelstams Weg hin zur Literatur, zum Lesen, zum Wort, zu seinem bestimmenden und folgenreichen Konzept eines *literarischen Zorns*, zu einer leidenschaftlich persönlichen, familiären und animalischen Beziehung zur Dichtung:

Er /V. V. Gippius/ *hatte ein animalisches Verhältnis zur Literatur, die ihm als eine einzige Quelle tierischer Wärme galt* /II, 104f./.

Ich kam zu ihm, um das Tier der Literatur zu wecken. Um es brüllen zu hören, um zu sehen, wie es sich hin und her wälzt . . .

/. . ./ bildete sich bei V. V. eine bereits persönliche Beziehung zu den russischen Schriftstellern heraus, eine gallige und liebevolle Vertrautheit, mit edlem Neid, Eifersucht, scherzhafter Respektlosigkeit und vollblütiger Ungerechtigkeit – wie es in einer Familie gang und gäbe ist /II, 106/.

Vladimir Gippius (1876–1941) war eingeschworener Anhänger des russischen Symbolismus – keine überragende Figur der Bewegung, doch ein *Gefährte der kämpferischen jungen Mönche des frühen Symbolismus* /II, 105/. Als Mandelstam im Herbst des Jahres 1907, nach Absolvierung des Gymnasiums, noch nicht einmal siebzehnjährig, allein nach Paris fuhr, bedeutete dies auch eine Pilgerfahrt in die Metropole des europäischen Symbolismus. Zu diesem Zeitpunkt hatte sich bereits eine erste literarische Vorliebe herauskristallisiert, und einer der maßgeblichen Favoriten trug einen französischen Namen.

Der Dichter als Proteusgestalt
(Paul Verlaine)

Denn der Zauberer wird sich in alle Dinge verwandeln,
Was auf der Erde lebt, in Wasser und loderndes Feuer.

. . .

Als nun der zaubernde Greis ermüdete, sich zu verwandeln,
Da begann er selber mich anzureden und fragte:
Welcher unter den Göttern, Atreide, gab dir den Anschlag,
Daß du mit Hinterlist mich Fliehenden fängst? Was bedarfst du?

HOMER, *Odyssee* IV, 417 f., 456 ff.
(Deutsch von Johann Heinrich Voß)

Ein Brief an die Mutter, ein Brief an seinen Lehrer Vladimir Gippius und die Erinnerungen eines Zeitgenossen – drei Dokumente über Mandelstams Leben in Paris. Die Dauer seines Aufenthaltes: Mandelstam traf vermutlich im Oktober des Jahres 1907 in Paris ein (am 14. September befand er sich noch in Petersburg, wo er an einem Poesie- und Musikabend am Tenišev-Gymnasium auftrat)[1] und verweilte dort bis gegen den Sommer 1908. Im Brief an seinen Lehrer ist von einem Plan die Rede, den Sommer in Italien zu verbringen. Im selben Schreiben findet sich auch eine Adresse, Mandelstams Logis: 12, rue de la Sorbonne. Über die Gestaltung seines Tagwerks gibt der Brief an die Mutter vom 20. April 1908 Auskunft:

Bei mir herrscht nun ein richtiger Frühling, im vollsten Wortsinn . . . Eine Zeit der Erwartungen und des Gedichtfiebers . . .

So verbringe ich meine Zeit: morgens spaziere ich im Jardin du Luxembourg. Nach dem Frühstück schaffe ich bei mir Abend, d. h. ich verhänge das Fenster, heize den Kamin und verbringe in dieser Lage zwei bis drei Stunden . . . Dann ein Andrang von Energie, ein Spaziergang, manchmal das Café, um Briefe zu schreiben, und dann auch schon das Mittagessen . . . Nach dem Mittagessen gibt's ein Gespräch in Gesellschaft, das sich manchmal bis zum späten Abend hinzieht – eine liebenswerte Komödie. In letzter Zeit hat sich hier eine kleine internationale Gesellschaft gebildet, aus Leuten, die es leidenschaftlich danach verlangt, die Sprache zu erlernen . . . und unter dem Vorsitz der unglücklichen Hausherrin geht ein unvorstellbares Bacchanal von Worten, Gesten und Intonationen über die Bühne /IV, 115/ . . .

Mehr über Mandelstams damalige literarische Favoriten und Leidenschaften sagt der Bericht eines Zeitgenossen aus, die Erinnerungen Michail Karpovičs, der Mandelstam am 24. Dezember 1907 in einem Café am Boulevard Saint-Michel begegnet war. Karpovič erinnert sich, daß Mandelstam berauscht die *Künftigen Hunnen* des russischen Symbolisten Valerij Brjusov (1873–1924) und mit ebenso großer Begeisterung Gedichte von Paul Verlaine (1844–1896) rezitiert habe. Darüber hinaus hätte Mandelstam eine eigene Version des Verlaineschen Kaspar-Hauser-Gedichtes geschaffen.[2] Aus dem Jahre 1907 sind keine Gedichte Mandelstams erhalten geblieben. Dies gilt auch für die von Karpovič erwähnte Kaspar-Hauser-Version, in welcher der sechzehnjährige Mandelstam offensichtlich Verlaine imitierte und eines der schönsten Gedichte des französischen Lyrikers in Russisch nachgestaltete. Hier zumindest das Original, das Mandelstam beschäftigt hat:

Gaspard Hauser chante:

Je suis venu, calme orphelin,
Riche de mes seuls yeux tranquilles,
Vers les hommes des grandes villes:
Ils ne m'ont pas trouvé malin.

A vingt ans un trouble nouveau,
Sous le nom d'amoureuses flammes,
M'a fait trouver belles les femmes:
Elles ne m'ont pas trouvé beau.

Bien que sans patrie et sans roi
Et très brave ne l'étant guère,
J'ai voulu mourir à la guerre:
La mort n'a pas voulu de moi.

Suis-je né trop tôt ou trop tard?
Qu'est-ce que je fais en ce monde?
O vous tous, ma peine est profonde:
Priez pour le pauvre Gaspard![3]

Und in einer deutschen Übertragung (es ist diejenige Stefan Georges) –

Kaspar Hauser singt:

Sanften blickes ein stiller waise
Zu großer städte getös
Kam ich auf meiner reise –
Niemand nannte mich bös.

Im zwanzigsten jahre ein grauen
(Man heißt es auch liebesglut)
Gab mir die Schönheit der frauen –
Sie waren mir nicht gut.

Wenngleich ohne heimat und erben
Wenngleich ich für tapfer nicht golt,
Im kriege wollt ich sterben . . .
Der tod hat mich nicht gewollt.

Kam ich zu spät, zu frühe?
Ich weiß nicht wie mirs ergeht.
O ihr all! schwer ist meine mühe –
Sprecht für mich ein Gebet![4]

Auch wenn der junge Mandelstam mit seinem Enthusiasmus den Bereich des Symbolismus nicht verläßt, eröffnet sich ein kontrastreiches Programm: einerseits die entfesselten Träume des russischen Symbolisten Brjusov von einem »asiatischen«, von wildem und frischem Blut durchpulsten Rußland (das Gedicht *Die künftigen Hunnen* stammt aus dem Jahre 1905), andrerseits die 1873 im Gefängnis geschriebene schlichte Selbstbefragung eines Gescheiterten und Orientierungslosen, aus Paul Verlaines Sammlung *Sagesse*. Der Brief Mandelstams an seinen Lehrer Vladimir Gippius vom 27. April 1908 bringt nur noch die Bestätigung der Vorliebe für Brjusov und Verlaine – die eine wird zur Kurzlebigkeit verurteilt, die andere der Wandlung fähig sein.

. . . wird Ihnen meine Begeisterung für die Musik des Lebens verständlich sein, die ich bei einigen französischen Dichtern und, von den russischen, bei Brjusov fand. /. . ./

Ich lebe hier sehr einsam und beschäftige mich mit nichts anderem als mit Dichtung und Musik.

Außer über Verlaine habe ich über Rodenbach und Sologub etwas geschrieben und habe vor, auch über Hamsun zu schreiben. Dann: ein wenig Prosa und Gedichte /II, 484/.

Von den französischen Dichtern steht wiederum Paul Verlaine im Vordergrund. Selbst in bezug auf die *Musik des Lebens* muß Mandelstam an Verlaine gedacht haben, da dessen Name in Rußland unverbrüchlich mit der Forderung nach Musik, nach dichterischer Musikalität verbunden war. Nachdem Brjusov schon in den neunziger Jahren Verlaines Gedicht *Art poétique* – mit seinem markanten ersten Vers: *De la musique avant toute chose* (Musik vor allen Dingen) – in Rußland eingeführt und verbreitet hatte, war der französische Dichter berühmt durch seinen Ruf nach *musique* und *nuance*. Unter den russischen Symbolisten hatte Verlaines *Art poétique* neben Baudelaires Sonett *Correspondances* (Entsprechungen) als symbolistischer Programmtext größte Bedeutung erlangt.[5]

Auch wenn die Begeisterung für Verlaine alles andere in den Hintergrund gedrängt zu haben scheint, gab es da noch andere zukunftsträchtige Pariser Begegnungen. Die eine fand am Collège de France statt, wo Henri Bergson mit seinen Philosophievorlesungen zu jener Zeit Triumphe feierte, die andere bestand aus Stein: die Kathedrale Notre-Dame hat in Mandelstams Werk unübersehbare Spuren hinterlassen. Im Gedicht *Notre-Dame* seines ersten Gedichtbandes *Der Stein* (1913) wird der Russe überaus kühn seine dichterischen Pläne mit jenem Meisterwerk der gotischen Architektur verknüpfen, und auch im Manifest *Der Morgen des Akmeismus*, das um die Idee des Bauens kreist, steht Notre-Dame im Mittel-

MARC CHAGALL: PARIS PAR LA FENETRE, 1913

punkt der Betrachtung. Von der Bedeutung der gotischen Architektur für Mandelstam wird noch zu sprechen sein. Festzuhalten bleibt, daß der *Dämon der Architektur,* der Mandelstam sein *ganzes Leben hindurch begleitet hat* /II, 150/, wie es in der *Reise nach Armenien* (1933) heißen wird, während der Pariser Zeit zum ersten Mal aufgetaucht war und auf das prägende Notre-Dame-Erlebnis zurückgeht. Im 1913 erschienenen Villon-Essay wirkt der Aufenthalt in der französischen Metropole ebenfalls nach. Es ist unverkennbar, daß der Autor, der da über den Pariser Poeten und Vagabunden Villon schreibt, dessen Stadt aus eigener Anschauung kennt und deren Wirkung selber verspürt hat. *Schon im 15. Jahrhundert war Paris jenes Meer, in dem man schwimmen konnte, ohne je Überdruß zu empfinden, und das restliche Weltall vergaß* /II,304/.

Kaum je vergessen wurde Paul Verlaine: die Begeisterung für diesen Dichter hat den Aufenthalt Mandelstams in Paris überdauert – um in eine Phase schöpferischer Begeisterung einzutreten und, eine nach der andern, die unwahrscheinlichsten Metamorphosen durchzumachen.

Von Juni 1909 bis September 1911 hat Mandelstam an den Meister und Denker der Petersburger Symbolisten, Vjačeslav Ivanov (1866–1949), eine Anzahl von Briefen gesandt. Am aufschlußreichsten ist das Schreiben vom 30. Dezember 1909 aus Heidelberg, wo Mandelstam während zweier Semester mittelalterliche französische Sprache und Literatur studierte. Ein einzigartiges Dokument: für den Vorbildcharakter, den Verlaine für Mandelstam angenommen hatte, und für den bereits sich ankündigenden Willen zu einer eigenen, anverwandelnden Lektüre des Verlaineschen Œuvre. Dem Brief war ein Gedicht beigelegt: *Auf einen dunklen Himmel, wie ein Muster . . .*

Lieber Vjačeslav Ivanovič!

Dieses Gedicht möchte eine »ROMANCE SANS PAROLES« sein (DANS L'INTERMINABLE ENNUI . . .). Die »PAROLES« – d. h. das Intim-Lyrische, Persönliche – habe ich versucht zurückzuhalten, zu zügeln mit dem Zügel des Rhythmus.

Mich beschäftigt, ob dieses Gedicht stark genug aufgezügelt ist.

Unwillkürlich erinnere ich mich Ihrer Bemerkungen über den anti-lyrischen Charakter des Jambus. Vielleicht anti-intimer Charakter? Der Jambus ist der Zügel der »Stimmung«.

In tiefer Verehrung

O. Mandelstam /II, 490/

На темном небе, как узор,
Деревья траурные вышиты.
Зачем же выше, и все выше ты
Возводишь изумленный взор?

Вверху — такая темнота —
Ты скажешь — время опрокинула
И, словно ночь, на день нахлынула
Холмов холодная черта.

Высоких, неживых дерев
Темнеющее рвется кружево.
О месяц, только ты не суживай
Серпа, внезапно почернев. /II,445/[6]

Auf einen dunklen Himmel, wie ein Muster,
sind Trauerbäume gestickt.
Warum nur höher, immer höher
erhebst du den erstaunten Blick?

Da oben – welche Dunkelheit –
du würdest sagen – die Zeit hat er umgestürzt,
der kalte Strich der Hügel,
und ist wie die Nacht auf den Tag eingeströmt.

Von hohen, leblosen Bäumen
reißt ein die dunkelnde Klöppelspitze:
O Mond, verenge nur nicht
die Sichel, plötzlich schwarzgeworden.

Was hat Mandelstams Bezugnahme auf das französische Modell zu besagen? Ein Blick auf die Poetik von Paul Verlaines *Romances sans paroles* wird Erhellung bringen. Der 1872/73 entstandene Gedichtband kennzeichnet ein Ereignis, zeigt eine neue Richtung im Verlaineschen Schaffen.[7] Nach der herkömmlich bekenntnishaft-intimen Lyrik der Sammlung *La Bonne Chanson* (1870) tut Verlaine hier den Schritt in die Moderne, wenngleich nicht in allen Teilen mit gleicher Kraft. Die *Romances sans paroles* sind geprägt von der aufwühlenden Begegnung mit Rimbaud und dessen Vorstellungen von einer neuen Sprache und Dichtung, mit seiner Forderung, der Dichter habe *das Feuer zu stehlen*, sich durch eine *lange, grenzenlose und durchdachte Zerrüttung aller Sinne* zum *Seher* zu machen, um zum *Unbekannten* vorzustoßen und an der *Fülle des großen Traumes* teilzuhaben (Brief an Paul Demeny, genannt *La Lettre du Voyant*, 15. Mai 1871).[8] Rimbaud hatte verkündet, daß *Ich ein anderer* und die Zeit der subjektiven Dichtung abgelaufen sei und daß die Moderne eine *poésie objective* erfordern würde (Brief an Izambard, 13. Mai 1871).[9]

Verlaine, weit entfernt von derart beunruhigender Radikalität, hat diese Lektion in den *Ariettes oubliées*, dem ersten Teil der *Romances*, auf eine ihm eigene Weise in seine Poetik integriert und sie mit einem persönlichen Programm verflochten. Diese Gedichte illustrieren die Forderungen seines manifestartigen *Art poétique* (1874): Musikalität als bestimmendes Element, das Ungerade (in der Silbenzahl des Verses), das Unbestimmte-Unfaßbare, die Zwischentöne, die Nuance, das aller Rhetorik Bare.[10] Der Logos, die ordnende, motivierende Kraft der *Paroles* wird entlassen zugunsten eines in der Chiffre *Romances* aufgehobenen unmittelbaren Ausdrucks, wie er in der Musik möglich ist. Die Worte singen lassen: Lyrik ist Gesang, ist Lautmusik. Andrerseits sind auch Bezüge zur Malerei vorhanden. Entstehung und Veröffentlichung der *Romances sans paroles* fallen in die Epoche der großen Umwälzung, die der Impressionismus bedeutete (1870–1874). Verlaine wird zum dichtenden Weggenossen der impressionistischen Maler.[11] Die Beschreibung weicht der Suggestion, nuancenreiche Farbflecke verdrängen die klare, logische Begrenzung, welche die Linie darstellt.

Das Gedicht, auf das Mandelstam in seinem Brief anspielt, befindet sich im modernsten Teil der *Romances*: es ist das achte Stück der *Ariettes oubliées*. Hier entfaltet sich Rimbauds »objektive« Poesie, macht die Schwermut eines selbstbezogenen Ich einer kosmischen Schwermut Platz. Ein Ich erscheint hier nicht.

Dans l'interminable
Ennui de la plaine
La neige incertaine
Luit comme du sable.

Le ciel est de cuivre
Sans lueur aucune.
On croirait voir vivre
Et mourir la lune.

Comme des nuées
Flottent gris les chênes
Des forêts prochaines
Parmi les buées.

Le ciel est de cuivre
Sans lueur aucune.
On croirait voir vivre
Et mourir la lune.

Corneille poussive
Et vous, les loups maigres,
Par ces bises aigres
Quoi donc vous arrive?

Dans l'interminable
Ennui de la plaine
La neige incertaine
Luit comme du sable.[12]

Die Regungen der Seele sind auf eine Landschaft projiziert. Innenwelt wird Außenwelt: die unendliche Ebene ist nicht mehr vom unendlichen *ennui* zu unterscheiden. Kein Ich setzt sich in Szene, keine Gefühle, Ängste oder Freuden werden zerfragt, sondern Dinge werden genannt, eine Atmosphäre wird suggeriert.

Die Entsprechungen im Dekor des zitierten Mandelstam-Gedichtes sind offensichtlich (nächtliche Landschaft, Bäume etc.), und nicht der sterbende oder sich verdunkelnde Mond soll uns aufhalten. Wie Verlaine versucht sich Mandelstam in einem kosmischen Impressionismus, ist um die objektivierte Impression bemüht. Die Trauer wird auf die Bäume projiziert. Doch Mandelstam will noch weiter gehen, will Persönliches noch weiter bändigen, bis in die Metrik hinein: der russische Jambus soll das Bekenntnishafte zügeln helfen. Diese Poetik der Zügelung und der Distanz zum Ich weist bereits auf das spätere Schaffen voraus.

Gewiß jedoch ist die Welt der frühen Gedichte Mandelstams noch nicht die sinnerfüllte des vom Kult des Bauens, der schöpferischen Tätigkeit durchdrungenen Akmeisten. Es ist eine von der Leere regierte Welt /I, 10/, eine umrißhafte Welt der Schatten, von großer Zerbrechlichkeit und entmutigender Vergänglichkeit, und die oft wiederkehrende Trauer ist genau jene Trauer ohne Motiv, jene Schwermut eines Jugendlichen, die ebenfalls in Verlaines *Romances sans paroles* zu ihrem Recht kommt, in der dritten der *Ariettes oubliées:*

Il pleure sans raison
Dans ce cœur qui s'écœure.
Quoi! nulle trahison?
Ce deuil est sans raison.[13]

Es ist das Ringen zwischen bekenntnishafter Ich-Lyrik und objektivierter Impression, das den achtzehnjährigen Mandelstam bei Verlaine angezogen hat. Gerade das Tauziehen der Poetiken Rimbauds und Verlaines in den *Romances sans paroles* hat ihn zur Schulung (Zügelung) des eigenen Ausdrucks angeregt, zur Schaffung von Romanzen ohne Worte in seiner, der russischen Sprache. Entgegen den gängigen Schul- und Handbüchern, die Verlaine auf das Klischee des sentimentalen Ich-Lyrikers festlegen und zurechtkürzen, hat Mandelstam schon früh einen komplexeren Verlaine erkannt, wertet sein Ringen gegenüber demjenigen der andern Modernisten auf. Auch Verlaine hat versucht, sich vom bekenntnisfreudigen Ich zu lösen und eine Dichtung jenseits des Persönlichen zu schaffen. Ein Brief aus dem Umkreis der *Romances*, datiert vom 16. Mai 1873, spricht von einem *System*, das darin bestünde, Dinge und Landschaften statt des Menschen auftreten zu lassen[11] – was in dem von Mandelstam im Brief an Vjačeslav Ivanov erwähnten und hier zitierten Gedicht bereits verwirklicht ist.

Über jenes Ringen zwischen zwei gegensätzlichen Poetiken hinaus hat Verlaines Musikalität unverkennbar stark auf Mandelstam gewirkt. So befragt sich dieses oft von der Trauer heimgesuchte Ich in einem frühen Gedicht, warum die Seele so melodisch, so sangbar sei /I, 15/. Mandelstam trägt Verlaines Gebot der Musikalität in seiner eigenen Dichtung mit noch größerer Radikalität vor. Im Gedicht *Silentium* aus dem Jahre 1910 hat sein Dichterkollege Nikolaj Gumilev schon früh eine kühne Fortführung des Verlaineschen *Art poétique* erkannt.[15] Die letzte Strophe:

Останься пеной, Афродита,
И слово в музыку вернись,
И сердце сердца устыдись,
С первоосновой жизни слито! /I,9/

Bleib, Aphrodite, dieses Schäumen,
du Wort, geh, bleib Musik.
Des Herzens schäm dich, Herz, das seinem
Beginn und Grund entstieg.

(Übertragung: Paul Celan)[16]

Ein doppelter Dialog: außer mit Verlaine auch mit dem Russen Tjutčev (1803–1873), dem Schöpfer philosophischer Nacht- und Naturlyrik – durch die Übernahme des Titels eines seiner berühmtesten Gedichte (*Silentium*, Lobpreis des Schweigens, des Unausgesprochenen) sowie durch das Thema des von diesem Lyriker oft beschworenen uranfänglichen, chaotischen Weltzustandes. Die Verbindung von Tjutčev und Verlaine war bereits früher besiegelt, in einem Programmgedicht des Jahres

1908. Der französische Dichter war dort jedoch in einer neuen, veränderten Gestalt in Erscheinung getreten.

ÜBER DIE KINDEREI DES DICHTERS

1908 wird zum ersten Mal in Mandelstams Schaffen das Programm einer Verflechtung eines russischen mit einem französischen Modell entworfen. Von Anfang an manifestiert sich der Wille zur Synthese, der Gestus der Vereinigung von Gegensätzlichem.

В непринужденности творящего обмена,
Суровость Тютчева — с ребячеством Верлена
Скажите — кто бы мог искусно сочетать,
Соединению придав свою печать?
А русскому стиху так свойственно величье,
Где вешний поцелуй и щебетанье птичье! /IV, 12/

Sagt, wer könnte sie kunstvoll verbinden,
in der Ungezwungenheit eines schöpferischen Austausches,
die Strenge Tjutčevs und die Kinderei Verlaines,
und der Vereinigung seine eigene Prägung verleihen?
Und dem russischen Vers ist so sehr die Größe eigen,
wo Frühlingskuß und Vogelzwitschern sind!

Hier ist keine Rede von einer Nachahmung der beiden Modelle: angestrebt wird eine schöpferische Synthese mit eigenem Charakter, die eine Verwandlung der beiden Elemente mit sich bringen muß, des russischen wie des französischen. Einmal mehr wird dem Russischen (über den russischen Vers) die Eignung zu Umwandlung und Synthese bescheinigt: frühlingshafte Leichtigkeit wird Größe, Vergängliches und Flüchtiges erlangt eine neue Qualität. Tjutčevs bedeutende Rolle für den frühen Mandelstam ist bereits Gegenstand kritischer Reflexion geworden[17] – seine *Strenge* wird hier außerhalb der Betrachtung bleiben. Die *Kinderei* Verlaines jedoch bedarf der Erläuterung. Was hat die auf den ersten Blick seltsam anmutende Bezeichnung zu bedeuten, welche Rolle spielt die mit Verlaine assoziierte Eigenheit im Kontext des Mandelstamschen Werkes?

Mandelstam ist allerdings nicht der erste, dem Verlaines Kindlichkeit und Kinderei aufgefallen ist. Wenn er sich während seiner Pariser Zeit vor allem mit Verlaine beschäftigt hat, dürften ihm die Zeugnisse der Zeitgenossen des Dichters, der damals gerade erst seit einem Jahrzehnt verstorben und dessen Legende nicht verhallt war, kaum entgangen sein: *Daß Verlaine sein ganzes Leben lang ein Kind gewesen sei, haben viele Zeugen bemerkt. Lantoine bewunderte seinen »herrlich kindlichen« Blick. Byvanck notierte die kindliche Beweglichkeit seines Gesichts, Cazals zeichnete in amüsanten Skizzen die Lausejungenposen seines alten Freundes und Léon Bloy schrieb an Abbé Dewez: »Sie können sich keine Vorstellung von der Kinderei dieses großen Unglücklichen machen.«*[18] Ist nicht im Sinne eines literarischen Generationenkonflikts der Weg Paul Verlaines zu einer persönlichen Poetik, zur Musikalität, zum Liedhaften, zu einer (scheinbaren) Leichtigkeit als eine Revolte gegen Kühle, Ernst, akademische Ungerührtheit und »Erwachsenheit« der vorangegangenen Schule, des französischen *Parnasse* (Leconte de Lisle, Théodore de Banville u. a.) zu verstehen?

Kindlichkeit als Revolte – auch bei Mandelstam? Tatsächlich ergibt sich eine Parallele in seiner Abkehr von einem altväterisch mystischen, prophetisch-erhabenen russischen Symbolismus. Das folgende Bekenntnis zum Kindlichen, das Erneuerung der Kräfte, ja Wiedergeburt verspricht, findet sich in einem Gedicht desselben Jahres 1908 – und Mandelstam hat das Bekenntnis nie widerrufen, hat es auch in spätere Ausgaben seiner Lyrik aufgenommen:

Только детские книги читать,
Только детские думы лелеять,
Все большое далеко развеять,
Из глубокой печали восстать. /I, 3f./

Nur Kinderbücher lesen,
nur Kindergedanken hegen,
alles Große weit weg zerstreuen,
aus tiefer Trauer auferstehen.

Die rückhaltlos positive Sicht des Kindlichen wird noch in den letzten Gedichten Mandelstams bestätigt, ja erfährt gerade in den dreißiger Jahren Erneuerung und Steigerung. Aus der Auflehnung gegen den Symbolismus war jedoch existentieller Kampf geworden, Revolte gegen eine totalitär verwaltete Gegenwart. In den Gedichten der Verbannungszeit, den *Woronescher Heften* (1935–1937), werden Tiere (etwa im Stieglitz-Zyklus) und Kinder zu Verbündeten des verfemten Dichters gegen den Koloß der Stalin-Epoche. In einem Kurzgedicht des Jahres 1937 skizziert Mandelstam seine Auferstehung (Konstanz eines Motivs) als eine Auferstehung durch das Kleine – im Sinne einer Erhebung gegen das Monumentale, Gewaltige, Totalitäre seiner Zeit:

Уходят вдаль людских голов бугры,
Я уменьшаюсь там — меня уж не заметят,
Но в книгах ласковых и в играх детворы
Воскресну я сказать, что солнце светит. /I,233/

In weite Ferne gehen Hügel: Menschenköpfe,
Mich wird man nicht mehr sehn, ich werd verschwindend klein –
Und doch, in Kinderspielen, Büchern, zärtlichen Geschöpfen
Werd ich einst auferstehend sagen, daß die Sonne scheint.

(Übertragung: RD)[19]

Ein noch eindrücklicheres Zeugnis einer auf die kindliche Weltsicht Bezug nehmenden Poetik tritt dem Leser im

Gedicht *Die Geburt des Lächelns* von Dezember 1936/ Januar 1937 entgegen. Das beginnende Lächeln des Kleinkindes erhält hier eine kosmische Dimension, wird mit der Entstehung der Welt assoziiert, mit dem Ursprünglichen schlechthin – wie auch die Entdeckung der Dinge durch das Kind als Erkenntnis an ihrem Ursprung gewürdigt wird.

РОЖДЕНИЕ УЛЫБКИ

Когда заулыбается дитя
С развилинкой и горести и сласти,
Концы его улыбки, не шутя,
Уходят в океанское безвластье.

Ему невыразимо хорошо,
Углами губ оно играет в славе —
И радужный уже строчится шов
Для бесконечного познанья яви.

На лапы из воды поднялся материк —
Улитки рта наплыв и приближенье —
И бьет в глаза один атлантов миг:
Явленья явного в число чудес вселенья.

И цвет и вкус пространство потеряло,
Хребтом и аркою поднялся материк,
Улитка выползла, улыбка просияла,
Как два конца их радуга связала,
И в оба глаза бьет атлантов миг. /I,234/

DIE GEBURT DES LÄCHELNS

Ein Kind beginnt zu lächeln, alles ist bereit,
Es teilt sich in ihm Bitterkeit und Süße,
Die Enden seines Lächelns reichen weit
Und werden (ohne Scherz) bis in die Meere fließen.

Ist mit dem Spiel der Lippenwinkel fein begabt,
Und nicht zu sagen ist die Freude: atmen können –
Schon steppt sich eine Regenbogennaht
Und will unendlich weiter diese Welt erkennen.

Und aus dem Wasser hebt sich Land zuletzt –
Der Schneckenmund, sein Andrang, Strom und Werden –
Und springt ins Auge her, atlantisch: Jetzt,
Die Dinge dieser Welt auf einer Wunder-Erde.

Der Raum geruchlos, fehlen ihm die Farben,
Das Festland hob sich: Rückgrat, Bögen, rund,
Ein Muscheltier kriecht aus, es strahlt ein Menschenmund,
Der Regenbogen bindet sie wie Garben –
Dann springt das Jetzt ins Augenpaar, bis in den Grund.

(Übertragung: RD)[20]

Wie eine Komplizenschaft des Kindes mit der Schöpfung besteht, so gibt es auch eine solche zwischen dem Dichter und dem Kind. Unverkennbares Signal ist das in der *Geburt des Lächelns* auftauchende Motiv der sich bewegenden Lippen (Lippenwinkel, Mund, Muschelform), das bei Mandelstam einen steten Verweis auf den Akt des Dichtens, auf die Entstehung von Dichtung darstellt. Daß diese direkte Verbindung zur Schöpfungsgeschichte, diese Komplizenschaft mit einem urtümlichen Lebensprinzip auch einen politischen Beiklang hat – daß sie als Widerstand gegen eine vom gewaltsamen Tod, von der Massenhinrichtung geprägte Epoche zu lesen ist (der Terror der Stalinschen »Säuberungen« hatte soeben begonnen), belegt ein weiteres Kurzgedicht, das in der Folge der *Geburt des Lächelns* entstanden ist. Das Lächeln wird dort als *unkäuflich* und *ungehorsam* gepriesen – als Weigerung, mit dem Lebensfeindlichen und der Menschenverachtung einer vom Totalitarismus Stalins entstellten Zeit zu paktieren.

Подивлюсь на мир еще немного
На детей и на снега
Но улыбка неподкупна, как дорога,
Непослушна, не слуга. /I,224/

Ein wenig staunen noch, sei's nur für heute:
Über Kinder, Schnee und diese Welt –
Auf immer ungehorsam-ungebeugtes:
Dies Lächeln ist ein Pfad, den kauft kein Geld.

(Übertragung: RD)[21]

Dieser politischen Dimension des Lächelns wie des Kleinkindes in den *Woronescher Heften* war eine poetologische in den Werken der Moskauer Periode (1930–1934) vorausgegangen. Die Kleinkindsprache, das *Lallen* (russisch: *lepet*), wird dort zur Metapher für die Sprache der Dichtung schlechthin. Im *Gespräch über Dante* aus den Jahren 1933/34 etwa, wo Mandelstam auch seine eigene Poetik umreißt, findet sich folgende Notiz: *Was mich ebenfalls erstaunt hat, ist die Infantilität der italienischen Phonetik, ihre wunderbare Kindlichkeit, die Nähe zum Kleinkinderlallen, ein bestimmter uralter Dadaismus* /II, 366/. Große Dichtung, das Werk Dantes, als Stammeln von Lauten. Frische und Freude des Ausdrucks, ungehinderte Lautlichkeit sind für Mandelstam wesentliches Merkmal der Dichtung. In einem der poetologischen *Achtzeiler* vom November 1933 wird die Bedeutung des Lallens als einer Metapher für Dichtungssprache noch gesteigert durch lautliche Instrumentierung, wo über die Lautwiederholungen (l, p, t) das Lallen abgebildet und reflektiert wird – ein Beispiel sinnreichster Paronomasie, in dem alle Elemente durch das lautliche Material zueinander in Beziehung treten:

Он опыт из лепета лепит — /*On opyt iz lepeta lepit*
И лепет из опыта пьет. /I,201/ — *I lepet iz opyta p'et.*/

Er formt Erfahrung aus dem Lallen
und trinkt Lallen aus der Erfahrung.

Die *Kinderei* Verlaines war nicht zufällig ins frühe Programm, ins Gedicht von 1908 geschlüpft. *Kindlichkeit* wie *Kinderei* (russisch: *detskost'* und *rebjačestvo)* sind nicht nur in einer bestimmten Schaffensperiode, sondern im ganzen Werk Mandelstams mit durchweg positiven Wertungen versehen. Die beiden Ausdrücke werden bei diesem Dichter semantisch nicht voneinander geschieden, und auch das zweite Element, die *Kinderei* (ebenso wie die *Infantilität* im zitierten Satz aus dem *Gespräch über Dante*), weist keinerlei pejorative Färbung auf. Im eingangs zitierten Gedicht ist Verlaines *Kinderei* ernstzunehmendes dichterisches Prinzip, steht ranggleich neben der *Strenge* Tjutčevs. Mandelstam bezeichnet die moderne Dichtung bei all ihrer Spitzfindigkeit als *naiv* – wie wir im folgenden Teilkapitel noch einmal sehen werden (und auch dort wird der Name Verlaine stehen). Daß er zudem das Adjektiv *naiv* wie selbstverständlich neben das Adjektiv *klug* stellt, bestätigt nur die hier skizzierte Deutung. So heißt es in einem Essay: *Mich zieht es noch immer zu Zitaten aus dem* naiven *und* klugen *achtzehnten Jahrhundert* /II, 277/.

Eine Dichtung, deren Kennzeichen es ist, kulturumspannend zu sein, setzt sich der Gefahr aus, in die Summierung von Kulturgut, in kühle Intellektualität und Akademismus abzugleiten und ihren lyrischen Charakter einzubüßen. Deshalb wählt sich Mandelstam von Anfang an für sein Werk Verlaine und die ihm wesenseigene *Kinderei* als notwendiges und nicht zu verharmlosendes Korrektiv. So wird man denn diesem russischen Dichter auch nicht gerecht, wenn man ihn einen *poeta doctus* nennt, da diese Formel dem von ihm gewählten Korrektiv keinerlei Rechnung trägt. Die Frische und Lebendigkeit der schöpferischen Anverwandlung zeugt von einer kindlichen Offenheit des Dichters, ist durchweg poetisch und un-akademisch. Mandelstam ist der Dichter des intuitiven Wissens, nicht der Gelehrsamkeiten:

Ни о чем не нужно говорить,
Ничему не следует учить,
И печальна так и хороша
Темная звериная душа:

Ничему не хочет научить,
Не умеет вовсе говорить
И плывет дельфином молодым
По седым пучинам мировым. /I,7f./

Keine Worte, keinerlei.
Nichts, das es zu lehren gilt.
Sie ist Tier und Dunkelheit,
sie, die Seele, gramgestillt.

Nicht nach Lehre steht ihr Sinn,
nicht das Wort ists, was sie sucht.
Jung durchschwimmt sie, ein Delphin,
Weltenschlucht um Weltenschlucht.

(Übertragung: Paul Celan)[22]

Verlaine ist unter den Modernisten der am wenigsten von der Intellektualität belastete. Hat ihm Mandelstam gerade deshalb die Treue gehalten, weil dieser Franzose einer ursprünglichen Bestimmung der Poesie, Gesang und Musik, intuitiv, ganzheitlich, unmittelbar »kindlich« mitgeteilte Botschaft zu sein, am treuesten geblieben war? Mag Mandelstam oft als dunkler und schwieriger Dichter aufgenommen worden sein – seine gewollte Gegenposition darf nicht vergessen werden: die Leichtigkeit, die erfrischende Kinderei ungewohnter, neuer Bilder, *seine* Nähe zum Kleinkinderlallen, sein Bestehen auf dem *seligen sinnlosen Wort*, für das er *in der sowjetischen Nacht betet* /I, 86/.

Wenn ein unabdingbares Element der Mandelstamschen Synthese von Anfang an mit dem Namen Verlaines verknüpft erscheint, ist es naheliegend, von einem Einfluß des französischen Dichters zu sprechen. Es soll hier auch geschehen, jedoch in jenem weiten *und* strengen Sinne von André Gide, daß der Einfluß an sich nicht schöpferisch sein könne und daß er nur das aufzuerwekken und zu bestätigen vermöge, was im Aufnehmenden bereits vorhanden sei. *Der Einfluß erschafft nichts: er erweckt.*[23]

VERLAINES VERWANDLUNGEN

Mandelstam hat im fremden Dichter das Verwandte gesucht. War die Verwandtschaft entdeckt, gab es keine Veranlassung, dem Fremden, das Eigenes bedeutete, untreu zu werden. Diese Beständigkeit ist jedoch nicht mit der Erstarrung eines einmal fixierten Bildes zu verwechseln – gerade die Wandelbarkeit der Erscheinungsform des fremden Dichters ist Indiz für ein besonderes Verhältnis zu ihm. In Mandelstams Essay über François Villon zeigt sich deutlich, daß die Verlaine-Rezeption in eine neue Epoche tritt. Der Text stammt aus dem Jahre 1913, aus dem Jahr der Manifeste des Akmeismus. Mandelstam ist hier unverkennbar bemüht, auch Paul Verlaine von seiner symbolistischen Periode in die akmeistische hinüberzuretten. Gleich zu Beginn des Essays werden die literarischen Rollen Villons und Verlaines verglichen: *Die Schwingungen dieser beiden Stimmen sind sich verblüffend ähnlich. Außer der Klangfarbe und der Biographie jedoch verbindet diese Dichter eine beinah gleiche Mission in der Literatur ihrer Zeit. Beiden war es beschieden, in einer Epoche gekünstelter Treibhausdichtung aufzutreten, und ähnlich wie Verlaine die* SERRES CHAUDES /Treibhäuser; RD/ *des Symbolismus durchschlug, warf Villon der mächtigen Rhetorischen Schule, die man mit vollem Recht als den Symbolismus des 15. Jahrhunderts auffassen darf, seine Herausforderung entgegen* /II, 301/.

Von den französischen Symbolisten in ihrem Manifest von 1886 als *wahrer Vorfahre* gefeiert[24], wird Verlaine bei Mandelstam zu einem Überwinder des Symbolismus umgedeutet. Für den Franzosen ergibt sich eine (scheinbar) paradoxale Rolle. Ist Mandelstam hier wirklich auf der falschen Fährte? Prüft man die Dokumente jener Epoche, stellt sich heraus, daß die Rollenverteilung des Akmeisten so widersprüchlich nicht ist. Verlaine hat tatsächlich eine pamphletarische Ballade *gegen* den Symbolismus und *für* die 1891 von Jean Moréas gegründete *Ecole Romane* verfaßt, die sich als Überwinderin des Symbolismus verstand und somit in dieser Beziehung als eine ferne Verwandte des russischen Akmeismus gelten kann. Verlaines Ballade ist eine kategorische Kampfansage an den Symbolismus und eine begeisterte Begrüßung der Überwinderin (*Salut à l'école romane! /. . ./ Et vive l'école romane!*):

A bas le symbolisme, mythe
Et termite, et encore à bas
Ce décadisme parasite
Dont tels rimeurs ne voudraient pas!
A bas tous faiseurs d'embarras!
Amis, partons en caravane,
Combattons de taille et d'estoc,
Que le sang coule comm' d'un broc
Pour la sainte école romane![25]

Der Aufruf zum heiligen Krieg gegen den Symbolismus war allerdings durch kein sehr tief empfundenes Glaubensbekenntnis abgestützt: Verlaine hielt auch der bejubelten *Ecole Romane* nicht allzu lange Zeit die Treue.[26] Der Bruch war bereits vorprogrammiert, und das einzige, was in jenen heiligen literarischen Kriegen zu obsiegen vermochte, war Verlaines Unabhängigkeitsstreben, oder seine Unfähigkeit, »Schule zu machen«, Jünger um

PAUL VERLAINE
(1844–1896)

sich zu scharen oder selber ganz und gar für eine der streitbaren Parteien einzustehen. Verlaine ist schwierig einzuordnen und durchbricht tatsächlich das Glas der Treibhäuser literarischer Sekten oder literarhistorischer Etikettierungsversuche. Oder liegt dieses Proteische, unfaßbare Wandelbarkeit und Unabhängigkeit in der Poesie selber begründet? Jedenfalls erscheint Verlaine dem zweiundzwanzigjährigen Mandelstam im Jahr der Manifeste des Akmeismus als ein keineswegs ungeeigneter Weggenosse. Im selben Text, wo diese Adoption sich vollzieht, umreißt der Russe auch die dynamische Poetik François Villons (1431–1463) mit einer Variation des Verlaine-Verses *De la musique avant toute chose* aus dem *Art poétique*, um die beiden verehrten Franzosen auch unter sich noch weiter zu verbrüdern: *Wäre Villon in der Lage gewesen, sein dichterisches* CREDO *formulieren zu müssen, hätte er zweifellos in der Art Verlaines ausgerufen:* **DU MOUVEMENT AVANT TOUTE CHOSE** /II, 306/!

Und noch immer ist es Verlaines *Art poétique*, der acht Jahre später in einem der wichtigsten Essays, in *Das Wort und die Kultur* (1921), beigezogen wird – diesmal jedoch, um einen Begriff aus Mandelstams eigener Poetik zu illustrieren: das *innere Bild*, frühestes Stadium bei der Entstehung des Gedichtes, ein Zustand, welcher der Formgebung und Ausgestaltung weit vorausgeht und Bild in einem umfassenderen Sinne ist, der mit der Rhetorik und ihren Tropen nichts gemein hat. Deshalb zur Eröffnung die strikte Ablehnung einer oberflächlichen Beredsamkeit, die Mandelstam aus dem Programm Verlaines übernimmt (bei Verlaine allerdings lautet der Vers genau: *Prends l'éloquence et tords-lui son cou!*):

PRENDS L'ELOQUENCE ET TORDS LUI LE COU!

Schreibe bilderlose Verse, wenn du kannst, wenn du dazu imstande bist. Der Blinde erkennt ein einmal liebgewonnenes Gesicht, kaum hat er es mit sehenden Fingern leicht berührt, und Freudentränen, die Tränen einer echten Freude des Wiedererkennens, strömen aus seinen Augen nach der langen Trennung. Das Gedicht ist lebendig durch das innere Bild, durch jenen klingenden Abdruck der Form, der dem geschriebenen Gedicht vorausgeht. Noch kein einziges Wort ist da, doch das Gedicht klingt bereits. Es klingt das innere Bild, das vom Gehör des Dichters betastet wird /II, 226 f./.

Der zu Beginn der zwanziger Jahre geäußerte Vorschlag, bilderlose Dichtung zu schaffen, ist gewiß auch polemisch gegen eine Gruppe von zeitgenössischen Dichtern gerichtet: gegen den Imaginismus, dessen Vertreter (Šeršenevič, Esenin, Mariengof u. a.) ab 1919 in ihren Manifesten und Texten neue, kühne, schockierende Bilder zum Zentrum ihrer Poetik erhoben hatten.[27] Mandelstam ist offensichtlich bemüht, seine vom *inneren Bild* genährte und klanglich-musikalisch geprägte Dichtung von der Bilderflut der Imaginisten abzugrenzen und vor dem Metaphernkult zu warnen, in dem sich eine wirkliche Dichtung nicht erschöpfen dürfte.

Das Zitat des befreienden Ausrufs wider eine gewundene Eloquenz ist jedoch nicht die einzige Huldigung an Verlaine im zentralen Essay *Das Wort und die Kultur.* Gegen den Schluß dieses Textes erweist sich erneut der Modellcharakter des französischen Dichters.

Die moderne Dichtung ist, bei all ihrer Komplexität und der ihr innewohnenden Spitzfindigkeit, naiv:

ECOUTEZ LA CHANSON GRISE . . .

Als der synthetische Dichter der Moderne erscheint mir nicht Verhaeren, sondern irgendein Verlaine der Kultur. Für ihn ist die ganze Komplexität der alten Welt noch einmal eine Puschkinsche Schalmei. In ihm singen Ideen, wissenschaftliche Systeme, Staatstheorien ebenso genau, wie in seinen Vorgängern Nachtigallen und Rosen gesungen haben /II, 227/.

Eine doppelte Huldigung liegt hier vor. Zunächst verschmelzt Mandelstam zwei Gedichte Verlaines zu einem Vers: einmal mehr den *Art poétique* mit seinem Lob der Zwischentöne und des Unbestimmbaren (*Rien de plus cher que la chanson grise/ Où l'Indécis au Précis se joint*) und dann das Gedicht XVI aus der Sammlung *Sagesse*:

Ecoutez la chanson bien douce
Qui ne pleure que pour vous plaire.
Elle est discrète, elle est légère:
Un frisson d'eau sur de la mousse![28]

Darauf folgt die Antwort auf Valerij Brjusovs begeisterten Ausruf, der belgische Symbolist Emile Verhaeren (1855–1916) sei der wahre Dichter der Moderne. Brjusov hatte in seinem Essay *Ein Dante der Moderne* von 1913 verkündet, Verhaeren sei nicht nur ein Meister der Form, Denker, Wissenschaftler, Soziologe usw., sondern dichterische Verkörperung des gesamten modernen Lebens.[29]

In Mandelstams Formel *ein Verlaine der Kultur* wird der französische Dichter erneut zum notwendigen Element einer Synthese, hat die Frische und Kindlichkeit des Schöpferischen einzubringen, Leichtigkeit, Liedhaftigkeit, Musikalität – die Nennung eines Musikinstrumentes als des Sinnbildes für die Poesie des größten russischen Dichters (die *Puschkinsche Schalmei*) verstärkt nur diese Komponente. Auch wo der moderne Dichter sein Werk mit Kultur, mit Ideen, Systemen, Theorien nährt, hat er die Obliegenheit, die Dinge in ihm *singen* zu lassen, der ursprünglichen, in der Chiffre Verlaine aufgehobenen Bestimmung der Lyrik treu zu bleiben. Mandelstam verweist nicht – wie etwa Brjusov auf Verhaeren – auf einen lebenden, zeitgenössischen Dichter. Eine Synthese wird entworfen. Einen jedoch gibt es, der dem umschriebenen Modell eines *Verlaine der Kultur* 1921 bereits verblüffend ähnlich sieht: Ossip Mandelstam. In einer Teilidentifikation mit dem französischen Dichter erreicht die Verlaine-Verehrung Mandelstams zu Beginn der zwanziger Jahre ihren eigentlichen Höhepunkt.

Der Beständigkeit der Rezeption durch die Jahre hindurch steht die Wandelbarkeit der Gestalt Verlaines gegenüber: seit Beginn seiner dichterischen Tätigkeit hatte Mandelstam den Willen bekundet, den französischen Dichter von einer Phase seiner künstlerischen Entwicklung in die nächste mitzunehmen – von der symbolistischen in die akmeistische und von da in eine entwickelt-akmeistische mit, wie im Essay *Das Wort und die Kultur* formuliert, neoklassizistischer Ästhetik und einer vertieften Poetik der Kultur. Mandelstam anerkennt damit in Verlaine eine Fülle von Facetten und die Fähigkeit zur Verwandlung – und gibt uns eine nicht zu unterschätzende Lektion: der von der Kritik nachlässig duldsam behandelte und gegenüber den großen Modernisten deutlich unterbewertete Verlaine erhält bei diesem Russen eine von Literaturgeschichten und Handbüchern nie wirklich zugegebene Komplexität und Vielgestaltigkeit zurück. Auch im Essay über André Chénier von 1914/15 kommt im Zusammenhang mit einer romantischen *Poetik des Unerwarteten* Verlaine und seinem *ironischen Liedchen* /II, 296/ ein Ehrenplatz zu, und Mandelstam fügt den bisherigen eine weitere Facette hinzu. Doch die Verwandlungen der Proteusgestalt Verlaine innerhalb des Mandelstamschen Werkes sind noch nicht vollzählig versammelt. Kehren wir aus den Essays ins Gedicht zurück: 1913 war Verlaine in einem akmeistischen Gedicht als Stoff erschienen, als Figur einer Legende.

»FRÖHLICHES ELEND« – VERLAINE ALS FIGUR EINER LEGENDE

Jedes Ding hat seine eigene Poesie und kann Gegenstand des akmeistischen Gedichtes werden, ohne im Sinne einer Baudelaireschen *Entsprechung* (Baudelaires Sonett *Correspondances* war für die russischen Symbolisten ein Schlüssel zur Welt gewesen) auf Analoges, Metaphysisches, Jenseitiges zu verweisen. Nikolaj Gumilev hatte in seinem Manifest den *Eigenwert* jeder Erscheinung hervorgehoben.[30] Laut Mandelstam ist das akmeistische Gedicht nicht mehr ein *Gang durch den Wald der Symbole* /II, 323/: sein Gegenstand ist im Diesseits verankert, gehört dem Planeten Erde. Das Gedicht *Der Alte,* 1913 entstanden und in die erste Ausgabe des Bandes *Der Stein* aufgenommen, ist einem in den Manifesten skizzierten reinen, ursprünglichen Akmeismus verpflichtet.

Der Alte: ein alltäglicher, betrunkener Zeitgenosse, Herumtreiber und Nachtschwärmer, der im frühmorgendlichen Petersburg oder Paris sein Heim sucht, wo ihn eine zänkische Gattin erwarten wird. Nichts Lyrisch-

Intimes, Bekenntnishaftes – dieser Text eines 22jährigen ist eine Provokation, der ironisch pointierte Wille, dem Gedicht eine andere Ästhetik zu geben als die vorangegangene Dichtergeneration. Das akmeistische Gebot einer *romanischen, hellen Ironie*[31] ist im Gedicht *Der Alte* verwirklicht.

СТАРИК

Уже светло, поет сирена
В седьмом часу утра.
Старик, похожий на Верлена —
Теперь твоя пора!

В глазах лукавый или детский
Зеленый огонек;
На шею нацепил турецкий
Узорчатый платок.

Он богохульствует, бормочет
Несвязные слова;
Он исповедоваться хочет —
Но согрешить сперва.

Разочарованный рабочий
Иль огорченный мот —
А глаз, подбитый в недрах ночи,
Как радуга цветет.

Так, соблюдая день субботний
Плетется он, когда
Глядит из каждой подворотни
Веселая беда;

А дома — руганью крылатой,
От ярости бледна,
Встречает пьяного Сократа
Суровая жена! /I,25/

DER ALTE

Schon ist es hell, Sirenen krähn
Um sieben Uhr im Morgenlicht.

Du Alter, ähnlich Paul Verlaine –
Nun wird es Zeit für dich!

In kindlichen und schlauen Blicken
Ein grüner Feuerschein –
Gemustert: Tuch, den Hals umwickelnd,
Es muß wohl türkisch sein.

Er lästert los und murmelt her
Viel losen Faden des Gesprächs;
Er möchte Beichte tun so sehr –
Doch sündigen zunächst.

Ein arg enttäuschter Schwerarbeiter
Oder ein Prasser, leicht betrübt –
Ein Augenring, tief nachts verbläuter,
Als Regenbogen blüht.

So wahrt er seine Feierstunden
Und schleppt sich weiter, laut-
hals, wenn aus jedem Türspaltgrunde
Ein Elend fröhlich schaut.

Zuhaus – Geschimpf, geflügeltes,
Wenn bleich, von ihrer Wut gedrängt,
Den öfter trunknen Sokrates
Die finstre Frau empfängt!

(Übertragung: RD)

Bei aller manifestkonformen Anlage des Gedichtes kann sich Mandelstam nicht verleugnen. Die Erscheinung in ihrer plastischen, irdischen Konkretheit genügt ihm nicht, er konfrontiert sie mit kulturellen Gegebenheiten, hier – mit der literarischen Anekdote und der Dichterlegende. Es ist nicht der Musik und Lyrik verschmelzende Verlaine der *Romances sans paroles* oder des *Art poétique*, dem dieser Alte ähnlich sieht – es ist Verlaine als Existenzfigur, der Verlaine aus der Legende vom alternden Dichter: ein nicht unsympathischer Herumtreiber und zwischen Einsamkeit und Geselligkeit hin- und herpendelnder, etwas alberner Alkoholiker, wie ihn so manche Zeitgenossen porträtiert haben, und unter ihnen wohl am treffendsten Paul Valéry in seinem Text *Passage de Verlaine* aus dem Jahre 1921. *Doch ich sah ihn fast jeden Tag vorbeigehen, wenn er seine groteske Höhle verlassen hatte und gestikulierend irgendeine Winkelkneipe in der Nähe des Polytechnikums aufsuchte. Dieser Verworfene und Gesegnete ging hinkend und beschlug den Boden mit dem schweren Stock der Vagabunden und Gebrechlichen. Jammergestalt und Träger von Flammen in seinen gestrüppüberwachsenen Augen, verblüffte er die Straße durch seine brutale Majestät und das Erschallen ungeheuerlicher Äußerungen. /. . ./ Verlaine entfernte sich mit den Seinen in einem widrigen Geklapper von Galoschen und Knütteln und entwickelte einen prächtigen Zorn, der sich manchmal, wie durch ein Wunder, in ein Lachen verwandelte, das fast so neu war wie das Lachen eines Kindes.*[32]

Als sei der Gestalt dieses Dichters nur in paradoxen Wendungen wirklich beizukommen . . . Wie Valérys acht Jahre später entstandenes Erinnerungsstück lebt auch Mandelstams Gedicht vom Aufeinanderprall der Gegensätze, vom poetischen Reiz des Oxymorons. Der Ausdruck *fröhliches Elend* aus dem Gedicht selber resümiert es aufs prägnanteste: das verführerische Nebeneinander von Glanz und Armseligkeit, Kindlichkeit und Durchtriebenheit, Frömmigkeit und Sündigkeit, von Schmuck (das gemusterte Tuch) und verkaterter Gangart (*schleppt er sich dahin*), von Schmerz (das wundgeschlagene Auge) und Schönheit (der Regenbogen). Der Gestus des Oxymorons – die rhetorische Figur bedeutet griechisch »scharfsinnigdumm« – wird bis zum Schluß, bis hin zur finsteren Gattin und deren *geflügeltem Geschimpfe* durchgehalten.

Einige Züge des Alten stammen zu stark von der Verlaine-Legende ab, als daß der Hinweis auf den französischen Dichter im dritten Vers zufällig hätte ins Gedicht geschlüpft sein können. Das obligate Epitheton *kindlich* (Vers 5) soll uns hier nicht mehr aufhalten. Auf Verlaines Familiendrama oder seine fast sprichwörtliche Trunksucht einzugehen, wäre ebenfalls wenig originell. Mandelstams Vertrautheit mit der Verlaine-Legende erweist sich jedoch deutlich in deren Vermischung mit der Legende vom betrunkenen Sokrates (Vers 23), eine Kreuzung, die das Werk der Zeitgenossen Verlaines war und der Mandelstam wohl während seines Aufenthaltes in Paris begegnete. Die Assoziation geschah keineswegs immer in schmeichelhaftem Zusammenhang und in Tönen der Bewunderung. So schreibt etwa Jules Renard:

VERLAINE IM QUARTIER LATIN (1894), ZEICHNUNG VON F. A. CAZALS

Der entsetzliche Verlaine: ein moderner Sokrates und ein schmutziger Diogenes; ein wenig Hund und Hyäne.[33]

Wie hätte Mandelstam eine ganze Periode von Existenz und Schaffen des wankelmütigen Verlaine besser charakterisieren können als mit den Zeilen: *Er möchte beichten –/ doch sündigen zunächst*? Mandelstam führt dem Leser in aller Kürze den Verlaine eines Doppellebens vor Augen: den bekehrungswilligen, demutsvoll mystisch-religiöse Verse schreibenden Verlaine der Sammlungen *Sagesse* (1880) und *Amour* (1888) – und parallel dazu (der entsprechende Gedichtband trägt den Titel *Parallèlement* und wird von einer ganzen Serie ähnlich inspirierter Werke gefolgt) den Verlaine des Skandals, Prophet des Lasters und der erotischen Ausschweifungen. Das scheinbar so harmlose und leichtsinnig-frische Gedicht von 1913 gewinnt dadurch, daß es sich an der Verlaine-Legende nährt, eine plötzliche Tiefe.

Die fröhliche und erbärmliche Doppelheit des *Alten* geht im Werk Mandelstams nach 1913 nicht verloren. Im Jahre 1931 taucht in den *Moskauer Heften* unvermittelt ein Gedicht auf, das ein Motto aus einem Verlaine-Gedicht trägt: *Ma voix aigre et fausse . . .* (Meine schrille und falsche Stimme . . .).[34]

Я скажу тебе с последней
Прямотой:
Все лишь бредни, шерри-бренди,
Ангел мой!

Там где эллину сияла
Красота,
Мне из черных дыр зияла
Срамота.

Греки сбондили Елену
По волнам,
Ну, а мне соленой пеной
По губам!

По губам меня помажет
Пустота,
Строгий кукиш мне покажет —
Нищета.

Ой-ли, так ли, — дуй ли, вей ли, —
Все равно —
Ангел Мэри, пей коктейли,
Дуй вино!

Я скажу тебе с последней
Прямотой —
Все лишь бредни, шерри-бренди,
Ангел мой! /I, 161/

»Ma voix aigre et fausse . . .«
Paul Verlaine

Dir nur sag ich hier inständig
Offenheit:
Alles Unsinn, Cherry Brandy,
O Engel mein!

Griechen fanden dort die Schönheit,
Strahlenspur,
Hier für mich – aus schwarzen Höhlen
Qualen nur.

Fuhren Helena weit über
Wellenland,
Wo ich meinem Mund nur trüben
Salzschaum fand.

Meinen Mund bestreicht nun einzig
Leeres Nichts,
Armut zeigt mir höhnisch-reizend
Ihr Gesicht.

Hoppla, weiter, auch mich lockt es –
Alles eins.
Engel Mary, trink die Cocktails,
Kipp den Wein!

Dir nur sag ich hier inständig
Offenheit!
Alles Unsinn, Cherry Brandy,
O Engel mein!

(Übertragung: RD)

Das vorangestellte Motto ist ein Vers aus der *Sérénade* in Verlaines erstem Gedichtband *Poèmes saturniens* (1866). Auch wenn der Vers vom jungen Verlaine stammt, situiert er sich für Mandelstam nicht in der Linie des vielgepriesenen Versmusikers Verlaine. Hier findet er den *Alten* wieder, den mit sich zerfallenen, doppelten Verlaine, dessen Gebrochenheit bis in seine Stimme hin sich abbildet. Ein Motto ist bedeutsam, hat die Rolle eines Signals, stellt eine Beziehung des vorliegenden Textes zu einem früheren her.

Verlaines Gedicht, das sich als *grausames und einschmeichelndes Chanson* bezeichnet (*cette chanson/ cruelle et câline*)[35], lebt aus einer Brüchigkeit, aus einem Nebeneinander von Erhöhung und Erniedrigung, das sich bis in die Anrede der besungenen Frau auswirkt: sie wird mit *mein Engel* und gleich darauf mit *Frauenzimmer* tituliert (*Mon Ange! – ma Gouge!*). Auch Mandelstams Gedicht richtet sich mit *mein Engel* an eine Frau, die zum Trinken aufgefordert wird, da ohnehin *alles eins* sei.

Doch plötzlich mischt sich ein weiterer Dialog in den bereits zustande gekommenen. In der mit dem Namen *Mary* angesprochenen Frau feiert eine Gestalt aus Alexander Puschkins Kurzdrama *Das Gastmahl während der Pest* von 1830 ihre Auferstehung[36], ein Versstück, das seinerseits mit dem Werk eines Engländers Kontakt aufnimmt, mit dem Drama *The City of the Plague* (Die Pest-Stadt) von John Wilson (1785–1854). In dieser Verschränkung der dichterischen Dialoge, in diesem Zeit und Raum überwindenden Gespräch zwischen zwei Russen, einem Engländer und einem Franzosen, formt sich einmal mehr das ab, was für Mandelstam auch in den finstersten Momenten der Stalin-Epoche höchstes Anliegen blieb: die europäische Kultur.

Daß es auch im zweiten Gedicht um mehr geht als um eine simple Belustigung, ist nicht zu überhören, und wie das Verlaine-Gedicht *Sérénade* klingt *wie die Stimme eines Toten, der auf dem Grunde seines Grabes singt*, und Styx und Lethe, Totenfluß und Strom des Vergessens in sich trägt, so ist auch Mandelstams Serenade Ausdruck einer Krise, Befund unguter Veränderungen. Neben der Trinkfröhlichkeit und der Schönheit Helenas als einer Verkörperung europäischen Altertums (hier mischt Homer sich ins Gespräch!) erscheinen Dinge im Gedicht – Schmach, salziger Schaum auf den Lippen, Leere, Armut – die einen sonderbar bitteren Beiklang haben, denkt man an die Hetzkampagne, der Mandelstam ab 1928 im stalinistischen Sowjetrußland ausgesetzt war.

Gerade weil die Äußerung des *alles eins* nicht charakteristisch sein wird für Mandelstams spätes Schaffen, für seine von Mut und Beharrlichkeit geprägte Dichtung der dreißiger Jahre, braucht er in diesem Gedicht die Maske. Es ist, als hätte sich der Russe in diesem Trinklied, dessen »Fröhlichkeit« das Elend der genannten Befunde nicht vergessen läßt, Verlaines *brüchige* und *falsche* Stimme ausgeliehen, um seiner Verstörung Ausdruck zu verschaffen. Bis in die Brüchigkeit hinein, die sich in Mandelstams Gedicht selbst im Vokabular spiegelt, in der Vermengung von Pathos und Vulgarität, hat dieser russische Dichter der Proteusgestalt des Franzosen Verlaine die Treue gehalten.

Allein schon die Anzahl der Texte Mandelstams (seien es Gedichte, Essays, Briefe), in denen Hinweise und Anspielungen auf die Poetik, Persönlichkeit oder Legende Verlaines zu finden sind, wäre Indiz für dessen Vorrangstellung unter den französischen Modernisten. Mandelstam hat Verlaine mit all seinen Masken adoptiert und ihn sehr eigenwillig dem sonst so gefeierten Dreigespann der Begründer moderner Dichtung vorgezogen.

UND BAUDELAIRE, RIMBAUD, MALLARMÉ?

Voller Anerkennung rückt Mandelstam in seinem spätesten Essay, dem *Gespräch über Dante* (1933/34), die französischen Modernisten Rimbaud, Verlaine und Baudelaire in die Nähe des alles überragenden Dante und verweist deren literaturgeschichtlich unmittelbare Vorgänger, die Dichter des *Parnasse,* schmählich an den Gegenpol. *In der europäischen Dichtung haben sich namentlich diejenigen Dichter am weitesten von der Methode Dantes entfernt und sind ihr, meine ich sogar, polar entgegengesetzt, die man Parnassiens nennt: Hérédia, Leconte de Lisle. Bedeutend näher ist ihr Baudelaire. Noch näher Verlaine, und am allernächsten in der ganzen französischen Dichtung – Arthur Rimbaud. Dante ist seiner Natur nach der Dichter, der den Sinn des Bildes ins Wanken und dessen Ganzheitlichkeit zum Einsturz gebracht hat. Die Komposition seiner Gesänge erinnert an den Plan eines Luftverkehrsnetzes oder den unermüdlichen Umlauf der Brieftauben* /II, 384 f./.

Keinerlei Wertschätzung für die Parnassiens: Mandelstam war ihnen nicht wie sein Kollege Nikolaj Gumilev zugetan, der Théophile Gautier zu einem der Stammväter des Akmeismus erhoben und ihm einen Essay gewidmet hatte (1914 erschien zudem Gautiers Gedichtband *Emaux et Camées* in Gumilevs russischer Übertragung). Daß der Name Mallarmés in diesem zentralen Text fehlt, ist bereits ein Signal. Die noch in den dreißiger Jahren anhaltende Wertschätzung Verlaines zeigt sich darin, daß er in bezug auf die Modernität und Komplexität der

ARTHUR RIMBAUD
(1854–1891)

Bildsprache über Baudelaire gestellt (!), als »dante-näher« empfunden wird. Andrerseits ist jedoch natürlich, daß Verlaine mit seinen Attributen (Musikalität, Leichtigkeit, Abschaffung der Eloquenz) in einem Essay, in dem der Autor das Wesen des dichterischen Bildes in immer neuen Metaphern befragt, nicht im Zentrum des Interesses stehen kann. So ist die Ursache für die hohe Stellung Rimbauds, für dessen schmeichelhafte Nachbarschaft zu Dante, in der Kühnheit und Dynamik seiner Bildsprache zu suchen. Und noch einmal wird im *Gespräch* auf eine der dichterischen Errungenschaften Rimbauds angespielt, auf die Farbenlehre des Sonettes *Voyelles* (Vokale). Rimbauds Bemühung um das Farbhören, um die Wahrnehmung von Farben, visuellen Reizen in den Lauten der Sprache stellt Mandelstam neben die Farbgebung Dantes, der zwar auch schon *die Farbe mit dem Vollaut artikulierter Rede konjugiert* habe, dessen *koloristischer Elan* sich jedoch eher auf Gewebestrukturen, Textilien (und den Text?) denn auf das Alphabet beziehe

CHARLES BAUDELAIRE
(1821–1867) PAR NADAR

/II, 407/. Im Jahre 1933 wird Rimbaud durch die Nachbarschaft zum Giganten wieder zu Ehren gebracht. Ein Jahrzehnt zuvor jedoch hatte sich Mandelstam den synästhetischen Experimenten Rimbauds gegenüber irritiert gezeigt, wie im Kapitel *Der Bücherschrank* des *Rauschens der Zeit* nachzulesen ist: *Die Farbe Puschkins? Jede Farbe ist zufällig – welche müßte man sich für ein Sprachengemurmel ausdenken? Ach, dieses idiotische Farbenalphabet Rimbauds* /II, 58/! Der schalkhafte Unmut Mandelstams richtet sich hier gegen das von den Symbolisten gepflegte Denken in Analogien, in *Entsprechungen* (noch einmal sind Baudelaires *Correspondances* gemeint, mit denen die Einheit und Schlüssigkeit des Universums leicht herzustellen war) – ein Denken, dem sich die Akmeisten mit ihrem Prinzip der Identität verweigerten.

Dreimal noch erscheint Baudelaire in Mandelstams Essays, und dreimal ist er der Dichter einer vergangenen Epoche. In *Sturm und Drang* (1923), wo allerdings eine bereits objektivere Sicht des Symbolismus angestrebt wird (die Zeit der Manifeste war vorbei), steht Baudelaire neben E. A. Poe, Mallarmé, Swinburne und Shelley als Inspirator für den frühen russischen Symbolismus mit seinen *großen Themen* und den *Begriffen mit Großbuchstaben* /II, 340/ – angespielt wird auf Baudelaires Neigung zur Allegorie: *Temps, Beauté, Douleur, Mort* etc.

Der Essay *Das neunzehnte Jahrhundert* (1922), Kritik einer Zeit, deren *Buddhismus* Mandelstam nicht akzeptieren kann, wird mit dem Bild des seinem angestammten Element entrissenen Meeresvogels Albatros aus dem gleichnamigen Gedicht Baudelaires eröffnet (*Exilé sur le sol au milieu des huées,/ Ses ailes de géant l'empêchent de marcher*)[37]: *Auf das neunzehnte Jahrhundert sind Baudelaires Worte über den Albatros anwendbar: »Durch das Zelt seiner gigantischen Flügel wird er an die Erde gepreßt«* /II, 276/.

Der zweifellos interessanteste Kontext, in dem der Name Baudelaires auftaucht, findet sich im Essay *Das Wort und die Kultur* (1921). Sein Werk wird mit der *Décadence* in Verbindung gesehen, jedoch mit betont christlichen Vorzeichen, was bei Mandelstam einer durchaus günstigen Wertung gleichkommt – auf dem Hintergrund seines Essays *Puschkin und Skrjabin* (1915), der eine Apologie der Freiheit des christlichen Künstlers und seiner *freien und freudigen Nachahmung Christi* /II, 315/ darstellt. *Doch die Dekadenten waren christliche Künstler, gleichsam die letzten christlichen Märtyrer. Die Musik der Verwesung war für sie die Musik der Auferstehung. Die* CHAROGNE *Baudelaires ist ein hohes Beispiel christlicher Verzweiflung. /. . ./ (übrigens, da ich Baudelaire genannt habe, möchte ich seiner Bedeutung gedenken als der eines asketischen Glaubensstreiters, im ursprünglichsten christlichen Sinne des Wortes* MARTYRE*)* /II, 225/.

Bei aller respektvollen Würdigung der Mission Baudelaires läßt Mandelstam keinen Zweifel darüber aufkommen, daß er in diesem französischen Dichter nicht den

Auftakt zu einer neuen Ära erkannte, nicht den Beginn der Modernität in der Dichtung, sondern den Vertreter einer verflossenen Epoche (das neunzehnte Jahrhundert, der Symbolismus, *letztes* christliches Märtyrertum), einen Abschluß, nach dem erst das Neue folgen kann.

Glückloser Mallarmé: wird Baudelaire noch unverhohlen Respekt gezollt, erfährt sein bedeutender Nachfahre beim russischen Dichter nur Mißverständnis und Nichtbeachtung. Gewiß findet sich zu einem sehr frühen Zeitpunkt, im Tagebuch seines Zeitgenossen S. P. Kablukov unter dem Datum des 18. August 1910, Mandelstams Urteil *große Dichter* – über Innokentij Annenskij und Stéphane Mallarmé.[38] Doch Mallarmés weiteres Schicksal? Daß die beiden erwähnten Namen so eng beieinander stehen und im gleichen Atemzug genannt werden, ist kein Zufall. Es war Innokentij Annenskij (1856–1909), eigenwilliger Spätsymbolist und von den Akmeisten verehrter Lehrer, der in seinen Übertragungen Mallarmé nach Rußland zu vermitteln suchte. Trotz dieser Bemühungen hat Mallarmé in Rußland nie wirklich Fuß fassen können. Im Essay *Über die Natur des Wortes* (1922) kommentiert Mandelstam die Wirkungslosigkeit der Übersetzer- und Vermittlertätigkeit des im übrigen sehr geschätzten und im selben Essay mit allem Ruhm bedachten Innokentij Annenskij. *Die Unfähigkeit Annenskijs, irgendwelche Einflüsse zu ermöglichen, Vermittler, Übersetzer zu sein, ist geradezu verblüffend. Mit äußerst originellem Griff hatte er das Fremde gepackt, und noch in der Luft, aus großer Höhe, ließ er hochmütig die Beute aus seinen Krallen gleiten, erlaubte ihr, selber niederzugehen. Und der Adler seiner Dichtung, der Euripides, Mallarmé, Leconte de Lisle gepackt hatte, brachte uns in seinen Klauen nichts anderes her als einige Handvoll trockener Gräser* /II, 252/.

Die Wirkungslosigkeit der Mallarmé-Vermittlung für die russische Dichtung hatte eine Parallele in Mandelstams persönlichem Bereich. Die Anekdote ist durchaus bedeutsam: Annenskij empfahl Mandelstam in dessen Jugendjahren, Mallarmé zu übersetzen, da dies sehr lehrreich sei. Mandelstam hat sich auch hingesetzt und wenigstens zehn Verse des Gedichtes *Brise marine* (*La chair est triste, hélas! et j'ai lu tous les livres*) ins Russische übertragen /IV, 37/. Als sich aber in einem Vers ein amüsantes unfreiwilliges Wortspiel ergab, habe Mandelstam die lehrreiche Übung beendet und Mallarmé in der Folge als *Spaßmacher* bezeichnet.[39] Die Anekdote legt den Gedanken nahe, Mandelstams Ablehnung Mallarmés sei nicht zuletzt durch seine Abneigung gegen die Versübersetzung bedingt gewesen. Mandelstam hat sich nie als Dichter-und-Übersetzer verstanden. Eine laut Nadeschda Mandelstam *ernsthafte* Ausnahme, die für Mandelstam einiges bedeutet habe, wird uns auf diesen Seiten noch begegnen: die Auswahl von Gedichten Auguste Barbiers.[40]

Ein bemerkenswertes Paradoxon: eine um Vergleiche ringende Kritik greift zuallererst nach den Namen Mallarmé und Valéry, um den Russen Mandelstam zu charakterisieren.[41] Mandelstam als russischer Mallarmé? Ein verführerisches Etikett, um so mehr, als sich gewiß Parallelen in Dichtung wie poetologischer Reflexion aufzeigen lassen. Die Bemühung um die Magie der Worte, um ihre Beschwörungskraft, das Beharren auf ihrem Eigenleben, auf den Möglichkeiten ihrer freien Begegnung, ihrer gegenseitigen Kenntnisnahme und Beeinflussung verbindet durchaus den Russen mit dem Franzosen. Ein Abschnitt Mallarméscher Reflexion, aus dem zentralen Text *Crise de vers* (in *Variations sur un sujet*):

Das reine Werk bringt das Verschwinden der Rede des Dichters mit sich, der die Initiative den Wörtern überläßt, die durch den Zusammenprall ihrer Ungleichheit bewegt werden; sie entzünden sich an ihrem wechselseitigen Widerschein /. . ./.

Ich sage: eine Blume! und aus dem Vergessen heraus, wohin meine Stimme jeden Umriß verweist, hebt sich, als etwas anderes denn die gewußten Blumenkelche, musikalisch, Idee an sich und anmutig, die aus allen Sträußen Abwesende /. . ./.

Der Vers, der aus mehreren Vokabeln ein umfassendes Wort macht, neu, der Sprache fremd und wie beschwörerisch, vollendet die Vereinzelung des Ausspruchs: mit souveränem Strich den Zufall verneinend, der an den Wörtern haftenbleibt trotz des Kunstgriffes ihres abwechselnden Eintauchens in Sinn und Lautlichkeit, und ruft in einem die Überraschung hervor, noch niemals ein solches Teilstück in gewöhnlicher Rede vernommen zu haben, wobei gleichzeitig die Erinnerung des genannten Gegenstandes in einer neuen Atmosphäre schwebt.[42]

Und auch Mandelstam, der 1912 im Manifest *Der Morgen des Akmeismus* die Bedeutung des Wortes, den Logos als vollwertige *Form* gegen Symbolisten wie Futuristen verteidigt hatte, gibt durch seinen erweiterten und bereicherten Akmeismus, wie er 1921 im Essay *Das Wort und die Kultur* zum Ausdruck kommt, dem dichterischen Wort seine Freiheit, sein Eigenleben, seine Fähigkeit zu schillern, seine poetische Mehrwertigkeit zurück:

Der Zweifel des Thomas. Warum muß man alles unbedingt mit den Fingern befühlen können? Und zum Wesentlichen: warum sollte man das Wort mit dem Ding identifizieren, mit dem Gras, mit dem Gegenstand, den es bezeichnet? Ist denn das Ding Herr des Wortes? Das Wort ist Psyche. Das lebendige Wort bezeichnet den Gegenstand nicht, sondern wählt frei, gleichsam als Behausung, diese oder jene gegenständliche Bedeutung, Dinglichkeit, einen geliebten Leib. Und um das Ding herum irrt das Wort in Freiheit, wie die Seele um den abgelegten, doch nicht vergessenen Leib /II, 226/.

Die Parallelen mögen sich als einnehmend zeigen – die Gegensätzlichkeiten jedoch sind nicht von geringerem Gewicht. Mallarmés syntaktisch geraffte, bewußt dunkle, auf die Schaffung von Mysterium angelegten Texte besagen eine andere Verschlossenheit als Mandelstams von einer Mehrzahl semantischer Stränge durchlaufene, durch vielfache Bezüge zur literarischen Tradition geprägte Gedichte. Mallarmé schafft in der Dichtung einen Raum reiner Idealität und Virtualität. Es ist eine Dichtung der ent-rückten Gegenstände, des Nicht-Seins, der Abwesenheit, des Körperlosen. Mandelstams Dichtung vor allem der zwanziger und dreißiger Jahre ist, um als »reine Dichtung« zu gelten, zu stark von Existentiellem, von Grenzerfahrungen, Schmerz, Angst, Tod gezeichnet (in der *Griffelode* von 1923 steht inmitten des Bilderreichtums mit seltener, betroffen machender Direktheit: *Hier schreibt die Angst* /I, 107/) – und dabei geradezu vitalistisch, von der Bejahung des Lebens bis in seine Körperlichkeit und einer verzweifelt-beharrlichen Heiterkeit bestimmt.

Das auf den ersten Blick verblüffende Mißverständnis, die Verkennung der Größe Mallarmés, dessen schroffer Ausschluß aus der literarischen Genealogie Mandelstams, vollzieht sich denn nicht ohne eine gewisse unerbittliche innere Logik. Paul Valéry sollte mit seiner strikten Unterscheidung recht behalten:

/. . ./ zwei weite Klassen: die der Getreuen Verlaines und die der Schüler Mallarmés. /. . ./

Verlaine – ist doch ganz das Gegenteil. Nie könnte es einen wirklicheren Kontrast geben. Sein Werk strebt nicht danach, eine andere, reinere und unverweslichere Welt als die unsrige zu umreißen, eine, die in sich vollkommen wäre, sondern es nimmt die ganze Vielfältigkeit der Seele als solche in die Dichtung auf. Verlaine gibt sich so intim wie nur möglich; er ist voller Unbeständigkeiten, die ihn dem Leser unendlich nahe bringen.[43]

Verlaine *oder* Mallarmé . . . Mandelstam hat sich ohne jeden Zweifel für Verlaine entschieden. Dem Idealen und Esoterischen, das bei allem Willen zur Magie intellektuelles Konstrukt bleibt, hat er das Lebens-Nahe wie kindlich Liedhafte vorgezogen. Der »russische Mallarmé« – als ob es einen solchen geben könnte! – wählt sich Verlaine und verwirft dessen Antipoden.

Die Absage an einen Zweig der modernen Dichtung, der seinen Aufenthalt an der Grenze zum Schweigen wählt, geht Seite an Seite mit der Preisung der Frische und Lebendigkeit des dichterischen Ausdrucks, mit dem Lob der *Bewegung der Lippen.* Und noch einmal ist das Wort: *reine Heiterkeit* /I, 47/. Mandelstam läßt einen verstummenden Modernismus hinter sich zurück, um seine eigene Poetik zu verwirklichen, sein eigentümliches Amalgam von Modernität und Klassizität.

Faszination des Klassischen und modernes Bewusstsein der Gebrochenheit
(Jean Racine)

Sur quel espoir nouveau, dans quels heureux climats
Croyez-vous découvrir la trace de ses pas?

THÉRAMÈNE

Надежды ль новой луч укажет нам тропы
В блаженный край, куда направил он стопы?

MANDELSTAM, Fragment einer Übertragung
von Racines *Phèdre*

Cet heureux temps n'est plus. Tout a changé de face,
Depuis que sur ces bords les Dieux ont envoyé
La fille de Minos et de Pasiphaé.

HIPPOLYTE

Die Ablösung vom Symbolismus bedeutete Freiheit – Freiheit von weltanschaulichen, thematischen, stilistischen Zwängen. Wie kein zweiter hat Mandelstam dem akmeistischen Respekt vor dem Eigenwert jeder Erscheinung Gestalt verliehen. Sein erster Gedichtband *Der Stein* (1913, erweitert 1916) war an Buntheit kaum zu übertreffen gewesen. Da stehen die letzten Echos auf den Symbolismus nahe bei einer Hymne auf das Speiseeis, das groß angelegte Architekturthema (Hagia Sophia, Notre-Dame) neben einem Gedicht auf das Stummfilmkino, die Beschwörung der modernen Sportart Tennis neben einer Ode an Beethoven.

In der zweiten Sammlung, *Tristia* (1922), die Gedichte aus den Jahren 1916 bis 1921 vereint, gibt Mandelstam seiner Poetik eine neoklassizistische Richtung, ohne jedoch seine Modernität einzubüßen. Die neue Tendenz war seit Jahren vorbereitet. Mit der Erschöpfung und allmählichen Ablösung des aus romantischen, germanischen Quellen gespiesenen russischen Symbolismus um 1909/1910 vollzog sich eine Neubesinnung auf die Ästhetik des Klassischen und die Kunst mediterranen Ursprungs. Signal für dieses Suchen nach neuen Impulsen durch die Rückkehr zum Klaren, Einfachen, Genauen und Harmonischen war der Essay *Die Wege des Klassizismus in der Kunst* von Léon Bakst 1909 in der neugegründeten Petersburger Zeitschrift *Apollon* (der Name ist Programm), der sich jedoch auf die bildende Kunst beschränkte.[1] Eine Parallele für das literarische Schaffen erhielt diese Initiative in Michail Kuzmins Manifest des *Klarismus*, das 1910 in derselben Zeitschrift erschien und in mehr als einer Hinsicht den Akmeismus vorbereitete. Sein Titel ließ an Deutlichkeit nichts zu wünschen übrig: *Über die herrliche Klarheit.*[2]

Mandelstams *Tristia* zeigen insofern einen Neoklassizismus eigener Prägung, als in ihnen versucht wird, klassische Motive und strenge Form mit kühnstem Modernismus zu vermählen. Das Verfahren ist assoziativ, bizarre Details treffen aufeinander, sind Garanten für poetischen Reiz. Viktor Žirmunskij, Mandelstams kompetentester zeitgenössischer Kritiker, bescheinigte dem Dichter der *Tristia* unter anderem *Phantastik der Bilder, immer freiere, kühnere und unerwartetere Metaphernflüge* in *klassisch strengen, genauen, epigrammatischen Formeln.*[3] Reflexion und Begründung erhält diese Poetik im Essay *Das Wort und die Kultur* von 1921, der die Wende mit den Forderungen der revolutionären Epoche zu orchestrieren bemüht ist, was unerwartete Erhellungen zeitigt und dem Text eine paradoxale und schillernde Färbung verleiht: *Die Revolution führt in der Kunst unweigerlich zum Klassizismus* /II, 224/. *Die klassische Dichtung ist die Dichtung der Revolution* /II, 227/. Mandelstam skizziert einen eigentümlichen zukunftsbezogenen Klassizismus, der bei allem revolutionären Gestus die Vergangenheit nicht verleugnet und das Zyklische der menschlichen Erfahrung anerkennt.

Oft bekommt man zu hören: das ist gut, doch es ist vom gestrigen Tag. Ich sage jedoch: der gestrige Tag ist noch nicht geboren. Er war noch nicht wirklich da. Ich möchte aufs neue einen Ovid, Puschkin, Catull, mich kann der historische Ovid, Puschkin, Catull nicht zufriedenstellen. /. . ./

Doch dies ist die Eigenheit einer jeden Dichtung, sofern sie klassisch ist. Sie wird wahrgenommen als das, was sein sollte, und nicht als das, was bereits war.

Und so hat es also noch keinen einzigen Dichter gegeben. Wir sind frei von der Last der Erinnerungen. Indessen gibt es so viele außergewöhnliche Vorahnungen: Puschkin, Ovid, Homer. Wenn der Liebende in der Stille sich in den zärtlichen Namen verirrt und sich plötzlich erinnert, daß dies schon da

JEAN RACINE
(1639–1699)

war: diese Worte und dieses Haar, und der Hahn, der vor dem Fenster gekräht hat, wie schon in den Tristien des Ovid, ergreift ihn die tiefe Freude der Wiederholung, eine schwindelerregende Freude /. . ./.

So fürchtet auch der Dichter die Wiederholungen nicht und berauscht sich leicht am klassischen Wein /II, 224 f./.

Nur kurze Zeit nach diesem provokanten Text ist der Essay *Über die Natur des Wortes* (1922) entstanden, der eine Vertiefung des Mandelstamschen Akmeismus wie Neoklassizismus zeigt. Als einer der Garanten klassischer Dichtung erscheint dort Racine (1639–1699), der neben Corneille bedeutendste Schöpfer der klassischen französischen Tragödie. Der Essay enthält, wie von einem Akmeisten zu erwarten, eine Kritik des russischen Symbolismus, für den Mandelstam den Terminus *Pseudosymbolismus* prägt. Zugleich verteidigt er Racine gegen das von der Schulignoranz erfundene Etikett *Pseudoklassizismus*, das herabwürdigend sei für die *wunderbare Poesie und den fruchtbringenden Stil Racines* /II, 255/. Der französische Klassiker wird darauf von Mandelstam neben Rabelais und Shakespeare als Stammvater des Akmeismus anerkannt, erfährt seine Aufnahme in den akmeistischen Kanon. *Dank der Tatsache, daß in Rußland zu Beginn dieses Jahrhunderts ein neuer Geschmack aufkam, lösten sich solche Kolosse wie Rabelais, Shakespeare, Racine von ihrer Stelle und kamen als Gäste zu uns. Die Auftriebskraft des Akmeismus im Sinne einer tätigen Liebe zur Literatur, zu ihrer Schwere, ihrer Fracht, war ungewöhnlich groß, und als Hebel dieser tätigen Liebe erwies sich gerade dieser neue Geschmack, der mutige Wille zu einer Dichtung und Poetik, in deren Zentrum der Mensch steht . . .* /II, 257/.

Kurz darauf: der akmeistische Lektürekanon, wo sich Racines *Phèdre* in einer Reihe von Werken der Weltliteratur befindet, die *der Epoche am allernotwendigsten* gewesen seien. *Der akmeistische Wind wendete die Seiten der Klassiker und Romantiker, und sie öffneten sich gerade an jenen Stellen, die der Epoche am allernotwendigsten waren. Racine öffnete sich bei »Phèdre«, Hoffmann bei den »Serapionsbrüdern«. Es öffneten sich auch die »Iambes« Chéniers und die homerische »Ilias«* /II, 258/. Bei aller Verkündung einer Zusammenführung gegensätzlicher Epochen ist doch das Übergewicht des Klassischen in diesem Kanon augenfällig. Nicht einmal E. T. A. Hoffmann stellt dabei eine unbedingte Ausnahme dar: im erwähnten Manifest des Klarismus von Michail Kuzmin (1910) werden E. A. Poe und Hoffmann dank der *kristallinen Form* ihrer Erzählungen in die »klaristischen« Bestrebungen miteinbezogen.[4]

Nikolaj Gumilev hatte im Manifest von 1913 auch den ihm unentbehrlichen Théophile Gautier in die Ahnengalerie des Akmeismus aufgenommen – für Mandelstam steht die größere Bedeutung Racines außer Zweifel. Dies legt den Gedanken nahe, daß hier weniger die literarischen Favoriten »der Epoche« zur Sprache kommen als vielmehr – in den Fällen Homers, Racines und Chéniers – eines Dichters ganz persönlicher Kanon der zehner Jahre.

Mehrere Jahre bevor der Zauber eines *großen Stils* /II, 255/ im Essay seine Reflexion erfuhr, hatte Racines *Phèdre* in Mandelstams Gedichte Eingang gefunden, war Racines schuldbeladen Liebende und Selbstmörderin in ein vom Russen Mandelstam eröffnetes Netz von Bedeutungen und Zusammenhängen eingetreten.

»ICH KAM ZU SPÄT ZUR FESTLICHKEIT RACINES«

Mandelstams Vertiefung in Racines Tragödie an der Schwelle von *Der Stein* zu *Tristia* ist augenfällig. Der französische Klassiker begleitet den russischen Modernisten von der ursprünglich-akmeistischen in eine entwickelt-neoklassizistische Poetik. Der Übergang vom einen Gedichtband zum andern wird durch Gedichte gebildet, deren Thematik und Bilderwelt um Racines *Phèdre* kreisen. Der Schluß der einen Sammlung weist auf die folgende voraus, die Eröffnung der zweiten ist eine Antwort auf das Vorangehende. Es ist, als hätte Mandelstam die Bedeutung dieser Schwellen-Rolle Racines noch steigern wollen, als er der dritten Ausgabe von *Der Stein* (1923), die ein Jahr nach *Tristia* erschien, ein Übersetzungsfragment beifügte – dem ersten Phädra-Gedicht folgt dort Mandelstams russische Übertragung der Eröffnung von Racines 1677 uraufgeführter neunten Tragödie. Mandelstams drei Texte »an der Schwelle« zeigen verschiedene Stufen und Arten der Anverwandlung eines fremden Werkes: eine Übertragung in die eigene Sprache, ein Gedicht, das wie *aus dem Innern* des andern Universums kommt, und ein weiteres Gedicht, das den Blick eines außenstehenden, ausgeschlossenen Betrachters widerspiegelt.[5] Das letztgenannte ist das früheste, ist 1915 entstanden, bildet das letzte Wort des *Steins*:

Я не увижу знаменитой «Федры»,
В старинном многоярусном театре,
С прокопченной высокой галереи,
При свете оплывающих свечей.
И, равнодушен к суете актеров,
Сбирающих рукоплесканий жатву,
Я не услышу обращенный к рампе
Двойною рифмой оперенный стих:

— Как эти покрывала мне постылы…

Театр Расина! Мощная завеса
Нас отделяет от другого мира;
Глубокими морщинами волнуя,
Меж ним и нами занавес лежит.
Спадают с плеч классические шали,
Расплавленный страданьем крепнет голос
И достигает скорбного закала
Негодованьем раскаленный слог…

Я опоздал на празднество Расина!

Вновь шелестят истлевшие афиши,
И слабо пахнет апельсинной коркой,
И словно из столетней летаргии —
Очнувшийся сосед мне говорит:
— Измученный безумством Мельпомены,
Я в этой жизни жажду только мира;
Уйдем, покуда зрители-шакалы
На растерзанье Музы не пришли!

Когда бы грек увидел наши игры… /I,50f./

Nicht sie werd ich nun sehn: berühmte »Phädra«,
Im uralten Theater, reich an Rängen,
Von Galerien herab, den rauchgeschwärzten,
Im träg-zerfließend trüben Kerzenlicht.
Und unbewegt von nichtigen Akteuren,
Die dort die Ernte des Applauses sammeln –
Hör ich nicht ihn, der Rampe zugewendet,
Den Vers, dem jener Paarreim Flügel gab:

– Wie sind mir Schmuck und Schleier nun zuwider . . .

Theaterkunst Racines! Ein Tuch, gewaltig –
Es trennt uns jäh von diesen andren Welten;
In tiefen Falten vor uns mächtig wogend
Liegt er, der Vorhang, zwischen ihm und uns.
Die Schals, sie fallen, klassisch, von den Schultern,
Vor Qual geschmolzne Stimme wird erstarken,
Und es erreicht die schmerzerfüllte Härtung
Ein vor Entrüstung glutdurchsetzter Stil . . .

Ich kam zu spät zur Festlichkeit Racines!

Von neuem rascheln modernde Plakate,
Und leicht riecht es nach Apfelsinenschale,
Und wie aus Lethargie von hundert Jahren
Zu sich gekommen, sagt ein Nachbar mir:
– Gepeinigt durch den Wahnsinn Melpomenes
Ersehne ich im Leben nur noch Frieden;
Nur fort, solang die Zuschauer-Schakale
Die Muse zu zerfleischen noch nicht da sind!

Wenn er, der Grieche, unsre Spiele sähe . . .

(Übertragung: RD)

All dies betrifft das Problem der künstlerischen Wahrnehmung, schreibt Nikolaj Gumilev 1916 treffend über dieses Gedicht.[6] Tatsächlich wird in diesen klassischen Blankversen (reimlose jambische Verse mit fünf Hebungen) die Wahrnehmung, die Aufnahme eines Kunstwerkes problematisiert, mit ihren Beschränkungen konfrontiert.

Die Mandelstam-Kritik hat bisher in diesem Gedicht nur die Verweigerung des fremden Werkes gesehen, die strikte Verneinung der Möglichkeit einer Wahrnehmung: die Welt Racines sei hier *klar nicht zugänglich.*[7] Nicht zu bestreiten ist, daß diese Welt als eine mehrfach gebrochene erscheint: durch eine Theateraufführung im Paris des 17. Jahrhunderts wie durch eine solche im Petersburg des 20. Jahrhunderts, die dem Ich des Gedichtes zeitgenössischer Moment ist. Eine wichtige Instanz in dieser mehrfachen Brechung ist bisher vernachlässigt worden – Mandelstams Leser, der Leser des vorliegenden Gedichtes. Der vielschichtige Raum des Textes lebt aus der Spannung zwischen einer angedeuteten, skizzierten Begegnung mit einem Werk und deren Verneinung. Der Prozeß der Wahrnehmung wird als Pendelbewegung formuliert: einerseits werden Geist und Atmosphäre der Tragödie wie des damaligen Theaters für den Leser anhand einiger Details präzise heraufbeschworen, andrerseits wird ebendiesem Leser – wie dem Ich des Theaterbesuchers – das Auferstandene sogleich wieder entrückt. Der Reiz des Gedichtes liegt in der Spannung zwischen beschworener Präsenz und erlittener Absenz einer fremden Welt.

Die Präsenz Racines wird durch verschiedene Elemente erreicht, an erster Stelle durch die Beschwörungskraft des Namens. Genannt werden im Gedicht der französische Klassiker (zweimal), seine bedeutendste literarische Figur (die er mit Euripides und Seneca teilt) und die Muse der Tragödie aus der griechischen Mythologie. Durch die Nennung der Namen Racine, Phädra, Melpomene wird nicht auf einen fernen Künstler und dessen Mythen aus dem Gedicht hinausverwiesen, sondern es findet eine Bewegung in entgegengesetzter Richtung statt: der Name hat das fremde künstlerische Universum und dessen Epoche, den fremden Mythos und dessen

Welt heraufzubeschwören, ins Gedicht hereinzuholen. Er ermöglicht Präsenz durch das Mittel der Sprache, hat im eigentlichen Sinne *magische* Funktion. Der Name ist die im Nu bewerkstelligte Überwindung der Distanzen und bringt einen Vorrat an spannungsreicher Poetizität ins Gedicht. Mandelstam hat diese Poetik der Namensnennung in den freien Versen des *Hufeisenfinder* von 1923 gar zu einem Gegenstand des Gedichtes erhoben:

Трижды блажен, кто введет в песнь имя;
Украшенная названьем песнь
Дольше живет среди других —
Она отмечена среди подруг повязкой на лбу,
Исцеляющей от беспамятства, слишком сильного
одуряющего запаха — /I,104/

Dreimal selig, wer einen Namen einführt ins Lied!
Das namengeschmückte Lied
lebt länger inmitten der andern –
Es ist kenntlich gemacht inmitten seiner Gefährten
durch eine Stirnbinde,
die von Bewußtlosigkeit heilt, von allzu starken,
betäubenden Gerüchen –
(Übertragung: Paul Celan)[8]

Das bei Mandelstam schönste Beispiel für Kenntlichmachung durch den Namen liegt in einem Gedicht von 1916 vor, im Gedicht an die verlorenen und vermißten Frauengestalten:

Я научился вам, блаженные слова —
Ленор, Соломинка, Лигейя, Серафита. /I,60/

Ich habe euch gelernt, ihr seligen Worte –
Lenor, Solominka, Ligeia, Séraphîta.

Der Name ist deshalb *seliges Wort*, seligstes der Worte für den Dichter, weil seine Beschwörungskraft nicht zu übertreffen ist, weil er imstande ist, größten Reichtum über weiteste Entfernungen zu bewegen. *Solominka* (russisch für »Strohhälmchen«) ist eine Namensmetamorphose der von Mandelstam in diesem wunderlichsten aller Liebesgedichte besungenen *Salomeja* (Salomé), *Lenor* und *Ligeia* sind literarische Frauengestalten Edgar Allan Poes, und *Séraphîta*, engelhaftes Doppelwesen, stammt aus Frankreich: aus Honoré de Balzacs gleichnamigem mystischen Roman von 1835.

Zudem ist die Namensnennung ein betont klassizistischer Kunstgriff, den Racine selber mit Nachdruck pflegt. Zwei Beispiele mögen genügen: der Vers 80 der *Phèdre* besteht einzig aus klangvollen Räubernamen (*Procuste, Cercyon, et Scirron, et Sinnis*), der Vers 36 beschwört durch reichbefrachtete Namen die doppelwertige, unheilschwere Genealogie der Heldin (*La fille de Minos et de Pasiphaé*) – Phädra ist Enkelin der Sonne, des Helios, sowie Tochter des Totenrichters in der Unterwelt und Pasiphaes, aus deren Liebe zu einem Stier das Ungeheuer Minotauros hervorgegangen ist (Phädra bedeutet somit die Vereinigung von Leidenschaft und Gericht).

Die assoziative Reihung von Details stellt das zweite Kunstmittel dar, mit dessen Hilfe die Präsenz Racines ermöglicht wird. Metonymisch verweisen die Elemente auf ein organisches Ganzes, das im Text genannt ist: *Das Theater Racines!* (Vers 10). Da ist Racines Verstechnik, der Paarreim (Vers 8), der zwei Alexandriner miteinander verknüpft, ebenso vertreten wie sein Hauptthema, Motor jeglicher Handlung, die *passion*, die Leidenschaft (Vers 15), und sein von Pathos getragener Stil (Verse 16/17). Die Atmosphäre dieses Theaters wird mit dem Ausdruck *Feierlichkeit, Festlichkeit* (Vers 18) charakterisiert.

Das erwähnte Kostüm jedoch, die *klassischen Schals*, kann nicht aus dem 17. Jahrhundert stammen, das nur zeitgenössische Kostüme verwendete – die Menschen auf der Bühne waren gekleidet wie die Menschen im Saal,

BERÜHMTE PHÄDRA-
DARSTELLERINNEN:
LA CHAMPMESLÉ

RACHEL (ELISA FÉLIX)

SARAH BERNHARDT

und Phèdre zeigte sich als modisch aufgemachte Zeitgenossin. In der Kargheit des beschworenen Kostüms erweist sich Mandelstams Wunsch, durch Racine hindurch auch auf die antike griechische Tragödie zu blicken, die Quellen mitzudenken, auf die im letzten Vers noch angespielt wird (*Wenn der Grieche unsere Spiele sähe . . .*).

Der gleiche Gestus der Verschmelzung verschiedener Epochen tritt am genau gleichen Detail in einem kurzen Gedicht hervor, das dem hier besprochenen um ein Jahr vorausging. Da wie dort: der von der Schulter gleitende Schal (äußerliches Signal für inneres Geschehen, für die *passion*), das sich auflösende Kostüm einer aufgewühlten Seele. Mandelstam läßt die Phädra des Euripides und Racines wie die bedeutendste französische Phädra-Darstellerin des 19. Jahrhunderts, Elisa Félix (1820–1858), mit dem Bühnennamen Rachel, in einer Person, in seiner Zeitgenossin und Mitakmeistin Anna Achmatowa eine neue Verkörperung finden.

ANNA ACHMATOWA
(1893–1966)

АХМАТОВА

В пол-оборота, о печаль,
На равнодушных поглядела.
Спадая с плеч, окаменела
Ложно-классическая шаль.

Зловещий голос — горький хмель —
Души расковывает недра:
Так — негодующая Федра —
Стояла некогда Рашель. /I,37/

ACHMATOWA

Stand halb – o Trauer – abgewandt,
Die auf die Teilnahmslosen blickte.
Ein Schal, der klassisch Schultern schmückte,
Versteinernd da zu Boden fand.

Und bittre Stimme, unheilkündend, rauh,
Entfesselt seeleninnres Düster:
Als Phädra, die zutiefst entrüstet –
So stand sie, Rachel, einst genau.

(Übertragung: RD)

Somit waren – schon vor dem ersten Phädra-Gedicht – die griechische Tragödie, Racines *Phèdre*, französische Bühnenkunst des 19. Jahrhunderts und der Akmeismus (in der Verkörperung Achmatowa wie in diesem Gedicht) zueinander in Beziehung getreten.

Das dritte und für Mandelstam bedeutsamste Verfahren der Heraufbeschwörung und der Präsenz ist das Zitat: eine Figur der Wiederholung, geeignetes Kunstmittel, mit einer literarischen Tradition das Gespräch aufzunehmen und die Kontinuität künstlerischen Schaffens im Gedicht abzubilden.[9] Im Phädra-Gedicht liegt insofern ein Sonderfall vor, als das Zitat vom Dichter selber kenntlich gemacht, ja gar graphisch abgehoben erscheint. Der erste isolierte Vers (*Wie sind mir diese Schleier zuwider . . .*) stellt ein verkürztes Echo auf den Vers 158 der Racineschen *Phèdre* dar. Es ist einer der schönsten Verse des französischen Klassikers überhaupt, in einer von Alliterationen und Lautwiederholungen subtil instrumentierten Replik der erschöpften, von der unerlaubten Liebe zum Sohn ihres Gatten Theseus verzehrten Phädra:

v. 158 *Que ces vains ornements, que ces voiles me pèsent!*
Quelle importune main, en formant tous ces nœuds,
A pris soin sur mon front d'assembler mes cheveux?
Tout m'afflige et me nuit, et conspire à me nuire.[10]

Auch hier ist die Qual, inneres Geschehen, auf das Kostüm projiziert. Der Wunsch nach Befreiung der Seele (durch das Eingeständnis der *passion*, durch das erlösende, beziehungsweise verhängnisvolle Wort) äußert sich im Wunsch nach Befreiung vom Kostüm. Mandelstam hatte die Bedeutung solcher metaphorischer Verschiebungen – Mittel des Verschweigens, des Umgehens der fatalen Worte – für die Tragödie Racines klar erkannt. In seinem Zitat hat er zudem selbst die Alliteration (*v*ains/*v*oiles – *p*okryvala/*p*ostyly) im Russischen bewahrt.

Die Aufdeckung des Zitates ist nur ein erster Teil der kritischen Bemühung um einen Text, muß unabdingbar von einer erneuten Befragung gefolgt sein. Denn Racines Vers aus *Phèdre* hat im Vers 9 des Mandelstam-Gedichtes einen verwandelten Ort – wie eine völlig neue Rolle. Und hier stoßen wir zugleich auf die Spannung erzeugende Gegenkraft im Gedicht, auf die Elemente der Ent-Rückung der Racineschen Welt. Die Hörbarkeit, Wahrnehmbarkeit des Racine-Verses wird nämlich zuvor strikte verneint.

Die ursprünglich von Phädra geäußerte Formel wird vom Theaterbesucher übernommen: sein Bewußtsein vereinigt sich für einen Augenblick mit dem Bewußtsein der tragischen Heldin. Denn auch das Ich des Theaterbesuchers hat den Wunsch, sich von *leerem Schmuck* und *Schleiern*, von lästigen Hindernissen zu befreien. Er will den trennenden, ausschließenden Vorhang beseitigt sehen, will eine ursprüngliche Wahrnehmung des fremden Kunstwerks, eine direkte Kontaktnahme mit dem Universum Racines. Die Schauspieler (Vers 5) sind ebenfalls nur Hindernis, keineswegs taugliche Vermittler einer sich entziehenden Welt. Der zeitliche Graben ist nicht zu überschreiten: *Ich kam zu spät ...* Die Negationen im ersten und im siebten Vers (*Ich werde nicht sehen / Ich werde nicht hören*) strahlen bedrohlich, durch den grammatischen Parallelismus noch gesteigert, über das ganze Gedicht aus. Die durch das Mittel der Sprache beschworenen Dinge sind jedoch, auch wenn sie in der Negation erscheinen, für einen Augenblick jäh präsent geworden.

Daß dieses Gedicht um die Komplexität wirkungsästhetischen Geschehens, um die Schwierigkeit der Aufnahme eines Kunstwerks aus einer anderen Epoche oder kulturellen Umgebung kreist, ist nur eine der möglichen Lesarten. Mehrdeutigkeit – die Vitalität des Gedichts. Der Text kann zunächst als Theater- und Aufführungskritik gelesen werden. Gehör- und Geruchseindruck zu Beginn der dritten Strophe (*raschelnde Plakate, Apfelsinenschale* – sinnlich wahrgenommene Attribute einer Theaterpause?) führen in ein konkretes, dem Theaterbesucher zeitgenössisches Schauspielhaus. Hier wird *nicht* Racines *Phèdre* gespielt, sondern eine minderwertige Produktion. Der Vorschlag des zu sich gekommenen mysteriösen Nachbars (ein Alter Ego des Dichters), das vom *Wahnsinn* regierte Spektakel vor der Katastrophe zu verlassen, ist somit zunächst als einfache Zurückweisung eines unwürdigen Stückes und einer unannehmbaren Aufführung zu deuten. Eine Illustration zu dieser Lesart wird Mandelstams Erzählung *Die ägyptische Briefmarke* (1928) bieten, deren albtraumhafte Handlung zwischen der Februar- und der Oktoberrevolution 1917 spielt. In einem Abschnitt findet sich eine Anspielung auf zerfallende Theaterkultur in einem konkreten Petersburger Theater: *Da ist ja auch die Fontanka /. . ./ – Beschützerfluß des unansehnlichen Kleinen Theaters mit seiner kahlen, glatzköpfigen, hexenähnlichen, nach Patschuli duftenden Melpomene* /II, 20/. Doch hat das Bild von der heruntergekommenen Muse nicht eine über die Anekdote hinausreichende Bedeutung, ist die konkretisierende Lektüre nicht bereits zu eng geworden?

In der dritten Strophe dieses Mandelstam-Gedichtes äußert sich Furcht um das Schicksal des künstlerischen Schaffens. Die *Zerfleischung der Muse* (Vers 26) erscheint als unentrinnbar, sie ist nur noch nicht zur Gänze vollzogen, noch nicht in ihrer vollen Tragweite eingetroffen. Der Dichter verspürt die Krise, ja Bedrohung der Kunst, notiert feinfühlig die ersten Anzeichen. Dieses Gedicht ist während des ersten Weltkrieges und in der Zeit vor den Revolutionen des Jahres 1917 entstanden. Wie auch in Frankreich in Zeiten der Bedrohung Racine wiederholt zu einer Chiffre für kulturelle Größe und Intaktheit stilisiert wurde[11], mißt der Russe Mandelstam am französischen Tragödiendichter, als einem Modell überzeitlicher Klassizität, den Zerfall kultureller Werte. Racine vertritt hier die Kultur schlechthin, selbst wenn auch sein Vorläufer in der Antike, Euripides, der Schöpfer des *Hippolytos* (eine der Quellen Racines für *Phèdre*), im letzten Vers noch zum Zeugen aufgerufen wird.

Zerfleischende Ereignisse kündigen sich an, die Dinge sind dabei, ihre ursprüngliche Gestalt einzubüßen. Mandelstams Wahl der *Phèdre* ist keineswegs willkürlich oder austauschbar. Entspricht nicht das im russischen Gedicht zu Tage tretende Vorgefühl einer Apokalypse der Kunst dem Grundton von Racines neunter Tragödie? Hippolyt formuliert gleich zu Beginn der *Phèdre* sein Bewußtsein der radikalen Veränderungen, welche durch die unheilvolle Präsenz der Phädra in der Stadt Trözene am Gestade des Peloponnes eingetreten waren. Alles hat seine Gestalt verändert:

v. 34 *Cet heureux temps n'est plus. Tout a changé de face,*
Depuis que sur ces bords les Dieux ont envoyé
La fille de Minos et de Pasiphaé.

Mandelstams Furcht um das Schicksal der Kultur wie auch ein Bewußtsein der Endzeitlichkeit im letzten Gedicht der Sammlung *Der Stein* weisen auf *Tristia* voraus, wo eine Atmosphäre der Bedrohtheit und unaufhaltbarer apokalyptischer Vorgänge herrscht, wo vom Tode Petersburgs und vom Verlust des dichterischen Wortes die Rede ist. Und Phädra eröffnet die zweite Sammlung wie ein zum Gedicht entfaltetes Motto.

DIE METAPHER DER SCHULD: PHÄDRA ALS SCHWARZE SONNE

Nach der Erkenntnis der Unerreichbarkeit der Racineschen Welt im ersten Phädra-Gedicht könnte das zweite, aus dem Jahre 1916 stammende, die Eröffnung der Sammlung *Tristia*, wie der nostalgische Versuch des *Zuspätgekommenen* anmuten, die *Festlichkeit* als Gegengewicht zur vorausgeahnten *Musenzerfleischung* noch ein einziges, letztes Mal zu erschaffen, im mikroskopischen Genre des Gedichtes eine eigene Phädra-Tragödie zu gestalten. Keine Behinderung der Aufnahme wird mehr vorgeführt – der Leser gerät vom allerersten Vers an in das Zentrum der Tragödie. Der Schein jedoch muß trügen, und es ist nicht eine intakte Festlichkeit, die hier ersteht, sondern eine nicht weniger gefährdete wie endzeitbezogene Vision. Sogar graphisch hat der Dichter signalisiert, daß es um eine brüchige, fragmentarische Festlichkeit geht: an zwei verschiedenen Stellen des Gedichtes, durch Auslassungspunkte gekennzeichnet, tun sich Lücken auf, fehlen Verse. Zwar existiert eine ursprüngliche, ganze Fassung im Entwurf /IV, 83/, doch hat Mandelstam in allen Veröffentlichungen dieses Gedichtes Auslassungspunkte erscheinen lassen, hat die Lücken nicht füllen und die damit verbundene andere ästhetische Wirkung wie deren Signalhaftigkeit nicht einbüßen wollen.

— Как этих покрывал и этого убора
Мне пышность тяжела средь моего позора!

— Будет в каменной Трезене
Знаменитая беда,
Царской лестницы ступени
Покраснеют от стыда,

....

....

И для матери влюбленной
Солнце черное взойдет.

— О если б ненависть в груди моей кипела —
Но видите — само признанье с уст слетело.

— Черным пламенем Федра горит
Среди белого дня.
Погребальный факел чадит
Среди белого дня.
Бойся матери ты, Ипполит:
Федра — ночь — тебя сторожит
Среди белого дня.

— Любовью черною я солнце запятнала...

....

— Мы боимся, мы не смеем
Горю царскому помочь.
Уязвленная Тезеем
На него напала ночь.
Мы же, песнью похоронной
Провожая мертвых в дом,
Страсти дикой и бессонной
Солнце черное уймем. /I,55f./

– Wie sind mir Schleier nun und alle Schmuckgewande
So unerträglich schwer inmitten meiner Schande!

In dem steinernen Trözene,
Dem das berühmte Unheil kam,
Stufen, Königstreppen jene
Werden röten da vor Scham
. . . .
. . . .
Und der schmachverliebten Mutter
Geht die Schwarze Sonne auf.

– O wär es nur der Haß, der innen mich verwundet.
Das Eingeständnis, schaut – von selbst fliegt es vom Munde.

Schwarze Flamme da: Phädra, sie loht
Mitten hellichten Tags.
Grabesfackel, raucht nun wie Stroh
Mitten hellichten Tags.
Hippolyt, von der Mutter kommt Not:
Phädra – Nacht – sie lauert und droht
Mitten hellichten Tags.

– Die Sonne ganz befleckt hab ich mit Schwarzer Liebe . . .
. . . .

– Königskummer heilen, lindern
Fürchten wir: steht über Macht.
Verletzt von Theseus und gemindert
Fiel sie über ihn, die Nacht.
Wir, mit diesen Grabgesängen,

Geleiten Tote in ihr Heim,
Mildern Glut der schlaflos-drängend
Schwarzen Sonne, wildes Sein.

(Übertragung: RD)

Mandelstams bewußt brüchige, unvollendete Phädra verleugnet keinen der Vorläufer. Die kürzeren Verse lassen an die Chöre des Euripides denken[12], die längeren sind schon formal Zitate aus Racines *Phèdre*: drei Distichen, mit Paarreim verbundene Alexandriner (der letzte allerdings ist verwaist, stößt auf die Auslassungspunkte). Dreimal werden zentrale Momente der Racineschen *Phèdre* heraufbeschworen, ins Gedicht hereingeholt – in einer Zitatenfolge von abnehmender Wörtlichkeit und zunehmender Anverwandlung.

Das erste Zitat ist eines auf Racine wie auf Mandelstam, zeigt noch einmal den Vers 158 der *Phèdre* (*Que ces vains ornements, que ces voiles me pèsent*) und verweist auf dessen Einbezug in Mandelstams erstes Phädra-Gedicht. Vom ersten Vers an wird die Verbindung zum vorangehenden Text gesucht.

Das zweite längere Verspaar kombiniert zwei Zitate: dem ersten Vers kommt eine Aussage Hippolyts am nächsten, doch wird hier über das Zitat eine Person auf die andere überblendet, denn beide verbindet der Makel einer unerlaubten Liebe, beide sehen sich unverrückbaren Schranken und Verboten gegenüber. Phädras Liebe zum Sohn des Theseus ist durch das Inzestverbot wie durch das Gebot der Gattentreue verunmöglicht, Hippolyts Liebe zu Aricie (eine der Kühnheiten Racines, denn bei Euripides ist Hippolyt der Liebesgöttin Aphrodite abhold und will sich nur der jungfräulichen Jagdgöttin Artemis verpflichtet wissen) durch die Gebote der Blutrache, des pflichtgemäßen Hasses auf die Abkommen der Todfeinde seines Vaters Theseus. Mandelstam dehnt die

Bedeutung des Verses 56 aus Racines *Phèdre* durch seine Überblendung auf alle in der Tragödie unerlaubt Liebenden aus:

v. 56 *Si je la haïssais, je ne la fuirais pas.*

Der zweite Vers bringt mehrere Aussagen ins Spiel, verweist generell auf die für den Fortgang des tragischen Geschehens notwendigen, gegen die Willenskraft getanen Eingeständnisse:

v. 179 *Insensée, où suis-je? et qu'ai-je dit?*
Où laissé-je égarer mes vœux et mon esprit?
(Phèdre an Œnone)

v. 629 *Je le vois, je lui parle; et mon cœur . . . Je m'égare,*
Seigneur, ma folle ardeur malgré moi se déclare.
(Phèdre an Hippolyte)

v. 693 *Que dis-je? Cet aveu que je te viens de faire,*
Cet aveu si honteux, le crois-tu volontaire?
(Phèdre an Hippolyte)

Der verwaiste Alexandriner, das letzte Zitat, formuliert die Konsequenzen von Phädras inzestuöser Liebe: ihre Abstammung – sie ist Enkelin der Sonne – ist befleckt, unrein geworden. Indem sie sich den Tod gibt, hofft sie diese durch ihre Person beeinträchtigte Reinheit wiederherzustellen. Dies sind ihre letzten Worte:

v. 1643 *Et la mort, à mes yeux dérobant la clarté,*
Rend au jour, qu'ils souillaient, toute sa pureté.

Dieses Zitat führt ins Mark der Racineschen Tragödie hinein, trifft die sie leitmotivisch unterziehende Hell-Dunkel-Metaphorik (Tag/Nacht, Licht/Dunkelheit, Weiß/Schwarz), die Mandelstam mit modernistischer Kühnheit im zweimal erscheinenden Oxymoron *Schwarze Sonne* kulminieren läßt. Über den Ursprung des beunruhigenden Bildes ließe sich unendlich weiter rätseln.[13] Gewiß bieten sich auch französische Quellen an. Doch ist Mandelstams *Schwarze Sonne* wirklich mit der in Baudelaires Prosagedicht *Le désir de peindre* auftauchenden, doppelt paradoxalen Metapher für eine ideale Frauengestalt verwandt? *In ihr herrscht das Schwarze im Überfluß: und alles was sie einflößt ist nächtlich und tief. Ihre Augen sind zwei Höhlen, wo vage das Mysterium funkelt, und ihr Blick erleuchtet wie der Blitz: eine Explosion in der Dunkelheit. Ich würde sie mit einer schwarzen Sonne vergleichen, könnte man sich ein schwarzes Gestirn denken, das Licht und Glück ausstrahlt.*[14] Auch die von Albrecht Dürer inspirierte *schwarze Sonne der Melancholie* Gérard de Nervals, wie sie im Sonett *El Desdichado* (1853) erscheint, ist keine unbezweifelbare Verwandte:

Je suis le ténébreux, – le veuf, – l'inconsolé,
Le prince d'Aquitaine à la tour abolie:
Ma seule ETOILE est morte, – et mon luth constellé
Porte le SOLEIL noir de la MELANCOLIE.[15]

Viel eher wesensverwandt ist die apokalyptische schwarze Sonne in der Prosa Nervals, im zweiten Teil der *Aurélia*: *Ich glaubte, daß die Zeiten vollendet seien und daß wir uns dem Ende der Welt näherten, wie es in der Apokalypse des Heiligen Johannes angekündigt wird. Ich glaubte eine schwarze Sonne am öden Himmel zu sehen und eine blutrote Kugel über den Tuilerien. Und ich sagte mir: »Die ewige Nacht beginnt, und sie wird schrecklich sein. Was wird geschehen, wenn die Menschen gewahr werden, daß es keine Sonne mehr gibt?«*[16]

Besteht hier nicht die Gefahr, sich auf das Ferne zu konzentrieren und das Naheliegende zu mißachten? Im Keim war das moderne Oxymoron schon bei Racine angelegt, Mandelstam hat das Vorgefundene nur zu Ende gedacht, beschleunigt, gedrängt, verdichtet. Was hat er bei Racine vorgefunden? Eine in der französischen Sprache des 17. Jahrhunderts gängige Metapher, die *flamme* (für *amour* und *passion*), versehen mit dem Adjektiv *noir*, das deren unheilschweres, inzestuöses, verbotenes Wesen verkündet:

v. 309 *Je voulais en mourant prendre soin de ma gloire,*
Et dérober au jour une flamme si noire
(Phèdre an Œnone)

Der Farbton Schwarz prägt die ganze Tragödie als Leitmotiv der Bedrohung, des Verfalls, des Verbrechens, des Verlustes der Reinheit:

v. 893 *Moi, que j'ose opprimer et noircir l'innocence?*
(Phèdre an Œnone)

v. 1007 *Pour parvenir au but de ses noires amours*
(Œnone an Thésée)

v. 1087 *D'un mensonge si noir justement irrité*
(Hippolyte an Thésée)

v. 1313 *De quoi te chargeais-tu? Pourquoi ta bouche impie*
A-t-elle, en l'accusant, osé noircir sa vie?
(Phèdre an Œnone)

v. 1427 *Et comment souffrez-vous que d'horribles discours*
D'une si belle vie osent noircir le cours?
(Aricie an Thésée)

Als Obsession durchzieht Racines Hell-Dunkel-Metaphorik das Mandelstamsche Gedicht, wird wiederholt, variiert, gesteigert, ins Extrem, ins endgültige Oxymoron getrieben: *Schwarze Flamme* (die wörtliche Übersetzung der Racineschen Metapher), *Begräbnisfackel*, *Phädra – die Nacht*, und schließlich in Verdoppelung, alles überstrahlend, die *Schwarze Sonne*. In einem fragmentarischen Gedicht desselben Jahres – auch hier stehen in der

Mitte Auslassungspunkte, Signale der Brüchigkeit – findet sich eine weitere Variation des Bildes, die zugleich die bisher genannten in ihrer Monstrosität zusammenfaßt:

> Знаменитая беззаконница —
> Федра солнце погребла — /I,140/
>
> Berühmte Gesetzesbrecherin –
> Phädra hat die Sonne begraben –

Die Bilder des Phädra-Gedichtes haben über den ganzen Gedichtband ausgestrahlt. Der von Racine ostentativ verwendete Farbton Schwarz ist zur eigentlichen Farbe von Mandelstams *Tristia* geworden. Das Adjektiv *schwarz* charakterisiert die verschiedensten Gegenstände (Erde, Schlaglöcher, Newa-Fluß, Meer, Rosen, Segel, Quadrigen, Wein, Seide, Platz, Tragbahren, Samt, Nomadenlager, Straße, Seelen). Die *Schwarze Sonne* taucht wieder auf, in der Verdoppelung /I, 63/, variiert in der *Nachtsonne* /I, 71,86/ und im *schwarzgelben Licht* /I, 70/ – und zwei weitere Male wird *die Sonne begraben* /I, 71,85/. Das in der Eröffnung, im Phädra-Gedicht vorgegebene Grundmuster des Oxymorons wird mit aller Kraft und Heftigkeit ausgestellt, erreicht in jenem auf den Lippen brennenden *schwarzen Eis* der Erinnerung seinen Höhepunkt /I, 82/.

Ist der Phädra-Text einzig ein an weltliterarischen Quellen genährtes Gedicht einer schuldbeladenen Liebe, einer *wilden und schlaflosen Leidenschaft*? Gibt es eine darüber hinausreichende Bedeutung des Grundoxymorons wie des ganzen Phädra-Gedichtes? Zu einer epochenbezogenen Lektüre veranlaßt der nur fragmentarisch erhaltene Essay *Puschkin und Skrjabin*, der ebenfalls in den Jahren 1915/16 entstanden ist. Dort wird *Rußland* mit *Phädra* identifiziert, und es ist von einer *Schuld* die Rede. Eine *Sonne* wird *begraben*, und hier trägt sie einen Namen: es ist der vorzeitig, nicht ohne Mitschuld gesellschaftlicher Intrigen im Duell umgekommene Alexander Puschkin (1799–1837).

Puschkin begruben sie in der Nacht. Begruben ihn heimlich. Die marmorne Isaakskathedrale – prachtvoller Sarkophag – wartete vergeblich auf den Sonnenkörper des Dichters. Nachts legten sie die Sonne in den Sarg, und im Januarfrost knirschten die Schlittenkufen, welche die sterblichen Überreste des Dichters zur Beerdigungszeremonie hinwegtrugen. /. . ./

In den Schicksalsstunden der Läuterung und des Sturms haben wir Skrjabin über uns emporgehoben, dessen Sonnenherz über uns brennt, doch ach! dies ist nicht die Sonne der Erlösung, sondern die Sonne einer Schuld. Indem es im Moment des Weltkrieges Skrjabin als ihr Symbol anerkennt, hat Phädra-Rußland /abgebrochener Satz; /II, 313 f./ . . .

Puschkin ist das im russischen Kontext gültigste Symbol für die Kultur allgemein, und Skrjabin (1871–1915), in der Welt der Musik – *die nach Puschkin folgende Stufe eines russischen Hellenismus* /II, 314/. Worin die Schuld einer Generation besteht und wodurch somit das Verbrechen an Puschkin erneuert wird, kann in der Folge des Essays *Puschkin und Skrjabin* erschlossen werden: es ist die Hinwendung zum Buddhismus und zur Theosophie, zu östlichen Heilslehren, und die damit verbundene Abwendung von der abendländischen, hellenistisch-christlichen Kulturtradition. Euripides' und Racines Phädra wird bei Mandelstam zur personifizierten Schuld einer Generation an der Gefährdung des Fortlebens europäischer Kultur. Phädra ist die sich selbst und anderen Verderben Bringende, Ursache des Todes von Unschuldigen und Selbstmörderin, die Figur der Endzeit, einer nahenden Katastrophe. Die großen politischen wie kulturellen Umwälzungen der Epoche spiegeln sich im Bild der *schwarzen Sonne*: die Elemente erfahren ihre Umwertung, das Licht verkehrt sich in sein Gegenteil. Eine epochenbezogene Lektüre gibt dem zweiten Phädra-Gedicht weitere Tiefe und Vielschichtigkeit – schließt jedoch die weltliterarische Thematik tragisch schuldhafter Liebe in keinem Moment aus.

Racines Hell-Dunkel-Metaphorik mit dem im Keime angelegten Oxymoron ist nicht das einzige Element, das auf die Gedichtsammlung *Tristia* und ihre Thematik der Endzeitlichkeit, des Abschieds, der Schuld eingewirkt hat. Noch ein anderes ist für Mandelstam von höchster Bedeutung: das Motiv des erschwerten Atmens, verbunden mit dem Motiv einer verdunkelten, lebensbedrohenden Luft. Zunächst die Schlüsselstellen in Racines *Phèdre*. Die schuldig gewordene Heldin assoziiert ihre Vergehen, inzestuöse Leidenschaft, Verleumdung aus Eifersucht, mit der Luft, die sie atmet (der übertragene Sinn: *ich bin durchdrungen von . . .* hat hier noch nicht die Überhand).

v. 1269 *Mes crimes désormais ont comblé la mesure.*
Je respire à la fois l'inceste et l'imposture.

Zweites Beispiel – Hippolyt, vom irregeführten Theseus ins Exil gezwungen, zum Aufbruch bereit, versucht auch Aricie zur Flucht zu bewegen, zur Flucht aus einer Umgebung, die ihre Reinheit eingebüßt hat:

v. 1359 *Arrachez-vous d'un lieu funeste et profané,*
Où la vertu respire un air empoisonné.

Durch das von Neptun auf Wunsch des Theseus zur Vernichtung des vermeintlich schuldigen Hippolyt gesandte Meerungeheuer wird einmal mehr die Atembarkeit der Luft beeinträchtigt:

v. 1522 *Le ciel avec horreur voit ce monstre sauvage;*
La terre s'en émeut, l'air en est infecté

Die genaue Semantik ist bei Mandelstam vom jeweiligen Kontext abhängig, doch sind die folgenden Stellen in *Tristia* durchaus motivisch untereinander verknüpft:

> **Мы в каждом вздохе смертный воздух пьем** /I,61/
>
> Mit jedem Atemzug trinken wir tödliche Luft
>
> **И как слепые ночью долгой**
> **Мы смесь бессолнечную пьем.** /I,68/
>
> Und wie Blinde in einer langen Nacht
> trinken wir ein sonnenloses Gemisch.
>
> **Словно темную воду я пью помутившийся воздух.** /I,77/
>
> Wie dunkles Wasser trinke ich getrübte Luft.

Und die auf *Tristia* folgende Sammlung, *Gedichte 1921–1925*, beginnt – eine weitere Eröffnung mit Signalcharakter – mit den Worten: *Man kann nicht atmen* /I, 95/. In Mandelstams Spätwerk, in den Gedichten der dreißiger Jahre, wird die Luftthematik wie das Motiv der Atemnot, durch konkrete existentielle Erfahrung bedingt, noch weiter vertieft. Und es ist auch dieses Spätwerk, das die Frage nach dem Wesen des Tragischen wie nach der Möglichkeit und Berechtigung der Tragödie in der modernen Zeit neu stellen wird.

»ALS SCHWARZE KERZE BRENNEN« – DAS SPÄTWERK UND DIE TRAGÖDIE

Noch vor dem ersten Phädra-Text, in einem Gedicht des Jahres 1914, hatte Mandelstam vom *letzten Strahl tragischer Abendröte* /I, 40/ gesprochen. Es war dem klassizistischen russischen Theater des 18. Jahrhunderts gewidmet. Nicht dem mit dem Etikett eines *russischen Racine* versehenen Sumarokov (1718–1777) will Mandelstam ein

Denkmal setzen (er bezeichnet diesen Dramatiker mit dem Adjektiv *kläglich*), sondern dem jüngeren Vladislav Ozerov (1770–1816). Dieser ist für Mandelstam *letzter Strahl tragischer Abendröte*, der Tragiker, der noch einmal *feierlichen Schmerz* hatte aufblühen lassen. Mandelstams Interesse für die Tragödie Racines war einerseits auch Rückbesinnung auf die klassische Antike – andrerseits geschah sie im Bewußtsein, daß von Racine aus eine genetisch klare Linie zur russischen Tragödie des 18. Jahrhunderts führt. Es geht auch im Ozerov-Gedicht von 1914 nicht um Namen und Größen an sich, sondern – getreu dem akmeistischen Kult der Kontinuität – um die in den ersten beiden Versen beschworene *unerschütterliche Skala der Werte/ über den öden Irrtümern der Jahrhunderte* /I, 39/. Diese Werte sind durch eine abendländische Tradition (Griechenland-Frankreich-Rußland, oder: Euripides-Racine-Ozerov) geformt worden. Mandelstam greift hier, 1914, im ersten Jahr des Weltkrieges, den schon im französischen Mittelalter gepflegten Translationsgedanken (Athen-Rom-Paris) wieder auf.[17]

Bereits im folgenden Jahr jedoch erscheint, mit den Phädra-Gedichten, das Bekenntnis einer Krise, einer Erschütterung angesichts unaufhaltbarer Umwälzungen. Der Glaube an die Kontinuität der Kultur war ins Wanken geraten, hatte der Angst um deren Schicksal weichen müssen. Der Geist der klassischen Tragödie war 1915/16 nicht mehr zugänglich, jeder Versuch einer Neuschaffung mußte Bruchstück, lückenhaftes Unterfangen bleiben (die Auslassungspunkte inmitten des Gedichtes entlarven jene mikroskopische Phädra-Tragödie als Illusion). Die Tragödie mit ihren strengen weltanschaulichen Implikationen war in der modernen Zeit der Umwälzungen und der Fragmentierung des Sinns unmöglich geworden. Wie ein Kommentar zu dieser Problematik mutet ein Abschnitt im *Brief über die russische Dichtung*

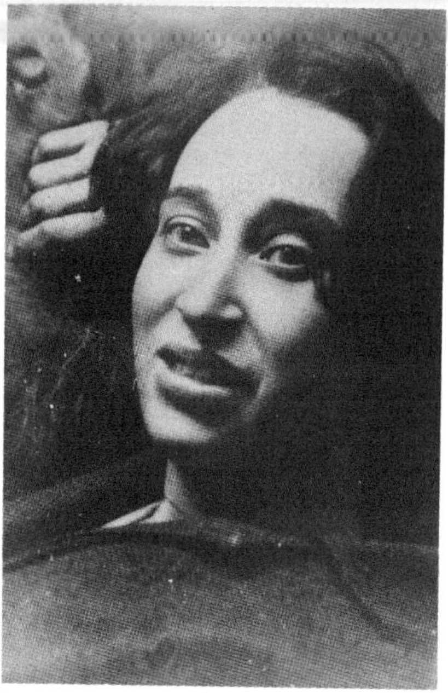

NADESCHDA
MANDELSTAM
(1899–1980)

von 1922 an, wo Mandelstam über Innokentij Annenskij (1856–1909) schreibt, den russischen Euripidesübersetzer und Schöpfer eigener Tragödien nach antikem Muster. *Der die Dichtung Annenskijs nährende Geist der Entsagung wird seinerseits genährt vom Bewußtsein der Unmöglichkeit der Tragödie in der modernen russischen Kunst infolge des Fehlens eines synthetischen Volksbewußtseins, das kategorisch und absolut wäre – einer unabdingbaren Voraussetzung für die Tragödie* /III, 34 f./ . . .

Die Unmöglichkeit der Tragödie und damit verbunden ein modernes Bewußtsein der Gebrochenheit sind für über ein Jahrzehnt das letzte Wort Mandelstams in diesem Belange. In einem Gedicht des Jahres 1934, tief im Spätwerk, taucht plötzlich ein Bild auf, das die Rückverbindung zu den Phädra-Gedichten sucht. Es zeigt die Vereinigung von Licht und Schwärze, die Figur der Schuldhaftigkeit. Dieses letzte Gedicht vor den *Woronescher Heften*, den Zeugen der Verbannungszeit, besteht aus Visionen einer Mißhandlung und Peinigung des angesprochenen Du. Naheliegend ist, daß es sich hier um die Frau Mandelstams handelt, die mit dem geächteten Dichter alle Nachtmahre der dreißiger Jahre – außer dem Tod im sibirischen Lager – geteilt hat.[18] Die letzten Verse lassen den Schmerz des zum machtlosen Mitansehenmüssen verurteilten Ich sichtbar werden. Das Gefühl einer Schuld – dieses Du hat die Leiden für den Dichter auszustehen – ist in der brennenden schwarzen Kerze Bild geworden.

Твоим нежным ногам по стеклу босиком,
По стеклу босиком да кровавым песком.

Ну а мне за тебя черной свечкой гореть,
Черной свечкой гореть да молиться не сметь. /I,209/

Deine zarten Füße müssen über das Glas,
über das Glas und den blutigen Sand.

Und mir bleibt, für Dich als schwarze Kerze zu brennen,
als schwarze Kerze zu brennen und – nicht zu
beten wagen.

Es ist ein tragisches Ausgesetztsein (den Leiden des Du, der eigenen Schuld), das hier aufscheint – ohne Rückhalt, ohne Versicherung durch eine transzendente Instanz (das Gebet ist verunmöglicht, verboten). Durch die intensive Hell-Dunkel-Metaphorik und das erneuerte Oxymoron wird zwar auf das Phädra-Gedicht zurückverwiesen, Mandelstam braucht hier jedoch keinerlei Vermittlung durch eine weltliterarische Figur mehr – das Ich selber ist zu sehr in tragisches Geschehen einbezogen. Der Dichter selber wird zur späten Verkörperung der tragisch Liebenden, und die innere Geschichte der Phädra-Gestalt in Mandelstams Werk erreicht damit ihren Abschluß und ihre Krönung.

Der Glaube an die Kontinuität der Kultur, dessen Erschütterung gewisse Stellen des Gedichtbandes *Tristia* (der Tod Petersburgs ist nur eine Maske für das Ende der Kultur) wie auch die *Gedichte 1921–1925* ahnen lassen, wird erst in den dreißiger Jahren wiederaufgenommen und in Zeiten höchster persönlicher Gefährdung – dies ist das Außergewöhnliche an diesem Werk – kraftvoll erneuert. Mit der Erneuerung dieses Glaubens erscheint auch die Möglichkeit der Tragödie in einem neuen Licht. In den *Woronescher Heften* findet sich mit dem Datum 19. Januar–4. Februar 1937 ein großartiges *Ubi sunt?* auf die Tragiker der Antike. Die Unmöglichkeit der Tragödie in der Moderne des 20. Jahrhunderts ist zunächst eine unverrückbare Tatsache (wörtlich: *Dies kann nicht sein – die Tragödien sind nicht zurückzubringen*), doch dann . . .

Где связанный и пригвожденный стон,
Где Прометей — скалы подспорье и пособье?
А коршун где — и желтоглазый гон
Его когтей, летящих исподлобья?

Тому не быть — трагедий не вернуть,
Но эти наступающие губы,
Но эти губы вводят прямо в суть
Эсхила-грузчика, Софокла-лесоруба.

Он — эхо и привет, он — веха, нет — лемех.
Воздушно-каменный театр времен растущих
Встал на ноги — и все хотят увидеть всех:
Рожденных, гибельных и смерти не имущих. /I,240f./

Wo ist der Schmerzenslaut, durchbohrt vom Nagel,
Wo ist Prometheus, der den Felsen stützte, trug?
Und wo der Geier, seine Krallen, die da jagen,
Sein gelbes Auge und sein finstrer Flug?

Tragödien – nie mehr, sie sind verstummt, uns fern,
Doch diese Lippen dringen vor auf ihrem Weg:
Zum Lastenträger Aischylos, bis in den Kern,
Und hin zu Sophokles, der Bäume schlägt.

Er ist der Hall, und Gruß, Signal, nein dies: der Pflug.
Aus Luft und Stein: Theaterrund der Zeiten
Stand auf – denn alle wollen sie sich sehen nun:
Geborene, die Abgrundnahen, und –
die ohne Tod hier weiterschreiten.

(Übertragung: RD)[19]

Die antiken Tragiker sind keine kühlen Denkmäler, sondern Handwerker und Instrumente des Ackerbaus (der Kultur). Die Alten sind in die Gegenwart, in die Mitte des Lebens hereingeholt. Sophokles als ein Pflug: das Bild schließt an jene 1921 gegebene Bestimmung der Dichtung als eines zeitensprengenden Pfluges an, der die Tiefenschichten der Zeit sich durchdringen läßt (S. 47 f.). Die Zeit ist in diesem Gedicht von 1937 aufgepflügt, die Chronologie außer Kraft gesetzt, der Tod (der Kultur) aufgehoben, die Kontinuität wiederhergestellt. Der Wunsch nach dem Fortdauern und nach der Erkenntnis der Ursprünge verbindet alle in Geschichte und Gedicht: nichts von der menschlichen Tragik soll verloren, vergessen werden, alle wollen sie sich wiederfinden, der Russe Mandelstam den Griechen Sophokles, und die vom Terror gezeichneten Zeitgenossen des Jahres 1937 die durch die Geheimnisse der Götterwelt umgetriebenen antiken Helden der Tragödie. Nicht diese alten Tragödien sind in zeitfremder Manier nachzubilden, kein nostalgischer Auferweckungsversuch wird vorgeschlagen – eines modernen Dichters Lippen haben sich aufzumachen, das Tragische im Jahre 1937, dem Jahr des gesteigerten Stalin-Terrors, der irrationalen Beschuldigungen und unvorhersehbaren Schuldhaftigkeiten, neu zu formulieren. Ein moderner Prometheus wird aller persönlichen Gefährdung zum Trotz aufs neue ein Feuer stehlen.

Die Ineinssetzung der von einer tragischen *condition humaine* gleichermaßen geprägten Menschen der Antike und der Moderne ist kein leichtfertiges Verfahren dieses Russen. Eine Notiz aus den Jahren 1935/36, aus derselben Woronescher Zeit der Verbannung also, belegt Mandelstams kritische Befragung des Wesens der Tragödie. *Wenn ein Schriftsteller es zu seiner Pflicht erhebt, unter allen Umständen »tragisch vom Leben zu künden«, auf seiner Palette jedoch keine tiefen, kontrastierenden Farben besitzt, und das Wichtigste: wenn ihm das Gefühl für jenes Gesetz abgeht, demzufolge das Tragische, auf welch kleinem Abschnitt es auch erscheinen möge, sich unabdingbar in ein* Gesamtbild der Welt *fügen muß – wird er ein »Halbfabrikat« des Schrekkens oder der Stagnation liefern, nur gerade ihr Rohmaterial, das in uns Widerwillen hervorruft und in der wohlmeinenden Kritik besser unter dem Kosenamen »Alltags- und Milieuschilderung«* /byt/ *bekannt ist* /III, 192/.

Wohl spiegeln sich in Mandelstams spätesten Gedichten Ausgesetztsein, materielle Not, Krankheit, Angst und Schuldgefühle, doch ist das Universum der *Woronescher Hefte* nicht auf ein Schattenreich beschränkt, ist jene Gegenkraft (in *kontrastierenden* Farben), Beharrlichkeit und Zuversicht, nicht zu verleugnen. Der *Konflikt*, auf dem das Tragische beruht, der *in Zeit und Welt nicht ausgleichbare Gegensatz*, ein Gegensatz *überpersönlicher* Mächte, die *innere Entzweiung des Wirklichen selbst*[20] wird in diesen Gedichten angenommen und ausgetragen. Zwei Bilder mögen dies verdeutlichen: die *Schwarzerde* – eine der zentralen Metaphern der *Woronescher Hefte* – ist innerhalb eines einzigen Gedichtes /I, 210/ in ihrer Vielschichtigkeit erfaßt, wird einmal als übermächtig, erschlagend, zersetzend, dann wieder als erhöhend und erfüllend spürbar gemacht.[21] Die Ebene, der weite Raum, wird zunächst als *atmendes Wunder* gepriesen /I, 237/, im nächsten Gedicht jedoch bereits als beengend und erstikkend, und im folgenden als weiter Aufenthaltsort dessen, *den unser Schrei im Schlaf uns nennt*, des *Judas für die Völker der Zukunft* /I, 238/ – ohne Zweifel ist Stalin gemeint – in Frage gestellt.[22] Mit seinen spätesten Gedichten hat Mandelstam seinen hohen Anspruch an eine tragische Dichtung in aller Fülle eingelöst.

MOLIÈRES MONSIEUR JOURDAIN (EIN NACHTRAG ZUR KOMÖDIE)

Für das Signalement Molières verbleibt Mandelstam beim Bild einer Sonne, doch ist es im Falle des großen Schöpfers der klassischen französischen Komödie naturgemäß nicht die schwarze Sonne der Endzeit und der tragischen Schuldhaftigkeit, sondern eine *rote* Sonne, die für Klugheit, Vitalität und Theatralität steht. Im Jahre 1926, in seinem Artikel über das *Berezil'*-Ensemble, eine experimentelle, dem Expressionismus nahestehende Theatertruppe in Kiew, assoziiert Mandelstam Molière in dreifacher Variation mit der Sonne – mächtig ausstrahlendes und nährendes Gestirn – und dem roten Farbton des menschlichen Blutes:

In seinen Adern fließt vernunftgeprägtes, doch sonniges Molièrisches Blut. /. . ./

Das ukrainische Theater will vernunftgeprägt und durchsichtig sein, damit die gerötete Sonne Molières sich auf es ergieße. /. . ./

Die ukrainische Komödie dreht sich um die Sonne Molières /III, 105/.

Eine der Gestalten Molières hat Mandelstam besonders beschäftigt. In den Essays spielt er gleichsam selbstverständlich auf deren Geschichte an, ohne jedoch deren Schöpfer zu nennen. Es handelt sich um Monsieur Jourdain aus *Le Bourgeois Gentilhomme* (Der Bürger als Edelmann) von 1670, der, einmal reich geworden, in seiner Sucht nach Nobilität der Ungebildetheit des Bürgers entfliehen will und immer wieder nur die Lächerlichkeit seines Strebens zu beweisen vermag. Mandelstam wird auf Monsieur Jourdains Unwissenheit davon anspielen, daß er seit über vierzig Jahren in Prosa spricht (doch was könnte ihm das neu erworbene »Wissen« einbringen?). Die entscheidende Stelle aus dem zweiten Akt, Szene 4:

Monsieur Jourdain:	*Il n'y a que la prose ou les vers?*
Le Maître de Philosophie:	*Non, Monsieur. Tout ce qui n'est point prose est vers, et tout ce qui n'est point vers est prose.*
Monsieur Jourdain:	*Et comme l'on parle, qu'est-ce que c'est donc que cela?*
Le Maître de Philosophie:	*De la prose.*
Monsieur Jourdain:	*Quoi! quand je dis: »Nicole, apportez-moi mes pantoufles, et me donnez mon bonnet de nuit«, c'est de la prose?*
Le Maître de Philosophie:	*Oui, Monsieur.*
Monsieur Jourdain:	*Par ma foi, il y a plus de quarante ans que je dis de la prose, sans que j'en susse rien, et je vous suis le plus obligé du monde de m'avoir appris cela.*[23]

Im Essay *Über die Natur des Wortes* werden die russischen Symbolisten polemisch mit dem ahnungslosen Monsieur Jourdain verglichen /II, 255/. Interessanter ist die zweite Verwendung der Jourdain-Situation – im Essay *Die Geburt der Fabel* von 1922, der Mandelstamschen Theorie des zeitgenössischen russischen Romans, dient sie ihm zur Illustration der literarischen Evolution: *Sobald die Fabel verschwunden war, erschien zur Ablösung die Schilderung des Alltagslebens. Früher war Jourdain nicht daraufgekommen, daß er in Prosa sprach, früher hatte man nicht gewußt, daß es das Alltagsleben gab* /II, 335/. Die Alltagsschilderung als Jourdainsche Prosa: das zunächst unbewußte, obwohl schon längst vorhandene Element rückt in den Vordergrund und wird literarisch bedeutsam.

Mandelstam verweist ganz selbstverständlich auf die französische Literatur, die ihm natürlicher Vorrat an Bildern und Beispielen, eine kaum je in Frage gestellte Vertraute war. Festzuhalten ist jedoch, daß vermittelte Kultur, durch russische Autoren bereits anverwandelte Bilder und Werke eine vom Akmeisten durchaus erwünschte Rolle spielen können. Es ist zum Beispiel einerseits sehr wohl möglich, daß Mandelstams Metapher des *denkenden Schilfrohrs* im Essay *Puschkin und Skrjabin* /II, 317/ oder, leicht variiert, in einem frühen Gedicht von 1910 /I, 10/ direkt auf die Bilderwelt des französischen Philosophen Blaise Pascal (1623–1662) zurückgeht – wir bleiben hier mit dem vom Jansenismus geprägten Denker in der Epoche Racines und Molières. Das denkende Schilfrohr (*le roseau pensant*) ist bei Pascal, in seinen *Pensées*, ein Bild für Elend und Größe des Menschen, für seine Zerbrechlichkeit und seine – durch die einzigartigen Möglichkeiten seines Denkens bedingte – Würde. *Der Mensch ist nur ein Schilfrohr, das zerbrechlichste in der ganzen Natur; doch er ist ein denkendes Schilfrohr. Es ist nicht nötig, daß das ganze Weltall sich wappne, um ihn zu zerstören: ein Lufthauch, ein Wassertropfen genügt, ihn zu töten. Doch wenn ihn das Weltall auch zerstören würde, so wäre der Mensch doch edler als das, was ihn tötet, denn er weiß, daß er stirbt, kennt die Überlegenheit des Weltalls; das Weltall weiß nichts davon. Unsere ganze Würde liegt also im Denken. An ihm müssen wir uns erkennen, und nicht an*

Raum und Zeit, die wir doch nie erfüllen könnten. Bemühen wir uns also, gut zu denken: dies ist das Prinzip der Moral.[24]

Andrerseits kann Mandelstam dasselbe Bild des denkenden Schilfrohrs über das Gedicht eines russischen Lyrikers des 19. Jahrhunderts und geschätzten Vorfahren vermittelt bekommen haben: über Tjutčevs Text *Wohlklang herrscht in den Meereswellen.*[25] Tatsächlich werden in Mandelstams *Rauschen der Zeit* der Name Tjutčevs und das denkende Schilfrohr im gleichen Atemzug genannt: *... dasselbe wie Tjutčev, d. h. eine Quelle kosmischer Freude, Künder eines starken und harmonisch strengen Weltgefühls, ein denkendes Schilfrohr und eine über den Abgrund geworfene Decke* /II, 87/. Beide Quellen, Pascal und Tjutčev, können nebeneinander bestehen, unmittelbare Aufnahme der fremden Kultur und Vermittlung über die russische Tradition schließen sich bei Mandelstam in keinem Moment aus, ja sie müssen gar ineinandergreifen und sich ergänzen, um sich für den Akmeisten mit Sinn zu erfüllen. Die folgenden Seiten sollen dies noch schlüssiger zu erweisen versuchen.

Modell einer Dichtkunst der Synthese und des »literarischen Zorns«

(André Chénier)

Подъялась вновь усталая секира
  И жертву новую зовет.
Певец готов; задумчивая лира
  В последний раз ему поет.
Заутра казнь, привычный пир народу;
  Но лира юного певца
О чем поет? Поет она свободу:
  Не изменилась до конца!

ALEXANDER PUSCHKIN,
Elegie »André Chénier« (1825)

Längst war die Guillotine müde,
Nach ihm noch schrie ihr blutiger Stahl.
Er war bereit; zu einem Liede
Schwang er sich auf zum letztenmal.

Und als er dann am nächsten Tage,
Vom Mob umjohlt, sinnlos verschied,
Wem galt sein Lied, wem seine Klage?
Der Freiheit, die er nie verriet!

(Übertragung: Martin Remané)

André Chénier ist in seinem 31. Lebensjahr als Opfer der Französischen Revolution umgekommen. Sein Ruhm bestand lange Zeit in zwei oder drei Fragmenten und dem allgemeinen Bedauern über den Verlust alles übrigen. Schließlich wurden seine Werke aufgefunden und im Jahre 1819 veröffentlicht. Man kann sich eines bittren Gefühls nicht erwehren . . .[1] Dies ist eine Notiz Alexander Puschkins aus dem Jahre 1825. Im selben Jahr hatte seine Verehrung des französischen Dichters in der langen Elegie *André Chénier* ihren Ausdruck gefunden, in der Freiheitswille und Märtyrermut des Dichters *der Liebe, der Eichenhaine und des Friedens* in Form eines Nachrufs gepriesen werden.[2]

Nur gerade zwei Gedichte lagen zu Lebzeiten André Chéniers (1762–1794) gedruckt vor. Der Autor hatte in der Französischen Revolution die Umwandlung der alten Ordnung begrüßt, gehörte jedoch dem Lager der Gemäßigten an (er stand den Girondisten nahe), lehnte sich bald gegen die Hinrichtungsexzesse auf, wurde verhaftet und schließlich nach dem Revolutionskalender am 7. Thermidor des Jahres II (25. Juli 1794) selber zur Guillotine geführt und enthauptet – zwei Tage vor dem Sturz des Robespierre-Regimes.[3]

Schon bald nach der postumen Herausgabe seiner Werke im Jahre 1819 wurde Chénier zu einem Lieblingsdichter Alexander Puschkins, der dem Franzosen bis zu seinem Tode die Treue hielt. Neben Übersetzungen von Gedichten Chéniers finden sich im Werk Puschkins zahlreiche Reminiszenzen und Entlehnungen aus dem Schaffen seines Favoriten.[4] Puschkin fühlte sich vom Schicksal des französischen Dichters betroffen, wie die zitierte Notiz belegt – von dessen gewaltsamem Tod ebenso wie von der zu Lebzeiten mangelnden Verbreitung seiner literarischen Werke. Die Elegie *André Chénier* zeigt denn

ANDRÉ CHÉNIER (1762–1794) IM SAINT-LAZARE-GEFÄNGNIS; STICH VON JACQUEMIN, NACH EINEM PORTRÄT SUVÉES

auch Identifikationsneigungen, autobiographische Züge des selber wegen allzu freimütiger Epigramme in politische Schwierigkeiten geratenen Puschkin. Daß er sich auch während seiner vierjährigen Verbannung in Südrußland gerne mit André Chénier verglichen hatte, bezeugt das Chénier-Epigraph auf jenem Gedichtheft, das er im südlichen Exil führte: *Ainsi triste et captive, ma lyre toutefois s'éveillait.*[5]

Über Puschkins Spiegelung in diesem Werk und Dichterschicksal hinaus war der Neoklassizismus dieses Franzosen für den Russen notwendiger Pol und Prüfstein für seine eigene, persönliche Synthese von Klassizismus und Romantik. Im Entwurf eines Briefes an seinen Freund P. A. Vjazemskij vom 4. November 1823 beharrt er denn auf dem Klassizismus Chéniers – für ihn unumstößliches Attribut eines Dichters, den sein Briefpartner wie die damalige französische Literatengeneration gerne als frühen Romantiker gesehen hätten: ... *Du erwähnst André Chénier. Niemand verehrt und liebt diesen Dichter mehr als ich, doch ist er ein wahrhaftiger Grieche, Klassiker der Klassiker. C'EST UN IMITATEUR SAVANT ET INSPIRÉ.*[6]

Auf Puschkins intensive Beschäftigung mit dem Werk André Chéniers wird hier nur deshalb ausführlicher eingegangen, weil die Aufnahme dieses französischen Autors in Rußland unverbrüchlich mit dem Namen des größten russischen Dichters verbunden ist. Mandelstam selber erinnert an einer entscheidenden Stelle seines Essays *Über die Natur des Wortes* von 1922 an die Chénier-Lektüre Alexander Puschkins, im Zusammenhang mit dem Interesse russischer Dichter für die westeuropäische Literatur in Vergangenheit und akmeistischer Vorgegenwart. *Wiederholt gab es in der russischen Gesellschaft Augenblicke einer genialen Lektüre im Herzen der westlichen Literatur. So las Puschkin, und mit ihm seine ganze Generation, Chénier* /II, 257/.

Dem Zeugnis Alexander Puschkins, dieses großen Neubegründers der russischen Literatur, hat noch kein jüngerer Dichter Rußlands gleichgültig gegenüberstehen können. Anna Achmatowa, Mitakmeistin und nahe Freundin Mandelstams, hat in ihren Erinnerungen dessen außergewöhnliches Verhältnis zur *Sonne Alexanders*, wie es in einem Gedicht von 1917 heißt /I, 67/, zu schildern versucht: *Zu Puschkin hatte Mandelstam eine unerhörte, fast furchteinflößende Beziehung – in ihr scheint für mich wie eine Krone über-menschlicher Lauterkeit auf.*[7]

Alles folgende wird zeigen, wie Mandelstam Puschkins *geniale Lektüre* mit seiner eigenen verbindet, wie vermittelte Kultur und unmittelbare Aufnahme sich zur Sinnfülle ergänzen.

DER ZUSAMMENSCHLUSS VON GEIST UND FURIE

In der Liste der *notwendigen Lektüren* des Akmeismus, die im Essay *Über die Natur des Wortes* (1922) zu finden ist und wo Mandelstams persönlicher Kanon der zehner Jahre zum Ausdruck kommt, stehen neben Racines *Phèdre* die *Iambes* André Chéniers, jene spätesten, bereits im Gefängnis verfaßten polemisch-satirischen Dichtungen des Franzosen. Im selben Jahr 1922, im Essay *Das neunzehnte Jahrhundert*, verleiht Mandelstam Chénier noch einmal eine besondere Rolle, läßt ihn aus dem 18. Jh. hervorragen durch den *Zusammenschluß des Geistes mit den Furien*, der nur ihm geglückt sei /II, 279/. Mit dieser Formel verweist Mandelstam zurück auf das Hauptthema seines Essays über André Chénier, der noch in der Blütezeit des ursprünglichen Akmeismus entworfen wurde.

1914 kündigte die Zeitschrift *Apollon* einen Aufsatz Mandelstams über Chénier an, der dort jedoch nie erschienen ist. Bis zur Aufnahme der *Notizen über Chénier* in Mandelstams Essaysammlung *Über Poesie* von 1928 ist keine Veröffentlichung dieses Textes bekannt. Aus dem Jahre 1922 stammt ein Aufzeichnungsfragment über Chénier /III, 144 f./ – daß jedoch der Franzose für den Russen tatsächlich in jenem Jahre 1914 aktuell gewesen war, belegt eine Variante zu Mandelstams *Ode an Beethoven* /IV, 88/, die zu jener Zeit entstanden ist und wo neben Beethoven der Name Chéniers auftaucht (von dieser Erscheinung wird noch die Rede sein).

Die bisher wenig beachteten *Notizen über Chénier* können insofern als programmatische Schrift des Akmeismus gelten, als der auf Kontinuität und Synthese bedachte Mandelstam in der Gestalt André Chéniers Verbindungen sucht: zwischen dem 18. und dem 19. Jahrhundert, zwischen einer klassizistischen und einer romantischen Poetik, zwischen antiker, hellenistischer Weltsicht und modernem Geist. Die Formel für solch komplexe Verbindungen hat sich der Akmeist bei Alexander Puschkin ausgeliehen – der *Zusammenschluß von Geist und Furie* war ursprünglich jedoch zur Charakterisierung der Französischen Revolution bestimmt und kommt aus Puschkins Gedicht *An einen Würdenträger* von 1830, das in Mandelstams Essay wiederholt zitiert wird. Mandelstam umgreift mit der Puschkinschen Formel alle Zwiefältigkeiten, die Chénier verkörpern soll. Chéniers Dichtung ist wohl, als Werk des 18. Jahrhunderts, *abstrakt* und *verstandesbetont* /II, 297/. Da der Autor jedoch als einziger des 18. Jahrhunderts, dieses *ausgetrockneten Sees: weder Tiefe noch Nässe* /II, 293/, die Beziehung zum authentischen Geist der Antike zu bewahren vermocht hatte, taten sich ihm ganz andere Quellen auf – die Unerbittlichkeit der antiken Rachegöttinnen, der Kult des Dionysos, der Entfesselung, das Ungestüm des Jambus: *Der jambische Geist kommt auf Chénier herab wie eine Furie. Imperativität. Dionysischer Charakter. Besessenheit* /II, 297/.

Dieses Durchdrungensein von der Antike bedeutet jedoch nicht nostalgische Rückwendung, sondern in ganz akmeistischem Sinne Auseinandersetzung mit dem Hier und Jetzt: *Der dichterische Weg Chéniers ist ein Weggang von, ja fast eine Flucht vor den »großen Prinzipien«* /des 18. Jahrhunderts/ *hin zum Lebenswasser der Poesie, ganz und gar nicht zu einem antiken, sondern zu einem vollkommen modernen Weltverständnis* /II, 294/.

André Chénier wird auch aus dem Grunde zu einem Vorläufer der Akmeisten erkoren, weil er wie diese Russen des 20. Jahrhunderts die Strenge klassisch-traditioneller Formen bewahrte und sie mit neuem und modernem Inhalt versah, damit Strenge und Fülle vereinend. *Chénier gehört zu einer Generation von französischen Dichtern, für welche die Syntax ein goldener Käfig war und die nicht einmal davon träumten, aus ihm herauszuspringen. Dieser goldene Käfig war endgültig von Racine erbaut worden, ausgestattet wie ein herrlicher Palast. Die syntaktische Freiheit der Dichter des Mittelalters – Villons, Rabelais', die ganze altfranzösische Syntax – lagen weit zurück, das romantische Toben Chateaubriands und Lamartines jedoch hatte noch nicht begonnen. Der goldene Käfig wurde von einem boshaften Papagei bewacht – Boileau. Vor Chénier stand die Aufgabe, die absolute Fülle dichterischer Freiheit in den Grenzen des engsten Kanons zu verwirklichen, und er verstand es auch, diese Aufgabe zu lösen* /II, 295 f./.

Bei diesem Bewohner des goldenen Käfigs lasse sich jedoch ein *Vorgefühl des neunzehnten Jahrhunderts* wahrnehmen /II, 294/, und Chénier habe denn *kunstvoll die Mitte zwischen klassischer und romantischer Art* gefunden /II, 296/. Mandelstam versucht nicht nur einmal, Alexander Puschkins Beharren auf der Klassizität Chéniers (des *Klassikers der Klassiker*) mit den Verwandtschaftsgefühlen der französischen Romantiker zu versöhnen, die wie etwa Chateaubriand in Chénier einen der ihren erkannt hätten.[8] Von dieser Vermittlungsbemühung her ist auch Mandelstams Vergleich des dritten Teils von Chéniers Liebesdichtung *Camille*, eines Liebesbriefs, der bereits *im Geiste der Romantiker* gehalten sei, *raffiniert-ungezwungen* und *aufgeregt*, schon *fast befreit von mythologischen Formalitäten*, mit einer der schönsten und bewegendsten Stellen aus dem Werk Alexander Puschkins zu verstehen.

Et puis d'un ton charmant ta lettre me demande
Ce que je veux de toi, ce que je te commande.
Ce que je veux? dis-tu. Je veux que ton retour
Te paraisse bien lent; je veux que nuit et jour
Tu m'aimes. (Nuit et jour, hélas! je me tourmente.)
Présente au milieu d'eux, sois seule, sois absente;
Dors en pensant à moi; rêve-moi près de toi;
Ne vois que moi sans cesse, et sois toute avec moi.[9]

Für Mandelstam ist hier der Brief Tatjanas an Onegin aus Puschkins Versroman *Evgenij Onegin* hörbar – dieselbe *Häuslichkeit der Sprache*, dieselbe *liebenswerte Nachlässigkeit* /II, 299 f./.

Der von Synthesebemühungen geprägte frühe Essay Mandelstams schließt mit jenem bereits in anderem Zusammenhang zitierten (S. 34 f.) großartigen Abschnitt über das Einstürzen der nationalen Grenzen in der Dichtung und den *schwesterlichen Bund aller Sprachen*. Bereits Mitte der zehner Jahre wird André Chénier für den Akmeisten zu einer programmatischen Figur der Synthese und zu einem eigentlichen Modell. Mandelstam spricht in den *Notizen* auch davon, daß der französische Dichter eine Mehrzahl von Poetiken gehabt habe. Klar auszumachen sei die idyllisch-pastorale – Mandelstam denkt hier an Chéniers Frühwerk, die *Bucoliques* – und der *grandiose Bau einer beinah »Wissenschaftlichen Dichtung«* /II, 299/: gemeint sind hier wohl Chéniers nur skizzenhaft realisierte Versepopöen *L'Hermès* und *L'Amérique* zur Darstellung der Menschheitsgeschichte und der Neuen Welt. Greift man diese verschiedenen Poetiken in eine, so ergeben sich Eigenheiten, die ganz ähnlich lauten wie diejenigen des *Verlaine der Kultur* (S. 87 f.), jener Modellvorstellung und Formel, die Mandelstam 1921 im Essay *Das Wort und die Kultur* für den modernen Dichter und sich selber prägen wird.

HELLENISMUS UND DICHTKUNST DER SYNTHESE

An Gemeinsamkeiten zwischen Mandelstam und Chénier fehlt es nicht. Nur zwei der bestimmendsten seien zunächst herausgegriffen. Augenfällig ist ihr gemeinsamer Hellenismus, das tiefe Interesse für die Antike und deren Weltsicht. Neben den Parallelen werden hier jedoch auch bedeutsame Differenzen hervortreten. Puschkin hat André Chénier als einen *wahrhaftigen Griechen* charakterisiert. Tatsächlich war das erste literarische Programm des Franzosen das einer *imitation des anciens*. Homer betrachtete er als seinen ersten Lehrmeister (die große Anzahl von Reminiszenzen aus der Odyssee offenbaren diese Rolle), Aischylos – als den größten tragischen Dichter aller Zeiten und Völker.[10]

Homer ist auch eine der *notwendigen Lektüren* des Akmeismus in Mandelstams Essay *Über die Natur des Wortes* von 1922, und schon 1915 war der erste Dichter des Abendlandes in einem der schönsten von den frühen Gedichten Mandelstams aufgetaucht: *Schlaflosigkeit. Homer. Die Segel, die sich strecken.*[11] Doch dieses Gedicht signalisierte es bereits: die Lektüre wird sofort wieder verlassen, eine Vorlage unverzüglich mit eigenen Bildern, mit eigenem Sein und Sinn gefüllt. Mandelstams Hellenismus war weit weniger exklusiv als derjenige Chéniers. Bezeichnend die Tatsache, daß er vorwiegend auf russische Übersetzungen, auf russische Vermittlungen antiker Autoren zurückgegriffen hat, nachweislich etwa auf die zeitgenössische, 1914 erschienene Sammlung *Alkaios und Sappho* des Symbolisten und klassischen Philologen Vjačeslav Ivanov.[12] Einer der wichtigsten Vermittler antiker Kultur war zweifellos derselbe André Chénier, von dem hier die Rede ist. Die Bienen wie den Honig (seit der Antike Sinnbilder für den Dichter und die Dichtung) hat Mandelstam über seinen französischen Gesprächspartner aus dem 18. Jahrhundert beziehen können[13]:

Ainsi, bruyante abeille, au retour du matin
Je vais changer en miel les délices du thym.

(aus *Lycoris*)[14]

Die Französischkenntnisse Mandelstams waren vorzüglich, mit dem Griechischen war er weit weniger vertraut. Sein Petersburger Lehrer Konstantin Močulskij hält fest, Mandelstam habe eine *rätselhafte persönliche Beziehung* zu den Formen der griechischen Grammatik gehabt, habe sie nicht wirklich erlernt, sondern sei ihr mit seiner Intuition begegnet. *Er verwandelte Grammatik in Dichtung und erklärte, je unverständlicher Homer sei, desto schöner.*[15] André Chénier war ganz durchdrungen von einem Kult der griechischen Sprache, die er meisterlich beherrschte.

Un langage sonore, aux douceurs souveraines,
Le plus beau qui soit né sur des lèvres humaines.

(aus *L'Invention*)[16]

Mandelstams Idealsprache war die russische, welche die griechische zu umfassen und zu beleben hatte (S. 28–38). Zudem steht der mythische Raum Hellas bei Mandelstam stets im Zusammenhang mit der russischen oder der gesamteuropäischen Kultur, mit Europa als Ganzem. *O Europa, neues Hellas* /I, 43/, hatte jener Vers aus einem Gedicht von 1916 gelautet . . .

Der Gemeinsamkeiten zweiter Teil. André Chénier hat Mandelstam auch das Vorbild einer Poetik der Anverwandlung geboten, in praktischer wie in theoretischer Hinsicht. Gewiß ist der Russe bei der Lektüre von Chéniers *Epître sur ses ouvrages*, Selbstinterpretation eines Dichters, Kommentar der eigenen Poetik, auf Vertrautes und Nahes gestoßen. Einige charakteristische Verse, wo das Prinzip der Anverwandlung besonders pointiert formuliert ist:

/. . ./
Souvent des vieux auteurs j'envahis les richesses.
Plus souvent leurs écrits, aiguillons généreux,
M'embrasent de leur flamme et je crée avec eux.
/. . ./

Mon doigt sur mon manteau lui dévoile à l'instant
La couture invisible et qui va serpentant,
Pour joindre à mon étoffe une pourpre étrangère.
/. . ./
Tous ces métaux unis dont j'ai formé le mien.
Tout ce que des Anglais la muse inculte et brave,
Tout ce que des Toscans la voix fière et suave,
Tout ce que les Romains, ces rois de l'univers,
M'offraient d'or et de soie, est passé dans mes vers.
/. . ./
Tantôt chez un auteur j'adopte une pensée,
Mais qui revêt, chez moi souvent entrelacée,
Mes images, mes tours, jeune et frais ornement;
Tantôt je ne retiens que les mots seulement;
J'en détourne le sens, et l'art sait les contraindre
Vers des objets nouveaux qu'ils s'étonnent de peindre.
/. . ./
De ce mélange heureux l'insensible douceur
Donne à mes fruits nouveaux une antique saveur.[17]

Die Notwendigkeit von Anverwandlung und Umwertung kommt in einem Prosatext Chéniers noch anschaulicher zum Ausdruck, im großangelegten, doch unvollendeten *Essai sur les causes et les effets de la perfection et de la décadence des Lettres et des Arts*, der Mandelstam insofern leicht zugänglich gewesen sein mußte, als er 1914 in der Chénier-Ausgabe von Abel Lefranc veröffentlicht wurde – genau zu einem Zeitpunkt also, da der Russe sich mit dem französischen Autor intensiver zu beschäftigen begann. Ein Auszug:

Denn der eine setzt nur gerade die Wörter von dem einen Papier auf das andere um; er entleiht, ohne dabei reich zu werden; und die guten Dinge, denen er begegnet, gehen nur über seine Lippen und lassen ihn mager und abgezehrt bleiben; während der andere sie kostet, genießt und verdaut – und ihr Saft zu seiner eigenen Substanz wird. /. . ./

Und diese Art der erfinderischen Nachahmung, von der ich gesprochen habe, bereichert immer jene Autoren, die sehr zu Recht für ihre Originalität berühmt sind.[18]

Bei Mandelstam finden sich in mehreren Schaffensperioden verwandte Aussagen und ähnlicher Lobpreis der schöpferischen Umwandlung – und nicht nur aus dem neoklassizistisch inspirierten Essay *Das Wort und die Kultur* von 1921 ließen sich Beispiele anführen, sondern auch aus weniger programmatischen Texten, wo sie überraschend wirken, wie etwa im Artikel *Literarisches Moskau* (1922):

Erfindung und Erinnerung gehen in der Dichtung Hand in Hand – erinnern heißt auch erfinden, der Erinnernde ist noch einmal der Erfinder. /. . ./

Dichtung atmet durch Mund und Nase, durch die Erinnerung wie die Erfindung. Man müßte schon ein Fakir sein, um sich von einer dieser Atmungsweisen loszusagen /II, 328/.

Doch bereits im Jahre 1914 – dem Erscheinungsjahr von Chéniers *Essai* – waren in jenem bereits zitierten Gedicht *Die Klänge Ossians, ich hab sie nie vernommen* (S. 21 f.) die *umherirrenden Träume fremder Sänger* aufgetaucht, das *fremde Lied*, das der Skalde aufs neue schafft und als *sein eigenes* vorträgt. Und in seinem spätesten und für die Bestimmung seiner eigenen Poetik wichtigsten Essay, dem *Gespräch über Dante* von 1933/34, ist Mandelstam vollends zum Verkünder der *Reminiszenzen-Klaviatur* geworden:

Der Schluß des vierten Gesanges im INFERNO *ist eine wahre Zitatenorgie. Ich sehe hier eine reine und beimischungsfreie Demonstration der Reminiszenzen-Klaviatur Dantes.*

Ein Tastenspaziergang dem gesamten Gesichtskreis der Antike entlang. Gleichsam eine Chopinsche Polonaise, wo der bewaffnete Cäsar mit den blutunterlaufenen Augen des Vogels Greif neben Demokrit auftritt, der die Materie in Atome zerlegt hat.

Das Zitat ist keine Abschrift. Zitate sind Zikaden. Sie haben die Eigenheit, nicht mehr verstummen zu können. Klammern sich in die Luft und lassen sie nicht mehr los. Gelehrsamkeit ist weit davon entfernt, mit der Reminiszenzen-Klaviatur gleichbedeutend zu sein, die gerade das eigentliche Wesen der Bildung ausmacht /II, 368/.

Dieses Zitat ist ein schöpferisches, schließt durch seine Einbettung in eine neue Umgebung neue Bezüge auf, erschafft neuen Sinn – und ist deshalb ein nie verstummendes, lebendiges, belebendes, verwandelt-anverwandeltes. Gewiß ist Mandelstam, als modernistischer Dichter, der den Bruch der Normen und die Veränderung der Wahrnehmungsweisen in der modernen Dichtung seit Baudelaire mitvollzogen hat, auf dem Weg der Umformung weiter gegangen, als Chénier, Abkomme des 18. Jahrhunderts, sich dies je hätte träumen lassen. Mandelstam, mit seiner assoziativen Bildsprache, die verschiedene Sprachschichten kombiniert und Archaisches mit Umgangssprachlichem, Überliefertes mit Modernstem verflicht, hat in keinem Moment Stilisierungen geschaffen.[19] Zur Modernität Chéniers sei jedoch angefügt, daß dessen Weg von der Stilisierung, wie sie etwa in den *Bucoliques* noch vorliegt, wegführte zu zukunftsträchtigeren Dichtungen wie *L'Hermès* und *L'Amérique*, den »wissenschaftlich« inspirierten, oder den *Odes* und *Iambes*, wo antike Formen mit zeitnaher politischer Reflexion und Polemik auf aktuelles Geschehen gefüllt sind. Nach seinen antikisierenden Anfängen hat Chénier eine persönliche, auf neuen Synthesen beruhende Dichtung geschaffen, die in sich Antike und Moderne, Klassik und Romantik, Poetik und Ethik verbindet. Von da her begründet sich die *Notwendigkeit* der Lektüre der *Iambes* für den Akmeisten, aus diesem Grunde wird André Chénier zu einem Akmeisten vor der Zeit. Doch Mandelstam sollte noch weitere Veranlassung bekommen, Chénier als einen seiner Vorläufer zu betrachten, diesen Franzosen in seine literarische Genealogie einzubeziehen – nicht nur in poetischen, sondern auch in ethischen wie politischen Belangen.

GESPRÄCH ZU DRITT

In den Gedichten auf die Epoche, auf das Zeitalter, die im Jahr der Revolution und in den folgenden Jahren bis 1924 entstanden sind, sucht Mandelstam das Gespräch mit André Chénier und dessen russischem Vermittler Alexander Puschkin. Grundlage dieses Gedankenaustausches über Freiheit, Revolution und Gesetz ist Puschkins lange Elegie *André Chénier* von 1825. Puschkin selbst hat das Gespräch zu dritt vorbereitet. Sein Gedicht ist auf eine Kommunikation hin angelegt, mit dem Gewürdigten wie mit dem Leser. In der Einführung lautet ein Vers: *Ich singe. Es vernimmt mich er und du.*[20] Gewiß ist der Text einem Zeitgenossen gewidmet, N. N. Raevskij, dem Bruder des im Zusammenhang mit dem Dekabristen-Aufstand nach Sibirien verschickten Alexander Raevskij, doch in diesem offenen Du jedem Leser und *providentiellen Gesprächspartner.* Vor dem Hintergrund von Mandelstams Essay *Über den Gesprächspartner* (S. 40 f.) läßt sich der Puschkinvers so lesen: *Ich singe. Es vernimmt mich er, Chénier, und du, Mandelstam.*

Den Hauptteil der Elegie nehmen zwei lange Passagen ein, wo Puschkin den französischen Dichter direkt zu Worte kommen, die Freiheit besingen und den Verrat an derselben geißeln läßt. Stil und Wortschatz entsprechen den *Odes* und *Iambes* Chéniers. Daß auch Puschkin aus dem Munde Chéniers spricht, ist naheliegend, nachdem er selber durch seine Ode *Freiheit* (1817) und einige Epigramme in politische und gesellschaftliche Schwierigkeiten geraten war. Chéniers Apostrophe der Freiheit läßt Puschkin mit den folgenden Versen beginnen:

> Приветствую тебя, мое светило!
> Я славил твой небесный лик,
> Когда он искрою возник,
> Когда ты в буре восходило.

> Ich grüße dich, du mein Gestirn!
> Ich habe dein himmlisches Antlitz gepriesen,
> als es als Funke entstand,
> als du im Sturme aufgingest.

Mandelstam seinerseits erfüllt Puschkins Programm, vernimmt die Worte der beiden früheren Dichter und tritt ins Gespräch ein. In einem Gedicht aus der Zeit der Oktoberrevolution knüpft er an dieses Bildgefüge an (Aufgehen eines Gestirns, der Sonne, als Metapher der Freiheit), schafft ein Echo dazu, setzt zu einer Antwort an.

> Прославим, братья, сумерки свободы —
> Великий сумеречный год.
> В кипящие ночные воды
> Опущен грузный лес тенет.
> Восходишь ты в глухие годы
> О солнце, судия, народ. /I,72/

> Preisen wir, Brüder, die Dämmerung der Freiheit –
> das große Dämmerjahr.
> In brodelnde nächtliche Wasser
> ist eingetaucht der schwere Wald der Fangnetze.
> Du gehst auf in dumpfe(n) Jahre(n),
> o Sonne, Richter, Volk.

Mandelstams Gedicht ist geprägt von tiefer Ambivalenz: es herrscht Dämmerung, Zwielicht, der Zustand zwischen Hell und Dunkel. Noch ist ungewiß, was in jenen

Fangnetzen an die Oberfläche kommen wird. In der zweiten Strophe folgt gar apokalyptische Metaphorik: die Zeit, ihr *Schiff* sinkt auf den Grund. Auch wenn der Dichter in der letzten Strophe, sich selber miteinbeziehend, die Männer aufruft, den Umschwung des Steuerrades zu versuchen und sich kräftig einzusetzen (*die Erde schwimmt*), bleibt die Zwiespältigkeit im Raum. Durch den Rückverweis über das zitierte Bildgefüge auf den Text Puschkins wird sie nicht aufgelöst, doch neigt sie eher ins Negative – denn Puschkin läßt seinen André Chénier in tiefer Verbitterung über die jakobinische *Terreur* sagen:

Оковы падали. Закон
На вольность опершись, провозгласил равенство,
И мы воскликнули: БЛАЖЕНСТВО!
О горе! о безумный сон!
Где вольность и закон? Над нами
Единый властвует топор.

Die Ketten fielen. Das Gesetz,
auf die Freiheit gestützt, verkündete die Gleichheit,
und wir riefen aus: GLÜCKSELIGKEIT!
O Gram! o wahnsinniger Traum!
Wo sind Freiheit und Gesetz? Über uns
herrscht einzig das Richtbeil.

Noch fünf und sechs Jahre später knüpft Mandelstam an Puschkins Chénier-Text an, greift das Gespräch zu dritt in den Gedichten *Das Zeitalter* (1923) und *Der 1. Januar 1924* wieder auf. Im ersten Gedicht wird die Zeit als *Tier* mit gebrochener Wirbelsäule charakterisiert, eher als erschöpftes Opfer denn als bedrückende Macht:

Век мой, зверь мой, кто сумеет
Заглянуть в твои зрачки
И своею кровью склеит
Двух столетий позвонки? /I,102/

Mein Zeitalter, mein Tier, wer wird
in deine Pupillen schauen können
und mit seinem Blut verleimen
die Wirbel von zwei Jahrhunderten?

Im zweiten Gedicht jedoch, ein Jahr später entstanden, wird die Epoche als Herrscherin, als Machthaberin angesprochen, trägt aktivere und auch aggressivere Züge:

Кого еще убьешь? Кого еще прославишь?
Какую выдумаешь ложь? /I,113/

Wen wirst du noch töten? Wen noch preisen?
Welche Lüge wirst du dir ausdenken?

Das Tier war bereits in Puschkins Gedicht aufgetaucht, wobei die Epoche sich im Tyrannen Robespierre (und für Puschkin selber – in Zar Alexander I.) verkörperte:

Гордись, гордись, певец; а ты, свирепый зверь,
Моей главой играй теперь:
Она в твоих когтях. Но слушай, знай, безбожный:
Мой крик, мой ярый смех преследует тебя!
Пей нашу кровь, живи, губя:
Ты все пигмей, пигмей ничтожный.

Sei stolz, sei stolz, du Sänger; und du, grausames Tier,
spiel nun mit meinem Kopf:
er ist in deinen Krallen. Doch höre, wisse, Gottloser:
mein Schrei, mein wütendes Gelächter wird dich verfolgen!
Trinke unser Blut, lebe, indem du zugrunde richtest:
du bist dennoch ein Zwerg, ein nichtiger Zwerg.

Die Verve dieses mißbilligenden Ausrufs konnte Mandelstam 1924 (noch) nicht teilen. Zu übermächtig war das Zeitalter für den *kranken Sohn des Jahrhunderts*, wie es im Gedicht *Der 1. Januar 1924* heißt. Zudem war Mandelstam nicht mehr weit entfernt von der Schwelle zum Verstummen: fünf Jahre lang, von 1926 bis 1930, wird er keine Gedichte mehr schreiben. Als gegen Ende des Jahres 1930 das lyrische Schaffen neu eintraf, war ihm ein Prosatext vorausgegangen, in dem Mandelstam genau jene scharfe Zunge, jene Wucht der Empörung und jenen Stolz wiederfand, die André Chénier in Puschkins Gedicht von 1825 vertritt und die sich durchwegs in den *Iambes* des Franzosen finden. Daß André Chénier in diesem Prosatext namentlich erwähnt wird, dürfte kein Zufall sein.

EIN MODELL DES LITERARISCHEN ZORNS

Mandelstams *Vierte Prosa* von 1929/30 ist eine Antwort auf die *Eulenspiegel-Affäre*, eine mit Billigung durch höchste Stellen entfachte Verleumdungskampagne, inszeniert, um einen unbotmäßigen Dichter zu disziplinieren oder zum Schweigen zu bringen.[21] *Und alles war schrecklich, wie im Traum des Kleinkindes.* ***NEL MEZZO DEL CAMMIN DI NOSTRA VITA*** *– in der Mitte des Lebensweges wurde ich im sowjetischen Waldesdickicht von Räubern angehalten, die sich als meine Richter bezeichneten* /II, 188/.[22]

Mit dem Zitat der Eröffnung von Dantes *Inferno* kennzeichnet Mandelstam seinen Eintritt in die Hölle, in die Nachtmahre der dreißiger Jahre unter Stalin. Doch die *Vierte Prosa*, in der Sowjetunion noch immer unveröffentlicht, ist das Bekenntnis eines Dichters zum eigenen Weg, ein zorniges Pamphlet der Selbstbehauptung, das den Zermürbungsversuchen trotzig, bitter widersteht. Das Anders-Sein ist nicht mehr Grund zu Selbstbeschuldigung und Schweigen (das fünfjährige, während dem Mandelstam keine Gedichte mehr schrieb), sondern zu Stolz und Festigkeit. Eine Entlarvung des zeitgenössischen stalinistischen Literaturmarionettentheaters, in der auch exorzistisch alte persönliche Konflikte bereinigt werden: hat Mandelstam noch 1925 im *Rauschen der Zeit* das ihm fremd gebliebene *jüdische Chaos* der Welt seines Vaters distanzierend dargestellt, so bekennt er sich jetzt, als Antwort auf die auch antisemitische Züge aufweisende Kampagne, mit aller Deutlichkeit zu seiner jüdischen Abstammung.

Je mehr sich seine politische Lage zuspitzte, desto mehr mußte Mandelstam im Werdegang Chéniers, der die Revolution zwar begrüßt, in der Folge jedoch sich gegen die Guillotine-Exzesse aufgelehnt hatte, eine Parallele zu seinem Fall gesehen haben. Ahnte er nach der Eulenspiegel-Affäre *seine* Hinrichtung? Sehr folgerichtig erscheint Chéniers Name in der bitteren Abrechnung der *Vierten Prosa*, wo von den *Mördern der russischen Dichter* die Rede ist. Zunächst der zentrale Gedanke dieser Prosa, dessen Radikalität nur durch Mandelstams damalige Situation begreifbar ist: *Sämtliche Werke der Weltliteratur teile ich ein in genehmigte und solche, die ohne Genehmigung geschrieben wurden. Die ersteren sind schmutziges Zeug, die letzteren – abgestohlene Luft* /II, 182/. Das Motiv der gestohlenen Luft ist besonders hervorzuheben: in Mandelstams Spätwerk stellt die Luftthematik (das freie Atmen) einen steten Verweis auf die Thematik des Dichtens (das freie Schaffen) dar, das sich gegen die *Atemnot* aufzulehnen hat.[23]

Ein paar Seiten nach der radikalen Unterteilung findet sich die Gegenüberstellung des wahrhaftigen Dichters André Chénier (1762–1794) und dessen jüngeren Bruders, des Theaterschriftstellers Marie-Joseph Chénier (1764–1811), der auf der Seite der Jakobiner stand, offizieller Schriftsteller unter Robespierre war – und heute fast völlig vergessen ist. Die »Literatur« – im zitierten pejorativen Sinne – wird vom wahren Dichter gesprengt:

MANDELSTAM, MITTE DREISSIGER JAHRE

Es waren zwei Brüder Chénier – der verachtungswürdige jüngere gehört ganz der Literatur, der hingerichtete ältere hat diese seinerseits hingerichtet /II, 188/. Der wirkliche Schriftsteller sei ein *Todfeind der Literatur* /II, 184/. Und die Konsequenz: *Ich reiße den Pelz der Literatur von meinen Schultern und zertrete ihn mit meinen Füßen* /II, 189/.

Mandelstams Sicht André Chéniers als eines literarischen Märtyrers, als eines Verstoßenen und »Ungedruckten« bestätigt sich auch in einer Anekdote, die Anna Achmatowa in ihren Erinnerungen an Mandelstam festgehalten hat. Einen jungen Dichter, der sich beklagte, er werde nicht gedruckt, habe Mandelstam mit den Worten abgewiesen: *Hat man André Chénier gedruckt, Sappho, Jesus Christus?*[24] In der zitierten Gegenüberstellung der Gebrüder Chénier wie in der Anekdote drückt sich jedoch auch Zuversicht aus: die Nachkommenden werden späte Gerechtigkeit üben und das bewahren, was ihnen notwendig erscheint.

Bereits 1914 hatte Mandelstam in einer Variante zur *Ode an Beethoven* den Franzosen als Märtyrer markiert, der jedoch in seiner Fahrt zum Schafott seine Apotheose erfährt. Die Assoziation mit Beethoven ist nicht nur dadurch einleuchtend, daß Chénier in den ihm gewidmeten *Notizen* als Dichter einer antiken, dionysischen *Entfesselung* gefeiert wird, sondern auch durch die Idee eines Opfers des Künstlers, der trotz aller Verkennung durch seine Zeitgenossen, trotz aller persönlicher Gebrechen mit Beharrlichkeit und Opferbereitschaft seinen zukunftsstiftenden Weg weiterverfolgt.

Тебя предчувствуя в темнице
Шенье достойно принял рок,
Когда на черной колеснице
Он просиял, как полубог. /IV,88/

Dich vorausahnend im Kerker,
nahm Chénier würdig sein Schicksal auf sich,
als er auf dem schwarzen Wagen
erstrahlte wie ein Halbgott.

Mit der *Vierten Prosa* von 1929/30 bekommt Mandelstams Wertschätzung der *Iambes* Chéniers, die er schon 1922 beinah prophetisch als *notwendige Lektüre* des Akmeismus bezeichnet hatte, einen neuen Sinn. Die Zeit einer Dichtung als Auflehnung, einer Dichtung mit polemischem Atem war gekommen. Das Programm war von Chénier im letzten Gedicht vor der Hinrichtung formuliert worden:

Car l'honnête homme enfin, victime de l'outrage,
Dans les cachots, près du cercueil,
Relève plus altier son front et son langage,
Brillants d'un généreux orgueil.
S'il est écrit aux cieux que jamais une épée

N'étincellera dans mes mains;
Dans l'encre et l'amertume une autre arme trempée
Peut encor servir les humains.[25]

Die beiden gegensätzlichen Positionen, wie sie im letzten der *Iambes* zum Ausdruck kommen, nämlich die würdige Annahme seines Schicksals, des nahen Todes, und der Widerstand, die Auflehnung im Namen der Ethik und eines urtümlichen Lebensprinzips, bezeichnen genau die Pole des Mandelstamschen Schaffens der dreißiger Jahre. Zunächst André Chénier:

Vienne, vienne la mort! – Que la mort me délivre!
Ainsi donc mon cœur abattu
Cède au poids de ses maux? Non, non. Puissé-je vivre!
Ma vie importe à la vertu.

Der Wille, dem eigenen Schaffen zum Nutzen der Nachkommenden bis auf den Tod treu zu bleiben, vermag denn bei Chénier über die Todessehnsucht zu triumphieren.

Bereits zu Beginn der dreißiger Jahre finden sich bei Mandelstam Gedichte voller Vorahnungen von Terror, Verfolgung, Hinrichtung. Im bedeutendsten von ihnen nimmt Mandelstam seine Rolle an, geht dem Tod ohne Widerstand entgegen, sucht gleichsam seine Hinrichtung. Bemerkenswert, daß Mandelstams Vision eine archaische Hinrichtungsart vorführt, wie *zu Zeiten Peters des Großen*: die Exekution auf dem Richtblock, mit einem Beil. Die Enthauptung – wie im Falle André Chéniers. Die dritte und letzte Strophe des Gedichtes *Nun bewahr es, auf immer, mein Wort* vom 3. Mai 1931:

Лишь бы только любили меня эти древние плахи!
Как нацелясь на смерть городки зашибают в саду,
Я за это всю жизнь прохожу хоть в железной рубахе
И для казни петровской в лесу топорище найду. /I,167/

Dieser uralte, eisige Richtblock – ach könnt er mich lieben!
Wie sie Stöcke dort schleudern im Garten: und lenken
sie tödlich ins Ziel –
Ja für dies nun geh ich nur im eisernen Hemd durch das Leben,
Werd sie finden, die Axt dort im Wald – für den letzten,
den köpfenden Hieb.

(Übertragung: RD)[26]

Dieses markanteste Zeugnis einer Annahme seiner Rolle läßt jedoch, auf dem Hintergrund des paradoxalen Satzes in der *Vierten Prosa* (der hingerichtete Chénier habe die »Literatur« seinerseits hingerichtet) eine weitere Lektüre zu: Mandelstam, der seiner Hinrichtung entgegengeht, ist selber das künstlerische Todesurteil für die genehmigte, die offizielle Literatur.

Der Gegenpol zur Annahme wird in Mandelstams Spätwerk jedoch mit mehr Beharrlichkeit wiederholt: der Widerstand, das Bestreben, die letzten Schaffensimpulse noch dem Tod abzuringen, sich für die Nachkommenden nützlich zu erweisen – ein Bestreben, das sich bis in die letzten Gedichte der Verbannungszeit auswirkt, bis in den verhaltenen, doch zähen Akt der Auflehnung, den die *Woronescher Hefte* bedeuten.

Bereits 1931 heißt es im Gedicht auf die Rückkehr des Dichters in sein Petersburg-Leningrad (nach der Reise nach Armenien, die neuen Lebenswillen und neue Schaffenskraft brachte)[27]:

Петербург! я еще не хочу умирать:
У тебя телефонов моих номера. /I,158/

Petersburg! Ich will noch nicht sterben!
Du hast die Nummern meiner Telephone.

Dieses *Ich will noch nicht sterben* ist ein wörtliches Zitat aus einem der letzten Gedichte André Chéniers, aus *La jeune captive* von 1794:

L'épi naissant mûrit de la faux respecté;
Sans crainte du pressoir, le pampre tout l'été
Boit les doux présents de l'aurore;
Et moi, comme lui belle, et jeune comme lui,
Quoi que l'heure présente ait de trouble et d'ennui,
Je ne veux point mourir encore.[28]

In Mandelstams Vers klingt jedoch auch ein Echo auf das Gedicht jenes anderen russischen Chénier-Lesers mit, auf Alexander Puschkins *Elegie* von 1830. Das Gespräch zu dritt ist auch in den dreißiger Jahren noch nicht abgeschlossen.

Но не хочу, о други, умирать;
Я жить хочу, чтоб мыслить и страдать.[29]

Doch ich will nicht sterben, o Freunde;
Leben will ich, um zu denken und zu leiden.

Mandelstams Bekenntnis zum Leben-Wollen durchzieht wie ein Leitmotiv sein ganzes Spätwerk: in einem Gedicht von 1931 (... *und dennoch will ich leben bis auf den Tod* /I, 163) ist es ebenso präsent wie in der Verbannung, im Jahre 1935 (*Ich muß leben, auch wenn ich schon zweifach tot bin* /I, 213) oder 1937 (*Noch bin ich nicht tot, noch bin ich nicht allein* /I, 239).[30]

Chénier hatte sich zu leben verpflichtet, um die *bourreaux*, die Henker bei der Nachwelt anzuklagen, die *massakrierten Gerechten* bei der Zukunft zu empfehlen und deren Nachkommen zu trösten. Die Empörung ist seine letzte Aufgabe, deren Übermittlung sein letztes Motiv, auszuhalten:

O ma plume! fiel, bile, horreur, Dieux de ma vie!
Par vous seuls je respire encor[31]

Mandelstam hat auch in dieser Hinsicht das Werk Chéniers fortgesetzt – und dafür wie er mit dem Leben bezahlt. Das berühmte Epigramm gegen Stalin (vom November 1933), in dem Mandelstam Chéniers Sprache spricht und den Tyrannen als Seelenschänder charakterisiert, war der mutmaßliche Grund für seine erste Verhaftung am 13. Mai 1934. Der *Bergmensch im Kreml*, der sich die Dienste *schmalhalsiger Halbmenschen* zunutze macht und eine Order nach der andern schmiedet (*Dem in die Leisten, dem in die Stirn, dem in die Braue, dem ins Aug* /I, 202/) wird mit der Verve und dem galligen Stil Chéniers entlarvt:

Мы живем, под собою не чуя страны,
Наши речи за десять шагов не слышны,

А где хватит на полразговорца, —
Там припомнят кремлевского горца.

/Variante:
Только слышно кремлевского горца —
Душегубца и мужикоборца./

Его толстые пальцы, как черви, жирны,
А слова, как пудовые гири, верны.

Тараканьи смеются усища,
И сияют его голенища.

А вокруг его сброд тонкошеих вождей,
Он играет услугами полулюдей.

Кто свистит, кто мяучит, кто хнычет,
Он один лишь бабачит и тычет.

Как подковы кует за указом указ —
Кому в пах, кому в лоб, кому в бровь, кому в глаз.

Что ни казнь у него, — то малина
И широкая грудь осетина. /I,202, (511)/

Und wir leben, doch die Füße, sie spüren keinen Grund,
Auf zehn Schritt nicht mehr hörbar, was er spricht,
unser Mund.

Doch wenn's reicht für ein Wörtchen, ein kleines –
Jenen Bergmensch im Kreml, ihn meint es.

(VARIANTE:
Nur zu hören – vom Bergmensch im Kreml, dem Knechter,
Vom Verderber der Seelen und Bauernabschlächter.)

Seine Finger wie Maden so fett und so grau,
Seine Worte wie Zentnergewichte genau.

Lacht sein Schnauzhaar dann – wie Küchenschaben,
Und sein Stiefelschaft glänzt hocherhaben.

Um ihn her – seine Führer, die schmalhalsige Brut,
Mit den Diensten von Halbmenschen spielt er, mit Blut.

Einer pfeift, der miaut, jener jammert,
Doch nur er gibt den Ton – mit dem Hammer.

Und er schmiedet, der Hufschmied, Befehl um Befehl –
In den Leib, in die Stirn, dem ins Auge, fidel.

Jede Hinrichtung schmeckt ihm – wie Beeren,
Diesem Breitbrust-Osseten zu Ehren.

(Übertragung: RD)

Und noch in den *Woronescher Heften* zeigen sich Echos auf die jambische Inspiration des Franzosen, wo auf den angespielt wird, *den unser Schrei im Schlaf uns nennt*, jenen *Judas für die Völker der Zukunft* /I, 238/ – ohne Zweifel ist auch hier Stalin gemeint.[32]

Ab der *Vierten Prosa* – und mit Chénier, dem wirklichen Dichter, als Beistand und Inspirator – erneuert Mandelstam sein Konzept des *literarischen Zorns*, wie er es im letzten Kapitel des *Rauschens der Zeit* (1925) umrissen hatte, der Dichtung damit die Gestik der Verve und der Impulsivität verleihend: *Literarischer Zorn! Wenn du nicht wärest, womit sollte ich dann das Salz der Erde essen? Du bist die Würze zum ungesäuerten Brot der Einsicht, du bist das frohe Bewußtsein des Unrechts, du bist das Verschwörersalz, das mit boshafter Verneigung von Jahrzehnt zu Jahrzehnt weitergereicht wird, im geschliffenen Salzfaß, auf einem Handtuch* /II, 103/.

Wie Chénier sich einst als Sohn des Archilochos definiert hatte, des ersten Schöpfers jambischer Dichtung, einer Dichtung der Empörung und Auflehnung (*Fils d'Archiloque, fier André,/ Ne détends point ton arc, fléau de l'imposture*)[33], definiert sich Mandelstam nach der *Vierten Prosa* als aufsässigen und ungehorsamen Dichter. *Meine Arbeit wird, wie immer sie sich äußern möge, als Ungezogenheit aufgenommen, als Gesetzlosigkeit, als etwas Zufälliges. Aber dies ist ja mein Wille, ich bin damit einverstanden. Ich unterschreibe mit beiden Händen* /II, 191/.

André Chénier hatte damit seine Rolle als Modell erweitert. Nach jenen rein die Poetik betreffenden Anregungen in der frühen und mittleren Dichtung gab er dem späten Mandelstam das Beispiel eines Moralisten und Empörers, versah den Dichter ganz allgemein mit einer eminent ethischen Rolle. Doch da ist noch ein anderer französischer Empörer und Moralist, der mit seinen den Chénierschen *Iambes* nachempfundenen Werken die Aufmerksamkeit Mandelstams hatte gewinnen können.

Eine Revolution und ihre Erträge
(Auguste Barbier)

Si je disais que le but d'Auguste Barbier a été
la recherche du beau, sa recherche exclusive
et primordiale, je crois qu'il se fâcherait . . .
CHARLES BAUDELAIRE, 1861

(Wenn ich sagen würde, das Ziel Auguste Barbiers, sein ausschließliches und ursprüngliches Trachten, sei die Schönheit gewesen – ich glaube, er würde zornig werden . . .)

In Mandelstams Werk ist das Jahr 1923 vom Interesse für Auguste Barbier (1805–1882) geprägt, für den Dichter der Juli-Revolution von 1830. Mandelstam hat in jenem Jahr nicht nur einen Aufsatz über Barbier verfaßt und eine Reihe seiner Gedichte ins Russische übertragen, sondern auch einen eigenen lyrischen Text geschaffen, in dem sich die Beschäftigung mit diesem Autor, mit der Juli-Revolution wie mit dem Wesen der Revolutionen überhaupt widerspiegelt. Mandelstam war nicht der erste russische Dichter, der sich von diesem Franzosen betroffen fühlte. Im erwähnten Aufsatz ist auch von Barbiers früher Aufnahme durch die Russen die Rede: Michail Lermontow (1814–1841) etwa *verschlang ihn auf der Hauptwache und erfuhr seinen kraftvollen Einfluß* /III, 48/.

Daß Mandelstam selber den heute eher als zweitrangig eingestuften Auguste Barbier für wichtig hielt, belegt allein schon die Tatsache, daß er in seinem Text drei Namen ins Spiel bringt, deren Gewicht für ihn außer Zweifel steht. Barbier, *Meister großer poetischer Vergleiche*, die geradezu geschaffen seien für die Rednerbühne, habe die Kraft seiner Bilder unmittelbar bei Dante gelernt, dessen eifriger Verehrer er gewesen sei (ein Text in Barbiers erstem Gedichtband trägt den Titel *Dante*). In diesem Zusammenhange sei nicht zu vergessen, daß die *Göttliche Komödie* Dantes für ihre Zeit das *bedeutendste politische Pamphlet* darstelle /III, 47 f./. Es ist, als ob Mandelstam hier sein eigenes *Gespräch über Dante* ankündige, das zehn Jahre nach dem Aufsatz über Barbier entstehen sollte. Der zweite Name: die Dichtung Barbiers fessle durch einen *fast Puschkinschen Zug*, durch Kürze und Prägnanz, die *Fähigkeit, mit einer Zeile, mit einem treffenden Ausdruck das ganze Wesen einer großen historischen Erscheinung zu deuten* /III, 49/.

Den dritten Vergleich hat Barbier selber gesucht. Allein schon mit dem Titel seiner *Iambes* von 1831, polemischen Gedichten auf die Versager und Profiteure der Juli-Revolution, verweist er auf André Chéniers späte Dichtung zurück, fügt sich in eine vom letzteren begründete Tradition. *Er wählte den kühnen jambischen Vers, wie vor ihm schon Chénier, einen Vers, der vom Metrum gedrängt wird, mit energischen Akzenten, geeignet für eine machtvolle oratorische Rede, zum Ausdruck von staatsbürgerlichem Groll und von Leidenschaft* /III, 47/.

Barbier ist einzig über das geschichtliche Ereignis verständlich, das ihn bewegt und dessen Mißbrauch ihn empört hat. 1830 lösten sich in Paris nur gerade zwei Monarchien ab – die glorreichen *drei Tage* vom 27.–29. Juli standen zwischen Charles X., dem Monarchen der Restauration, der die Pressefreiheit abschaffte und die Grundbesitzer als einzige Wahlberechtigte zulassen wollte, und dem Bürgerkönig Louis-Philippe, dem Monarchen der Financiers und Börsenmagnaten. Mandelstam kommentiert in seinem Aufsatz Ereignis wie Empörer: *Die Juli-Revolution des Jahres 1830 war eine klassisch erfolglose Revolution. Wahrscheinlich ist mit dem Namen des Volkes noch nie so zynisch Mißbrauch getrieben worden. /. . ./ Barbier war kein Augenzeuge der »drei Tage«. Seine Dichtung entsprang der Wahrnehmung des Kontrastes zwischen der Mächtigkeit des Orkans, der da vorbeigerast war, und der Dürftigkeit der erreichten Resultate* /III, 46/.

In der Tat hatte Barbier in seinen Gedichten das Ermatten des Juli-Elans beklagt, die Kurzatmigkeit des nur drei Tage anhaltenden revolutionären Eifers:

Flot hardi qui trois jours s'en va battre les cieux,
Et qui retombe après, plat et silencieux!

(aus *La Cuve*)

Et quand parfois au cœur il nous vient une haine,
Nous devenons poussifs, et nous n'avons d'haleine
Que pour trois jours au plus.

(aus *Quatre-vingt-treize*)[1]

Nicht unähnlich demjenigen der Juli-Revolution war jedoch Barbiers dichterischer Elan nach dem energischen Wurf der *Iambes* erlahmt. Mandelstam ist sich der Grenzen dieses Autors wohl bewußt: *Nach diesem Bündel von Jamben verlor sich der Atem des großen Stils bei Barbier. Er lebte noch lange – bis zum Jahre 1882, reiste in Italien und England, besang azurblaue Grotten und antike Friedhöfe und hinterließ eine Reihe sentimentaler Poeme im Geiste von Gerechtigkeit und Humanität* /III, 48/.

Im ganzen jedoch ist Mandelstam Auguste Barbier gegenüber weit nachsichtiger als etwa Baudelaire, der den Jambendichter zwar wiederholt als *grand poète* apostrophiert, ihm jedoch seine Abhängigkeit von der Gelegenheit, vom geschichtlichen Ereignis, seine Hingabe an Idee, Nützlichkeit und Moral vorgehalten und die *platte Feierlichkeit* seines nach-jambischen Werkes unterstrichen hatte.[2] Wie lassen sie sich nun erklären, Mandelstams Nachsicht und Milde, ja sein offenes Interesse für einen Autor von – laut Baudelaire – hohen dichterischen Fähigkeiten, der dieselben jedoch durch eine falsche Vorstellung von dem, was Dichtung sei, *vergeudet* habe? Ein Blick auf Umstände und Eigenart der Barbier-Übertragungen Mandelstams könnte eine Antwort zu Tage fördern.

»DIES IST DIE MACHT«

Nadeschda Mandelstam hat im zweiten Teil ihrer Memoiren festgehalten, Mandelstams einzige ernsthaften, von ihm selber gutgeheißenen Versübersetzungen –

bei einem ansonsten tiefen Mißtrauen dieser Ausprägung der Arbeit am Wort gegenüber – seien die russische Übertragung von *Gogotur und Apšina* des georgischen Dichters Važa Pšavela und seine Auswahl von Gedichten Auguste Barbiers gewesen.[3] Im ersten Teil der Memoiren findet sich darüber hinaus der Hinweis, die Übertragung des Barbier-Gedichtes *La Curée* sei kein Zufall gewesen, habe Mandelstams Auseinandersetzung mit seiner eigenen Epoche bedeutet.[4] Da liegt ein Grund für Mandelstams Nachsicht gegenüber oratorischem Überschwang: Barbicr war Symbol der dichterisch-kritischen Befragung einer Revolution und ihrer Erträge, Anstoß für einen russischen Dichter, über die neuen historischen Gegebenheiten mit seinem, dem dichterischen Instrumentarium nachzudenken.

Außer dem bereits erwähnten Gedicht *La Curée* hat Mandelstam den Text *Quatre-vingt-treize* vollständig ins Russische übertragen. Aus *L'Emeute*, *La Popularité*, *L'Idole* (alle aus dem Gedichtband *Iambes*) und *Le Gin*, dem Gedichtband *Lazare* entnommen, liegen charakteristische Passagen vor /I, 334–340; II, 465 ff./. Die Kritiker haben bereits festgestellt, daß Mandelstam, mit seiner Neigung zur kühnen Metapher und zum Oxymoron, die ausdrucksstarken Bilder Barbiers noch verstärkt und verdichtet, ihnen gar einen Zug ins Groteske und Phantastische verliehen[5], die Bedrohlichkeit des geschichtlichen Ereignisses unterstrichen und die Sehweise – dies ein deutlich akmeistisches Wesensmerkmal – konkreter, »betastbarer« gemacht habe.[6]

Genauer betrachtet sei hier die bedeutsamste Wahl, die wichtigste Barbier-Übertragung Mandelstams: *Hundezank*. Es ist die Übertragung von *La Curée*, Barbiers zu Recht berühmtestem Gedicht, das im August 1830 entstanden war, unmittelbar nach den Ereignissen der Juli-Revolution. Dargestellt wird die Perversion eines hohen

Ideals, die Wucht einer Volkserhebung und das darauf folgende zynische Gerangel um ein Stück von der Macht. Paris ist nur noch

Une halle cynique aux clameurs insolentes
Où chacun cherche à déchirer
Un misérable coin des guenilles sanglantes
Du pouvoir qui vient d'expirer.[7]

Höhepunkt des Gedichtes sind allegorische Szenen einer Jagd, und aus dem Jagdbereich stammt auch der Titel dieses Werkes: die *curée* bezeichnet jenen Anteil der gehetzten und erlegten Tiere (bei Barbier ist es ein Eber), welcher der Hundemeute zur Belohnung vorgeworfen wird – und darüber hinaus das Gezänk der Hunde um die besten Stücke. Nach dem von den Jägern gegebenen Signal gelten andere Gesetze – wie es in Mandelstams Übertragung heißt: *Vorwärts! nun herrschen die Hunde!* /II, 468/.

An der entscheidenden Stelle greift Mandelstam, sonst konkreter, dingbezogener als Barbier, zu Abstrakta aus dem Bereich des Rechtswesens, um den Abbruch einer überkommenen Gesetzgebung, das Inkrafttreten neuer, unkontrollierbarer Regeln, die Unausweichlichkeit der neuen Gegebenheiten hervortreten zu lassen. Bei Barbier heißt es:

Et tous, comme ouvriers que l'on met à la tâche,
Fouillent ces flancs à plein museau,
Et de l'ongle et des dents travaillent sans relâche,
Car chacun veut un morceau;
Car il faut au chenil que chacun d'eux revienne
Avec un os demi-rongé . . .[8]

Und bei Mandelstam:

И, как охочая к труду мастеровщина,
Налягут все на теплый бок,
Когтями мясо рвут, хрустит в зубах щетина, —
Отдельный нужен всем кусок.
То право конуры, закон собачьей чести:
Тащи домой наверняка /II,468/

Und wie eine arbeitswillige Handwerkerschar
legen alle sich auf die noch warme Seite
/des erlegten Tieres/,
zerreißen das Fleisch mit den Krallen, auf den Zähnen
knirschen die Borsten –
jeder braucht ein besonderes Stück.
Dies ist das Recht /die Justiz/ des Hundezwingers,
das Gesetz der Hunde-Ehre:
schlepp es sicher nach Hause . . .

Die Abweichungen vom Original sind bedeutsam, prallen hier paradoxal, als einander entgegengesetzte Verfahren aufeinander: zunächst die extreme Konkretheit der Übertragung (die auf den Hundezähnen knirschenden Borsten des Ebers), dann die Konzentration von Abstrakta – *Recht, Gesetz, Ehre.* Die aufgereihten großen Prinzipien sind jedoch angesichts der Zerfleischungsszene reine Euphemismen, ja gar Antiphrasen, das genaue Gegenteil der hohen Ideale: die Perversion der drei Prinzipien bestimmt die Allegorie des Jagdgeschehens.

Dem Übersetzer war es offensichtlich um die Betonung genereller Gesetzmäßigkeiten, um das Wesen der Umwälzungen gegangen – letztlich um eine Studie der Macht und ihrer (Neu-)Verteilung. Ganz in diesem Sinne interpretiert und gestaltet Mandelstam den Schluß des Gedichtes, wenn er den bei Barbier auftauchenden Ausdruck *Anteil an der Königlichkeit* schroff und lapidar mit dem Wort *Macht* resümiert:

Il lui montre /der Hund seiner Hündin/ *sa gueule encor rouge, et qui grogne,*
Son os dans les dents arrêté,
Et lui crie, en jetant son quartier de charogne:
»Voici ma part de royauté!«[9]

Чтоб он ей показал, как должно семьянину,
Дымящуюся кость в зубах
И крикнул: «Это власть!» — бросая мертвечину —
«Вот наша часть в великих днях...» /II,468/

Damit er ihr zeigen möge, wie es sich für den Familienmann geziemt,
den dampfenden Knochen zwischen den Zähnen,
und schreien möge: »Dies ist die Macht!« – ein Stück Aas hinwerfend –
»Dies ist unser Anteil an den großen Tagen . . .«

Das Wort *Aas* (charogne) kommt zwar auch in Barbiers Text vor – die direkte Assoziation von *Macht* mit *Aas* jedoch ist die geißelnde Pointe der Übertragung Mandelstams.

Dies ist die Macht – Barbiers *Iambes* boten Mandelstam eine Fülle an dichterischem Material für seine Reflexion über Umwälzung und Macht, seine eigene kritische Auseinandersetzung mit der Epoche. Selbst an Stellen, die er nicht ins Russische übertragen hat, mußte er auf Vertrautes wie Nutzbares gestoßen sein. Herausgegriffen sei das für Mandelstams Dichtung der zwanziger wie der dreißiger Jahre höchst bedeutsame Motiv der Atemnot (vgl. auch S. 133 f.), das Motiv des erschwerten oder gar *geraubten* Atems. In der alten armenischen Legende, die Mandelstam im letzten Kapitel seiner *Reise nach Armenien* von 1933 nacherzählt und die ein Spiegelbild seiner eigenen Situation darstellt, hat der Assyrer Šapuch dem gestürzten König Aršak alles genommen, selbst seine *Atemluft* /II, 175/.[10] Bei Auguste Barbier war das seltsame Motiv vorformuliert. Im Gedicht *L'Idole*, einer Schmähung des Napoleonkultes, ruft Barbier in Erinnerung, welche Demütigungen das französische Volk durch den Zerfall der Herrscherträume Napoleons hatte hinnehmen müssen:

J'ai vu l'homme du Nord, à la lèvre farouche,
Jusqu'au sang nous meurtrir la chair,
Nous manger notre pain, et jusque dans la bouche
S'en venir respirer notre air.[11]

Barbier war entdeckt, erschlossen, konnte ab diesem prägenden Jahr 1923 in Mandelstams Werk Eingang finden. Im aus demselben Jahre stammenden kurzen Prosatext *Ein kalter Sommer*, einem Porträt des nachrevolutionären Moskau, verweist Mandelstam auf Barbier, zitiert wie selbstverständlich aus dessen *Curée. Ich erinnere mich an einen der* Iambes *Barbiers: »Als die schwere Sommerglut die großen Steine brannte«. In den Tagen, da die Freiheit geboren wurde – »diese grobe Magd, Mauerschwalbe der Bastille« – war Paris rasend vor Hitze, und wir sollen in Moskau leben, dem grauäugigen und stupsnasigen, mit seiner Spatzenkühle im Juli* /II, 130/ . . . Der Ort der Erinnerung ist bedeutsam, die Parallele schwerwiegend: im nachrevolutionären Moskau erinnert sich Mandelstam an das Paris des Jahres 1830, an den Schauplatz der zynisch mißbrauchten Juli-Revolution. Aus dem scheinbar so harmlosen Städteporträt dringt bittere Ironie: natürlich wußte Mandelstam sehr wohl (in seinem Artikel über Barbier hatte er die Erfolglosigkeit der Juli-Revolution hervorgehoben), daß in *jenen Tagen* keinerlei Freiheit geboren wurde . . . Wie viel ein anderes Prosawerk, *Die ägyptische Briefmarke* (1928), deren Handlung zwischen der Februar- und der Oktoberrevolution von 1917 spielt, in atmosphärischer Hinsicht, für Thematik wie Charaktere, den Revolutionsgemälden der Barbierschen *Iambes* verdankt, ist unlängst in einer Studie über diesen bizarrsten Prosatext Mandelstams nachgewiesen worden.[12]

Und dann ist da von einem Gedicht des bestimmenden Jahres 1923 zu sprechen, in dem Mandelstams Beschäftigung mit Barbier und dem Wesen seiner Juli-Revolution wie anderer Umwälzungen ein unverkennbares, wenngleich seltsam mittelbares Echo fand.

DIE SPRACHE DES PFLASTERSTEINS

Die zynische und brutale Welt der *Hundezank*-Übertragung wird aus den Angeln gehoben. Mandelstams eigener lyrischer Text verlegt die Ereignisse in ein wunderlich anmutendes Universum. Die unzweideutige Allegorie der Hundehatz weicht vielschichtiger Symbolik, das Zwiespältige wird bestimmendes Prinzip in einem Gedicht voller Anspielungen auf Geschichtliches, auf Bilder und literarische Texte – neben ganz persönlichen Erinnerungen. Denn Mandelstam kennt die Stadt des Geschehens aus eigener Anschauung. Bei der Erstveröffentlichung des Gedichtes in einer Zeitschrift trug es den einfachen Titel *Paris*, bei einer nächsten Publikation: *Urahne der Städte*. Der zweite Ausdruck kommt im Gedicht selber vor und ist eine Entlehnung aus der *Hundezank*-Übertragung. Mandelstam selber hatte der Stadt diesen Titel verliehen und aus dem Vorgegebenen, aus Barbiers Vers *Paris, cette cité de lauriers toute ceinte* etwas Eigenes geschaffen: *Urahne der Städte, Lorbeerhauptstadt* /II, 467/. Hier zunächst der vollständige Text des Gedichtes:

Язык булыжника мне голубя понятней,
Здесь камни — голуби, дома как голубятни,
И светлым ручейком течет рассказ подков
По звучным мостовым прабабки городов.
Здесь толпы детские, событий попрошайки,
Парижских воробьев испуганные стайки

Клевали наскоро крупу свинцовых крох,
Фригийской бабушкой рассыпанный горох,
И в воздухе плывет забытая коринка,
И в памяти живет плетеная корзинка,
И тесные дома — зубов молочных ряд —
На деснах старческих как близнецы стоят.

Здесь клички месяцам давали как котятам,
И молоко и кровь давали нежным львятам,
А подрастут они — то разве года два
Держалась на плечах большая голова.
Большеголовые — там руки поднимали
И клятвой на песке как яблоком играли.
Мне трудно говорить: не видел ничего,
Но все-таки скажу: я помню одного,
Он лапу поднимал, как огненную розу,
И как ребенок всем показывал занозу,
Его не слушали; смеялись кучера,
И грызла яблоки, с шарманкой, детвора,
Афиши клеили, и ставили капканы,
И пели песенки, и жарили каштаны,
И светлой улицей, как просекой прямой,
Летели лошади из зелени густой. /I,109f./

Der Pflasterstein, er spricht mir klarer als die Taube,
Die Häuser könnt man hier als Taubenschläge glauben,
Wie helle Bäche schildern Hufe ihren Klang
Der Ahne aller Städte auf den Straßendamm.
Hier betteln Kinderscharen um Begebenheiten,
Geschreckte Spatzenschwärme picken hastig weiter
Gewohnte Grütze, Krümel aus Pariser Blei –
Die Phryger Großmama gab diesen Erbsenbrei,
Und in der Luft, da schwebt vergessen eine Beere,
Und im Gedächtnis lebt ein Flechtkorb und wird schwerer,
Und enge Häuser – enge Milchzahnreihe steht
Ganz zwillingsnah auf einer Greisin Zahnfleischbett.

Monate tauften sie einst hier wie junge Katzen
Und gaben Milch und Blut den zarten Löwentatzen,
Und wuchsen sie heran – so war dem großen Haupt

Auf diesem Rumpf zwei Jahre Bleibe nur erlaubt.
Großhäuptig standen sie, erhoben ihre Hand
Und spielten mit dem Apfel – ihrem Schwur – im Sand.
Mir fällt es schwer zu sprechen: nichts hab ich gesehn,
Und dennoch sage ich: genau erinnr' ich Den,
Der wie ein Kind die Pfote (Feuerrose) zeigte
Und, daß sie seinen Splitter sähen, allen reichte –
Sie hörten ihn nicht an. Die Kutscher lachten los,
Und Kinder aßen Äpfel, ein Leierkasten kost
Das Ohr, sie klebten auch Plakate, stellten Schlingen
Und rösteten Kastanien, ihre Liedchen singend,
Und in den hellen Straßenschneisen, ungestüm,
Da flogen Pferde jäh hervor aus dichtem Grün.

(Übertragung: RD)

Allein schon die Metrik ist in diesem Mandelstam-Gedicht Verweis auf die französische Kultur, auf den Vers der französischen Klassik, den Zwölfsilber, den Alexandriner mit Paarreim (bei Mandelstam eine metrische Rarität), wobei selbst die klassische Zäsur in der Versmitte eingehalten ist. In dieser klaren Form spielt sich Zwiespältiges ab, bereits im Wechsel der Zeiten des Verbs sichtbar werdend: Vergangenheit und Gegenwart lösen sich mehrmals ab, die Ebenen vermischen sich, Ereignisse verschiedener Epochen treten in Kontakt zueinander. Zugleich tut sich der Kontrast auf zwischen einem durch sein Greisentum auffallenden Rahmen des Geschehens (die *Urahne* der Städte, die phrygische *Großmutter*) und der Kinderwelt, die in diesem Rahmen sich entfaltet. Die Ambivalenz des Lebensalters, die in der ersten Strophe herrscht, wird am Schluß derselben paradoxal verdichtet (*Milchzähne* auf dem *Zahnfleisch von Greisen*), um sich schließlich in der zweiten Strophe zugunsten des kindlichen Elementes aufzulösen.[13] Die Bilder und Dinge sind in eine eigentümliche Spielwelt hereingeholt, deren Tonalität durchaus als *hell* bezeichnet werden kann (die-

EUGÈNE DELACROIX, LA LIBERTÉ GUIDE LE PEUPLE (1830)

ses Adjektiv kommt in beiden Strophen vor). Scheinbar ist hier gar nicht von geschichtlichen Umwälzungen die Rede, sondern von Erinnerungen an eine kindlich-sichere Welt. Gewalt wird immer umgangen oder umschrieben.

Die Herkunft der Bilder jedoch, die Quellen der Anspielungen, die hier am Werk sind, sprechen eine andere Sprache. Dominierend sind die Verweise auf Geschehnisse rund um die Französische Revolution von 1789, zu ihnen gesellen sich Echos auf die Volkserhebungen des 19. Jahrhunderts: die Revolutionen von 1830 und 1848, die *Commune* von 1871.

Unmißverständlichster Verweis ist der Ausdruck *phrygische Großmutter* in Vers 8. Das Adjektiv ruft *le bonnet phrygien* in Erinnerung, jene charakteristische rote Mütze der Revolutionäre von 1789. Die berühmteste bildliche Revolutionsdarstellung, *Die Freiheit führt das Volk* von

Eugène Delacroix, 1830 nach der Juli-Revolution entstanden, zeigt eine kämpfende junge Frau, Allegorie von Revolution und Freiheit, in der Linken das Gewehr, in der Rechten die Trikolore und als Kopfbedeckung ebenjene phrygische Mütze. Daß die Frau bei Mandelstam zur Großmutter gealtert ist, deutet auf die Distanz zum geschichtlichen Geschehen, unterstreicht die Zeitlichkeit der Umwälzungen – was gestern jung war, gibt sich heute schon greisenhaft.

Der Beginn der zweiten Strophe beschwört den Revolutionskalender, die Neubenennung der Monatsnamen (Messidor, Thermidor usw.), den Versuch, Geschichtlichkeit als Kontinuität zurückzulassen und die Zeitrechnung neu beim Nullpunkt zu beginnen. Daß die neu getauften Katzenjungen nicht ewig leben würden, konnte im Elan des Neubeginns noch kein Gegenstand der Überlegung sein. Das darauffolgende Beharren des Dichters auf den *großen Köpfen* und deren Kurzlebigkeit (nur zwei Jahre hielten sich die Köpfe auf den Schultern der *zarten Löwenjungen*, der neugebildeten politischen Gruppierungen) ist der Verweis auf jenen Körperteil, der im Revolutionsgeschehen auf dem Spiele stand, während des Guillotine-Regimes Robespierres, der jakobinischen *grande Terreur* am gefährdetsten war. Der Vergleich der Politiker mit Löwenköpfen wird von der damaligen Gewohnheit der gepuderten Perücken nahegelegt. Jules Michelet in seiner Geschichte der Französischen Revolution: *Mirabeau war anwesend und er zog alle Blicke auf sich. Seine riesenhafte Haartracht, sein Löwenkopf, gekennzeichnet durch eine mächtige Häßlichkeit, setzte in Erstaunen, in Schrecken beinah; man konnte die Augen nicht mehr von ihm wenden.*[14] Ja selbst der *geflochtene Korb*, der noch im Gedächtnis lebt (Vers 10), mag auf Guillotinezubehör hindeuten, auf jenen Korb, in den die Köpfe der Hingerichteten fielen. Für Auguste Barbier jedenfalls war *Korb* und *Henker* eine natürliche Assoziation gewesen (*le panier du bourreau*).[15] Die ausgestreuten *Bleikörner* in Vers 9, die von Spatzenschwärmen aufgepickt werden, könnten die Reste eines gescheiterten Aufstandes bedeuten, weisen von der Französischen Revolution voraus auf das Schicksal der niedergeschossenen *Commune* von 1871. Zeitlich dazwischenliegend: die Juli-Revolution von 1830 und ihr Chronist und Kritiker Auguste Barbier.

Die wichtigste Reminiszenz aus den Barbierschen *Iambes* ist der auftretende einzelne Löwe, der den Splitter in seiner Pfote vorzeigt, von niemandem jedoch angehört wird. Barbiers Gedicht *Le Lion* vom Dezember 1830, einem weiteren Text auf die mißbrauchte Juli-Revolution, führt eine Allegorie des Volkes in der Gestalt des Löwen vor, dessen Kraft ihm zunächst bei allen Respekt verschafft, der jedoch von einer Schar raffinierter Profiteure (als Zwerge dargestellt) getäuscht wird und sich schließlich mit einem Maulkorb wiederfindet.

J'ai vu pendant trois jours, j'ai vu plein de colère
Bondir et rebondir le lion populaire
Sur le pavé sonnant de la grande cité.[16]

Diese drei Verse zitiert Mandelstam auf russisch in seinem Artikel über Barbier /III, 48/. Dort erscheint der dritte Vers genau in der Form, wie er dem Leser in Vers 4 des hier besprochenen Gedichtes entgegentritt (*Über die klingenden Fahrdämme der Urahne der Städte*). Ein Vers verbindet somit Artikel, Übersetzertätigkeit und Gedicht, unterstreicht die Einheit und Genre-Unabhängigkeit der Beschäftigung Mandelstams mit Barbier.

Im Gedicht ist auch der Barbiersche Löwe, gleich den andern Elementen, in die Kinder- und Spielwelt integriert. Er wird als verletzlich dargestellt, sucht Anteilnahme *wie ein Kind* (Vers 22). Bei aller Verwandlung der Atmosphäre ist die Allegorie intakt geblieben: noch im-

JACQUES-LOUIS DAVID: LE SERMENT DU JEU DE PAUME (1791)

mer stellt der Löwe das verletzte Volk dar, dessen Bedürfnisse nicht beachtet werden, dessen Erhebung vom Lauf der Geschichte und des Machtkampfs überholt wird.

Die Löwen in der Mehrzahl, als *Großköpfige*, als Vertreter ebendieses Volkes, treiben in den Versen 17 und 18 ein seltsames *Spiel*: die Hände erhebend, spielen sie mit einem Schwur im Sande wie mit einem Apfel. Angespielt wird auf den 20. Juni 1789, auf den Schwur der in der neu beschlossenen Nationalversammlung Tagenden, nicht auseinanderzugehen, bis Frankreich eine neue Verfassung habe. Ort des Geschehens: *Le Jeu de Paume*, die sandbestreute Ballspielhalle zu Versailles, nachdem der König den ursprünglich vorgesehenen Versammlungssaal hatte schließen lassen. Auch von diesem Akt gibt es eine berühmte bildliche Darstellung, von Jacques Louis David (1748–1825) – sowie eine diesem Maler gewidmete politische Ode André Chéniers mit dem Titel *Le Jeu de Paume*, eine Chronik und Interpretation der revolutionären Vorgänge aus Chéniers Sicht, Preisung der

Freiheit und Mahnung an das französische Volk, die neu gewonnene Macht nicht zu mißbrauchen.[17]

Die erwähnten Verse 17 und 18 führen ins Geheimnis der Funktionsweise des Mandelstamschen Gedichtes hinein, in die Eigenart seines spielerisch-assoziativen Verfahrens. Mandelstam inszeniert einen Namen: das *Spiel* mit dem *Apfel* entspringt dem Titelanteil *jeu* (Spiel) und der lautlichen Verwandtschaft von *paume* (Handfläche, mit der, vor der Erfindung des Tennisschlägers, der Ball geschlagen wurde) und *pomme* (Apfel). Neben dem visuellen Gedächtnis und der Erinnerung historischer Sinnbezüge[18] regiert somit ein weiteres Prinzip, vielleicht das am meisten dichterische, dieses eigentümliche Gedicht: die lautliche Assoziation, der Lautanklang.

Mandelstam verdichtet nur das von der Geschichte Vorgegebene, denn die spielerische »Verwechslung« ist eine Ironie dieser Geschichte selbst: ein Ort des Spiels, der gesellschaftlichen Zerstreuung, die Ballspielhalle, wird in der Französischen Revolution zum Ort eines historischen, folgenschweren Schwurs. Gerade da fand sich für den russischen Dichter der Anstoß zu einer assoziativen Inszenierung von geschichtlichem Ereignis als einem großen Spiel. Die äußere Gestalt mag spielerisch sein, die Bedeutung ist schwerwiegend. Außer von Chéniers Odentitel *Le Jeu de Paume* erhielt Mandelstam auch von Auguste Barbier Anregungen. Denn auch bei diesem Autor tauchen Elemente einer Kinder-, Spiel- oder Fabelwelt im Zusammenhang mit der Revolution auf, wenn auch nur als überraschendes Einsprengsel in einem sonst von Pathos und »erwachsener« Rhetorik überrankten Universum. Die Schar von Zwergen aus dem Gedicht *Le Lion* wurde bereits erwähnt. Auch im Text *Quatre-vingt-treize* tauchen die Zwerge auf – die Juli-Revolution wird als zwergenhaftes Unternehmen neben der »großen« Revolution von 1789 bloßgestellt: *Car nous sommes des nains à côté de nos pères,/ Et tu rirais vraiment de nos maigres combats.*[19] Kinder als erstaunte Betrachter des revolutionären Geschehens finden sich im Gedicht *L'Emeute*:

Les femmes en désordre, et les petits enfants,
D'un grand œil étonné, regardant ce qui passe . . .[20]

Die bedeutsamste Stelle jedoch, der Vergleich des Umsturzes mit einem Kinderspiel, liegt in *La Popularité* vor, wo das Volk auf den Pflastersteinen die Kronen der Könige springen läßt *wie einen Kinderreif.* Im Keime ist hier etwas angelegt, was Mandelstam in seinem Gedicht dominieren lassen, steigern und verdichten wird.

Et qui, par un ciel étouffant
Sur les larges pavés fait bondir les couronnes
Comme le cerceau d'un enfant.[21]

Paris ist in Mandelstams Gedicht nicht der Ort einer apokalyptischen Szenerie (wie sie etwa in der *Hundezank*-Übertragung gestaltet ist), sondern *uralte* Hauptstadt eines großen, wiederkehrenden Spiels, reicher Vorrat an Geschichte – und an einfachsten menschlichen Gesten. Die Gewöhnlichkeit und Alltäglichkeit der von Mandelstam erinnerten kunterbunten kleinen Dinge (Lachen, Äpfel, Drehorgel, Plakate, Fangeisen, Lieder, geröstete Kastanien, vorbeifliegende Droschkenpferde im dichten Grün der Alleen des *Bois de Boulogne*), die gegen den Schluß des Gedichtes mit *ihrer* Macht durchbrechen, sind als dauerhafter und zäher dargestellt – »älter« auch, in ihrer paradoxalen Kindlichkeit – als die Umwälzungen. Die Zähigkeit des Zeitverlaufs gibt der Geste des Alltags mehr Nachleben als den großen Revolutionsinszenierungen.

Die Revolution ist im Gedicht Erinnerung, in der Form von Anspielungen gewiß präsent. Das Thema der

Erinnerung ist ganz explizit: *lebt im Gedächtnis*, heißt es in Vers 10.[22] Die Dinge selber tun kund, erzählen, geben Bericht (die *Sprache* des Pflastersteins in Vers 1, die *Erzählung* der Hufeisen in Vers 3). Die Instanz, welche die Botschaften der geschichtlichen Vergangenheit und der dauerhaften Alltäglichkeit vernimmt und in ihrem Gedächtnis verwahrt, ist der Dichter. Welcher Dichter? Das Ich des ersten Verses – nennen wir es Mandelstam – gesellt sich zu demjenigen in den Versen 19 und 20 (nur an diesen zwei Orten taucht ein Ich auf): *Mir fällt es schwer zu sprechen: ich habe nichts gesehen,/ und dennoch sage ich: an einen erinnere ich mich* . . . Auf wen könnte dieses Signalement zutreffen? Auf Auguste Barbier. Mandelstam hatte in seinem Aufsatz betont, Barbier sei kein Augenzeuge der Juli-Revolution gewesen, er habe bei seiner Rückkehr nach Paris nur die Spuren des Orkans gesehen, der da vorbeigerast war, gefällte Bäume, ausgerodete Straßenlaternen, umgestürzte Droschken, Barrikaden /III, 46/. Der *eine*, an den sich das Ich von Vers 20 erinnert, ist zudem, wie wir gesehen haben, der dem Gedicht Barbiers entlehnte verletzte Löwe des Volkes. Beide Ich werden zu einem Gedächtnis, zu einem Bewußtsein vereint. Ob er den Namen Barbier oder den Namen Mandelstam trage – der Dichter ist der Erinnernde, Bewahrer des Gedächtnisses. Im hier bereits zitierten Prosatext *Ein kalter Sommer* von 1923 erscheint mitten im Gang durch die Straßen des nachrevolutionären Moskau der Satz: *Ich erinnere mich an einen der* Iambes *Barbiers* /II, 130/ . . .

Der Gang durch Moskau wird zu einem Gang durch das Paris des Jahres 1830. Die Ereignisse beginnen sich zu gleichen. Wenn Mandelstam in seinem Gedicht alle französischen Volkserhebungen in eine zusammengreift, sind im Jahre 1923 auch die russischen mitgedacht. Der Pflasterstein ist die Zähigkeit der Historie. Die Szenerien der Umstürze mögen wechseln, *er* bleibt derselbe. Deshalb kann der Dichter sagen: die Sprache des Pflastersteins (des Stetigen) ist mir verständlicher als die Taube (der Aufflug, die Flüchtigkeit des Ereignisses). Revolutionen sind von zermürbenden Restaurationen gefolgt – Kinder und Äpfel bedeuten mehr Beständigkeit. Der Pflasterstein, dieses steinerne Gedächtnis der Städte, mit dem dasjenige des Dichters kommuniziert, wird auch die nächste Umwälzung noch überdauern.

Auguste Barbier war für Mandelstam das Beispiel des Dichters als eines lebendigen historischen Gedächtnisses und – als eines Gewissens der Revolution. Die Befragung des Wesens der Umwälzungen vor und nach Barbier steht bei Mandelstam auf dem Hintergrund einer Auseinandersetzung mit dem 19. Jahrhundert – das eine seiner Verkörperungen im französischen Roman gefunden hat.

Die Suche nach einer Prosapoetik
(Mandelstam und die französischen Romanciers des »buddhistischen« 19. Jahrhunderts)

L'exemple de Napoléon, si fatal au
dix-neuvième siècle par les prétentions
qu'il inspire à tant de gens médiocres . . .

BALZAC, Illusions perdues

(Das Beispiel Napoleons, so verhängnisvoll für das neunzehnte Jahrhundert durch die Ansprüche, die es in zahlreichen mittelmäßigen Menschen weckt . . .)

Exilé sur le sol au milieu des huées,
Ses ailes de géant l'empêchent de marcher.

BAUDELAIRE, L'Albatros

Vor und nach dem Zeitpunkt, da Mandelstam Gustave Flaubert und die Brüder Goncourt in seine Kritik einer vom *Buddhismus* geprägten Epoche einbezieht (in einem Essay des Jahres 1922), sind alle großen französischen Romanciers des 19. Jahrhunderts Elemente eines lebendigen Assoziationsschatzes, aus dem sie wertfrei, von der Kulturkritik unbelastet, aufgerufen werden können. In der Fülle des *Gesprächs über Dante* ist auch von der *Schule der schnellsten Assoziationen* die Rede: *Du fängst alles im Fluge auf, bist empfänglich für Andeutungen – dies ist das beliebteste Lob, das Dante ausspricht* /II, 367/. Die Andeutungen, subtile *Reminiszenzen-Klaviatur*, die *nicht mehr verstummende Zikade des Zitates* (S. 156 f.) – sie können sich bei Mandelstam durchaus zunächst diesseits der Chiffrierung bewegen, mit einem Namen versehen sein, einen ausdrücklichen Verweis auf das fremde künstlerische Universum darstellen.

Der erste Verweis auf eine französische Romanwelt in Mandelstams Werk findet sich – ein Kuriosum – im Genre des Gedichtes, inmitten der thematischen Vielfalt von Mandelstams erster Gedichtsammlung *Der Stein*, in deren zweiter Auflage von 1916. Es ist das Gedicht *Der Abbé* (1914), das eher aus der Anekdote einer persönlichen Begegnung lebt und im Zusammenhang mit Mandelstams vorübergehender Neigung für den römischen Katholizismus, für Rom als Zentrum eines Glaubens zu lesen ist. Uns interessiert die Eröffnung des Gedichtes, die den Priester literarisiert und – nebenbei bemerkt – den markanten Fall einer rhetorischen Figur, der Hypallage vorführt (*Weggenosse des ewigen Romans* statt *Ewiger Weggenosse des Romans*):

О спутник вечного романа,
Аббат Флобера и Золя —

От зноя рыжая сутана
И шляпы круглые поля;
Он все еще проходит мимо,
В тумане полдня, вдоль межи,
Влача остаток власти Рима
Среди колосьев спелой ржи. /I,46/

O Weggenosse des ewigen Romans,
der Abbé Flauberts und Zolas –
von der Sommerhitze ist fuchsrot die Soutane,
und rund die Krempe des Hutes;
er geht noch immer vorüber
im Nebel des Mittags, dem Rain entlang,
einen Rest der Macht Roms mitschleppend
inmitten der Ähren des reifen Roggens.

Gewiß kann der katholische Geistliche für den französischen Roman des 19. Jahrhunderts, dessen Handlung nicht selten in Provinzorten spielt, mit ein wenig Kühnheit als eine obligate Figur bezeichnet werden – er tritt dort sei es in der Nebenrolle auf, wie etwa der Abbé Bournisien in Flauberts *Madame Bovary* (1857), sei es als Hauptfigur, wie im vierten und fünften Roman von Emile Zolas Zyklus *Les Rougon-Macquart* (*La conquête de Plassans* von 1874, *La faute de l'Abbé Mouret* von 1875). Im Mittelpunkt steht für den 23jährigen Mandelstam jedoch die Faszination des katholischen Glaubensbekenntnisses, und die literarische Assoziation ist hier für den Autor des *Steins* wenn schon unerläßlich, so doch austauschbar. In der früheren Fassung des Gedichtes erscheinen nämlich in der ersten Strophe nicht die Abbés von Flaubert und Zola, sondern der *bescheidenste Zeitgenosse*, der *wie eine Lerche* singt /IV, 82/: Francis Jammes (1868–1938), französischer Dichter ländlich-idyllischer, christlicher Natur- und Glaubenslyrik.

Was uns hier jedoch zu beschäftigen hat, sind die Verfahren des Verweises in der Prosa Mandelstams, deren

Erörterung an die Problematik des Kontextes und des literarischen Genres bei diesem Dichter heranführen wird und Einsichten in dessen Prosapoetik gewähren soll. Von der einfachsten ironisierenden Assoziation bis zur Eröffnung neuer und komplexer Sinngefüge durchlaufen die Verweise in der Mandelstamschen Prosa alle Stufen.

Mandelstam pflegt den Vergleich mit literarischen, fiktiven Figuren oder einer bestimmten Romanwelt, um eine reale Gestalt, eine konkrete Begegnung zu charakterisieren, die Eigenart ihres Wesens, ihrer Situation, ihrer Gestik oder ihres Redestils schlaglichtartig zu beleuchten. Ein Kunstgriff der Ironie, für das satirische Porträt nicht ungeeignet – wie etwa in der Reiseskizze *Die Menschewiken in Georgien* von 1923, wo der Auftritt Emiel Vanderveldes (der erste sozialistische Minister Belgiens) in der von den Menschewiken verwalteten georgischen Stadt Batumi folgendermaßen geschildert wird: *Vandervelde sprach. Nie werde ich diese Rede vergessen. Sie war ein echtes Beispiel offiziellen, schwülstigen und leeren, im Grunde komischen Redeschmucks. Flaubert fiel mir ein, Madame Bovary und das Landwirtschaftsfest des Verwaltungsbezirks, der klassische Redeschmuck der Präfektur, festgehalten von Flaubert in diesen Provinzreden mit ihrem Geheul, den theatralischen Erhebungen und Senkungen der Stimme. Verliebt, verliebt in seine eigene Deklamation, begann der Bourgeois – alle fühlten vereint, daß vor ihnen ein Bourgeois stand – zu sprechen: ich bin glücklich, den Boden einer wahrhaftigen sozialistischen Republik zu betreten. Mich bewegen (eine weitausholende Geste) diese Fahnen, die geschlossenen Geschäfte, dieses unerhörte Schauspiel zum Anlaß des Besuches einer sozialistischen Delegation* /II, 196/.

Ein russischer Dichter des 20. Jahrhunderts gesellt sich zu Flaubert, um die Leere offizieller Rhetorik zu entlarven. Die Episode in *Madame Bovary* (1857) könnte als nebensächlich erscheinen, als winziges Detail im bis ins letzte durchgestalteten *minuziösen Gewebe*, wie Baudelaire den Roman charakterisiert hat.[1] Sie ist jedoch insofern betrachtenswert, als Mandelstams präzise Assoziation die Präzisionsbesessenheit Flauberts trifft, zentrales Element seiner künstlerischen Substanz: das motivierte Rededetail, die nuancierte, »sprechende« Wiedergabe von Stil und Intonation einer Rede. Im Kapitel VIII des zweiten Teils von *Madame Bovary*, auf das Mandelstam verweist, läßt Flaubert während der Landwirtschaftsmesse in Yonville den Schwulst der offiziellen Festreden und die Gefühlsklischees von Rodolphes Verführungsrede an Emma Bovary aufeinanderprallen, in einer bizarren profanen Wechselrede sich ablösen. Die beiden Redetypen brechen sich gegenseitig auf, halten sich ihre Leere vor.

Der Verweis war hier ungewöhnlich ausführlich. Typischer ist die Kürze und Prägnanz der ironischen Assoziation, wie sie noch zehn Jahre nach der zitierten Skizze, in einer der Prosaminiaturen der *Reise nach Armenien* (1933) in Erscheinung tritt, wo – mit mehr Sympathie – eine andere Begegnung in Georgien, im abchasischen Suchumi erzählt wird: *Ich war zu Gast bei Berija, dem Präsidenten der Freunde kaukasischer Wortkunst, und hätte ihm beinahe Grüße von Tartarin und dem Waffenschmied Costecalde bestellt. Eine wunderbare provenzalische Figur* /II, 157/![2]

Verwiesen wird auf ein Werk, das Mandelstam selber – zum Broterwerb – 1927 ins Russische übersetzt hatte: Alphonse Daudets Parodie des Abenteuerromans, die *Aventures prodigieuses de Tartarin de Tarascon* (1872), deren »Held«, ein provenzalischer *Don Quijote und Sancho Pansa in einer Person*[3], großsprecherisches, wohlbeleibtes, naives und im Grunde sympathisches Dorforiginal, zwar nicht gegen Windmühlen kämpft, doch seinem alten

Traum folgend zur Löwenjagd in ein Land aufbricht, in dem es längst keine Löwen mehr gibt. Das Personenporträt bekommt durch die Assoziation mit dieser literarischen Figur die Färbung des Kuriosen, Schrullenhaften. Für den heutigen Leser wirkt die Ironie insofern beklemmend, entgleitet ihrer ursprünglichen Absicht und wird zur bitteren Ironie der Geschichte, als ein Mann namens Berija 1938, in dem Jahr, da Mandelstam in einem sibirischen Transitlager umkam, seine Karriere als Stalins grausamer Geheimdienstchef begann.

Hervorzuheben ist der Ort des Auftretens der beiden zitierten Assoziationen: das Erinnerungsfragment, die autobiographische Reiseskizze. Der Verweis auf fiktive Gestalten, auf eine Romanwelt, ist unvorbereitet, unerwartet, nicht in einen homogenen Kontext eingebettet. Ihr Auftauchen in einem »fremden« Kontext strahlt auf diese Umgebung aus, gestaltet sie um, verleiht dem Text einen eigenen ästhetischen Reiz. Wer könnte im Porträt der georgischen Stadt Batumi – in der Zeit der russischen Bürgerkriegswirren – ein Detail der Romangestaltung, der Stilexperimente Flauberts erwarten? Wer ist nicht erstaunt, im abchasischen Suchumi auf ein von Daudet erfundenes provenzalisches Dorforiginal zu stoßen? Die durch den überraschenden Verweis veränderte Umgebung, der geöffnete Kontext hat, auf einer übergeordneten Ebene, seine Entsprechung in der Öffnung oder gar Sprengung des literarischen Genres in der Prosa Mandelstams.

DIE SPRENGUNG DES LITERARISCHEN GENRES

Komplexer und beziehungsreicher sind die Verweise Mandelstams auf spezifische Themen eines Romanciers oder auf besondere von ihm geschilderte Charaktertypen. Hier nur zwei Beispiele, wo lediglich der Name des Romanciers genannt ist und die Figur, auf die angespielt wird, in der Anonymität verbleibt. So heißt es, wiederum in der *Reise nach Armenien*, im Kapitel *Aštarak*, von einem armenischen Dorfschullehrer: *Der Lehrer Ašot ist eingemauert in sein flachwandiges Haus – wie die unglückliche Gestalt in einem Roman von Victor Hugo* /II, 171/.[4]

Der *Eingemauerte* ist gewiß in erster Linie der Häftling aus *Le dernier jour d'un condamné* (1829), Victor Hugos Buch gegen die Todesstrafe: *Gefangen zwischen vier Mauern von nacktem und kaltem Stein, ohne Freiheit für meine Schritte, ohne Horizont für meine Augen . . .*[5] Da aber jeder genauere Hinweis unterlassen wird, finden sich alle Häftlinge, alle Verurteilten und Gestraften, die bei diesem französischen Schriftsteller einen so bedeutenden Platz einnehmen (weshalb Victor Hugo für Dostojewskij inspirierendste Lektüre bedeuten konnte)[6], zu einer Gestalt vereint, zum Wesen des Häftlingsthemas verdichtet. Da ist der zuchthauserfahrene Jean Valjean aus *Les Misérables* (1862) ebenso gegenwärtig wie die unschuldig unter Mordanklage gestellte und am Galgen endende Esmeralda aus *Notre-Dame de Paris* (1831).

Des Dorfschullehrers Eingemauertsein ist eine Metapher für Entfremdung und Isolation: der Leser erfährt im folgenden, daß Ašot als *überflüssiger Esser von der Kolchose ausgeschlossen war*. Der Isolation von der Dorfgemeinschaft, der sozialen »Strafe«, entspricht ein ebenfalls nur angedeutetes persönliches Drama: Ašot ist die Verkörperung der *Tragödie der Halbbildung* und der verhinderten persönlichen Entfaltung. *In ihm war das Dröhnen einer unvollendeten Vergangenheit.*

Das eigenwillige, nur wenige Striche zeigende, von Ironie wie Sympathie gleichermaßen geprägte Porträt eines armenischen Dorfschullehrers bekommt durch die Assoziation mit Victor Hugos Häftlingsthematik eine neue Dimension, gewinnt durch sie an Tiefe und ironischer Schärfe, verwandelt eine zufällige Reisebekanntschaft in eine differenzierte literarische Figur (auf Parallelen zu Mandelstams eigener Isolation und »Fremdheit« zum Zeitpunkt der *Reise nach Armenien* wird hier verzichtet)[7].

Das zweite Beispiel, in aller Kürze. Es stammt aus dem *Rauschen der Zeit* von 1925: *Der Tod des Julij Matveič war furchtbar. Er starb wie ein Balzacscher Greis* /II, 85/ . . . Das Modell ist hier Balzacs *Père Goriot* (1834/35), der einen grausamen Todeskampf durchstehen muß, von seinen beiden undankbaren Töchtern, für die er sich aufgeopfert hat, alleingelassen.

Die beiden Beispiele sollen noch eindringlicher zeigen, wie sich in Mandelstams Porträts Außerliterarisches mit Literarischem vermischt. Die Assoziationen sind Einbrüche der Fiktion in die Erfahrung, bewirken die gegenseitige Durchdringung von persönlicher Erinnerung und literarisch Vorgegebenem. Sie stellen eines der Verfahren Mandelstams dar, mittels derer die Sprengung der Genre-Grenzen vollzogen wird. Denn diese Assoziationen befinden sich nicht etwa in literaturkritischen Essays, wo sie zu erwarten wären, sondern in Prosadichtungen, die stark von autobiographischen Impulsen bestimmt sind. Splitterhafte Erinnerung ist ein Grundstoff dieser Prosa – Anstoß zu einer Befragung der persönlichen Erfahrung von Dauer, Bewußtsein und Gedächtnis, Dichtung und Kultur (S. 58).[8] Um der Fülle dieses Anspruchs zu genügen, schafft Mandelstam eine Prosaform der Synthese von Autobiographie, Romanfiktion, Essay und Reisetagebuch – eine experimentelle Prosa, welche diese überkommenen Genres auflöst und in eine modernistische Mischform überführt. So läßt *Das Rauschen der Zeit* (1925) die herkömmliche Autobiographie, die Memoirenliteratur ebenso weit hinter sich, wie die *Ägyp-*

tische Briefmarke (1928) die traditionelle Ich- oder Er-Erzählung, wie die *Reise nach Armenien* (1933) das Genre des Reisetagebuchs oder der Reisebriefe, und wie das *Gespräch über Dante* den literaturkritischen oder poetologischen Essay. Von diesen Texten verlangt die *Ägyptische Briefmarke*, diese bizarrste aller Mandelstamschen Prosadichtungen, eine besondere Betrachtung – gerade auch deshalb, weil die Verweise auf französische Romanciers des 19. Jahrhunderts in ihr eine weiterreichende Rolle spielen als in allen übrigen.

PROSA ALS REFLEXION ÜBER PROSA

Die ägyptische Briefmarke von 1928 ist Mandelstams am ausgeprägtesten poetologische, sich selber reflektierende Prosadichtung. Das Schreiben dieser Prosa wird zu einem ihrer Gegenstände – Mandelstam steht hier in der modernistischen Tradition, die André Gide mit *Paludes* (1895) begründet hat. Zugleich ist die *Briefmarke* Mandelstams am stärksten von einer Erzählfiktion bestimmtes Prosawerk und weist eine bruchstückhafte, beziehungsweise bewußt zerrüttete Fabel auf: im Petersburg des Jahres 1917, im Sommer zwischen den Revolutionen, wird dem kleinen Mann Parnok vom Schneider Merwis in der Nacht der noch unbezahlte Ausgehanzug gestohlen, bzw. wieder abgenommen. Auf der vergeblichen Suche – Haarschneider, Wäscherei, Zahnarzt sind ihre Stationen – nimmt Parnok eine aufgebrachte Menge wahr und versucht als einziger, sie von einem Lynchmord abzuhalten. Am Schluß erfährt der Leser, daß Parnok den Ausgehanzug endgültig an den Rittmeister und Erfolgsmenschen Krzyzanowski verloren hat.

Den Hauptteil der Erzählung jedoch nehmen Parnoks Tagträume ein, wilde Assoziationstaumel, Knäuel von eigenwillig wahrgenommenen Gegenständen sowie – die Überlegungen eines Autors zu einem Prosamanuskript. Das Ganze nicht chronologisch geordnet, sondern sprunghaft assoziativ vermengt. Wessen Tagträume sind es, wessen Reflexionen? Gerade das Problem der Identität in einer aus den Fugen geratenen Welt ist eine Grundfrage des Textes. Der Status von fiktiver Gestalt und Erzähler wird denn problematisiert, hinterfragt – wie auch die gegenseitige Durchdringung von persönlicher Erinnerung und Fiktion einmal als unleugbar erscheint, dann wieder verleugnet und bekämpft wird. Der Kampf mit dem Manuskript ist zugleich Kampf zwischen Fiktion und Autobiographie, zwischen dem Anti-Helden Parnok und dem Ich des Erzählers: *Guter Gott! Laß mich nicht Parnok ähnlich sein! Gib mir die Kraft, mich von ihm zu unterscheiden* /II, 24/.

Die Rückkehr zur persönlichen Erfahrung erscheint jedoch als eine Unausweichlichkeit und gar als Entlastung des Autors: *Welch eine Freude für den Erzähler, von der dritten Person zur ersten überzugehen! Es ist wie wenn man nach dem Gebrauch von kleinen und unbequemen Fingerhutsgläsern plötzlich abwinkt, kapiert und direkt vom Hahn kaltes, unabgekochtes Wasser trinkt* /II, 41/.

Parnok ist eine unstabile Verfassung des Ich, die im Zwischenraum von Autobiographie und Fiktion sich hin- und herbewegt. Die verzweifelte Suche nach einer Identität wie das Schwanken zwischen Leben und Fiktion werden an einer entscheidenden Stelle thematisiert – und in einem getarnten Dialog mit den Erfahrungen eines französischen Romanciers verknüpft. *Bücher schmelzen wie Eisstücke, die ins Zimmer gebracht werden. Alles schrumpft zusammen. Jedes Ding kommt mir wie ein Buch vor. Wo liegt der Unterschied zwischen Buch und Ding? Ich weiß nichts vom Leben: es wurde mir schon damals vertauscht, als ich das Knirschen des Arseniks auf den Zähnen der*

GUSTAVE FLAUBERT
(1821–1880) PAR NADAR

schwarzhaarigen französischen Geliebten vernahm, dieser jüngeren Schwester unserer stolzen Anna /II, 34/.

In der französischen Geliebten, die sich durch Arsen umbringt, ist Gustave Flauberts *Madame Bovary* (1857) zu erkennen, die genau auf diese Weise ihrem Doppelleben und ihrer Verschuldung ein Ende gesetzt hat. Doch welche Rolle hat sie hier, in der *Briefmarke* zu spielen? In diesem Prosatext kann plötzlich alles abhanden kommen, nicht nur der Ausgehanzug des kleinen Mannes Parnok, sondern auch – die Identität eines Erzählers, der das Leben nicht mehr kennt, dem sich Leben genau in dem Moment zu Fiktion verkehrt (und umgekehrt), da das Knirschen des Arsens wahrnehmbar ist. Flauberts Ausspruch *Madame Bovary – c'est moi* ist fast schon zum Literatensprichwort geworden. Äußerst aufschlußreich sind auch seine Bekenntnisse in einem Brief an Hippolyte Taine von Ende November 1866, die sich als Erklärung des Abschnitts mit dem Arsen im besonderen und des

Widerstreits von Parnok und Erzähler in der *Briefmarke* im allgemeinen lesen lassen: *Die imaginären Personen erschrecken mich, verfolgen mich – oder besser gesagt, ich stecke in ihrer Haut. Als ich die Vergiftung von Madame Bovary beschrieben habe, hatte ich den Geschmack des Arseniks so deutlich im Mund und war ich selbst so davon vergiftet, daß ich nacheinander zwei Magenverstimmungen bekommen habe – zwei tatsächliche Störungen, denn ich habe mein ganzes Abendessen erbrochen.*[9] Die Macht der fiktiven Gestalt über den Erzähler der *Briefmarke* war zu bedrohlich geworden. Mandelstams beschwörender Ausruf (*Gib mir die Kraft, mich von ihm zu unterscheiden*) mag an Gott adressiert sein, Echo und Antwort ist er auf Gustave Flauberts Erfahrung. Daß *Madame Bovary* (1857) die ältere, nicht die jüngere Schwester der Selbstmörderin in der russischen Literatur – Lev Tolstojs *Anna Karenina* (1873–1876) – ist, vermag nicht zu beunruhigen, wenn man sieht, daß die Chronologie nicht nur im zitierten Abschnitt, sondern in der ganzen Erzählstruktur zerrüttet erscheint.

Der Dialog mit französischen Romanciers des 19. Jahrhunderts in der *Briefmarke* hatte schon weit vor dem knirschenden Arsen begonnen, schon im ersten Kapitel von insgesamt acht. Das Auftauchen von Lucien de Rubempré aus Balzacs *Illusions perdues* (1837–1843) ist allerdings kein gutes Omen für das Fortkommen Parnoks: *Lucien de Rubempré trug Wäsche aus grobem Leinen und einen plumpen Anzug, der vom Dorfschneider genäht worden war; er aß Kastanien auf der Straße und fürchtete sich vor den Concierges. An einem für ihn glücklichen Tag rasierte er sich, und aus dem Seifenschaum wurde die Zukunft geboren* /II, 9/. Warum ein schlechtes Omen? Lucien ist in Balzacs *Comédie humaine* der Scheiternde, der Versager schlechthin. Ehrgeizig, doch willensschwach, erleidet er, nach einem Anfangserfolg, im infernalischen Paris Schiffbruch über Schiffbruch, fängt sich am Schluß der dreiteiligen *Illusions perdues* dank den Überredungskünsten des verkleideten Vautrin noch einmal auf, doch bringt die Fortsetzung im Roman *Splendeurs et misères des courtisanes* (1838–1847) seinen unausweichlichen Selbstmord. Seine Zukunft – Signalwort, das leitmotivisch immer wieder auftaucht – ist Luciens große Illusion (*Wenn die Gegenwart auch kalt ist, nackt, kleinlich – die Zukunft ist blau, reich und glänzend*)[10] und tatsächlich nicht mehr als Seifenschaum. Lucien ist in Balzacs Romanwelt die Figur, die keine Zukunft hat. Der Romancier betont die Fatalität der Napoleon-Biographie, ihren verheerenden Einfluß auf unzählige Mittelmäßige des 19. Jahrhunderts (vgl. den Denkspruch zu diesem Kapitel).[11] Lucien, unglückseliger Schutzpatron, hat Parnoks Ängste vor Portiers zugeschrieben bekommen (vor den Verwaltern der Schwelle zu einer glänzenden Welt), authentisch ist jedoch die Einschätzung des Kleidungsstücks, das in Luciens wie in Parnoks Geschichte eine bedeutende Rolle spielt, als eines Fetischs für gesellschaftliche Anerkennung und Erfolg.

Das Omen steht da, die Würfel sind gefallen, auch wenn noch andere – und erfolgreichere – Personen aus Balzacs Roman auftreten, die den Anti-Helden Parnok zum Handeln veranlassen, die ihn inspirieren, den gestohlenen Ausgehanzug zurückzuerobern. Tatsächlich gehen dem kleinen Mann Parnok seltsame literarische Tagträume durch den Kopf: *Hier flogen in seinem Gehirn Fieberbilder aus den Romanen Balzacs und Stendhals vorüber: junge Leute, die Paris erobern und sich mit dem Taschentuch die Stiefel abwischen, bevor sie in die Villen eintreten – und er machte sich auf, den Ausgehanzug zurückzuerobern* /II, 8/.

Die kurze Passage ist zunächst poetologischer Natur, reflektiert des Erzählers eigene Assoziationsweise. Das Verb (vorüberfliegen, vorbeihuschen, plötzlich und kurz auftauchen, aufblitzen) deutet auf die Schnelligkeit des Vorgangs. Der Prozeß ist unkontrollierbar, läuft unwillkürlich ab, ist gleichsam »krankhaftes« Geschehen: der Terminus *Fieberbilder* muß im Zusammenhang mit Mandelstams Charakteristik seiner eigenen Prosa gesehen werden – *geliebtes Prosadelirium* oder *Prosa-Fieberphantasie* /II, 40/. Schnelligkeit, Splitterhaftigkeit, Sprunghaftigkeit, Bizarrerie der Assoziation, Fiebertraum-Logik: dies sind die Eigenheiten der Mandelstamschen Prosa. Seit 1923 hatte Mandelstam zudem seine Vorstellung von künstlerischer Prosa auch mit musikalischer, kompositionstechnischer Metaphorik umrissen: *Wirkliche Prosa ist Dissonanz, Uneinigkeit, Vielstimmigkeit, Kontrapunkt* /II, 424/.

Parnoks Tagtraum mag in der Tat fieberhaft-unkontrolliert erscheinen, für den Kontext der Erzählung ist er jedoch keineswegs unmotiviert. Hier zeigt sich Mandelstams Kunst, anhand eines scheinbar erratischen Details, einer scheinbar geringfügigen Lappalie große Zusammenhänge und Kulturphänomene aufblitzen zu lassen. Das Detail trifft die treibende Kraft, den Handlungsmotor des Balzacschen (oder Stendhalschen) Romans: die leidenschaftliche Willenskraft aus der Provinz stammender, mittelloser, nur mit ihrer Intelligenz bewaffneter junger Leute, die Paris »erobern« wollen, über Beziehungen, Intrigen und Liebschaften nach sozialem Aufstieg, gesellschaftlichem Ansehen, Erfolg, Macht und Reichtum streben. In Parnoks Tagtraum ist zwar Balzac stärker vertreten – das Modell ist hier Rastignac aus *Le Père Goriot* (1834/35) – doch stimmt das Bild hinsichtlich der Motivation auch für den »napoleonisch« inspirierten Julien Sorel aus Stendhals *Le Rouge et le Noir* (1830). Verwiesen wird einerseits generell auf einen französischen Romantypus der ersten Hälfte des 19. Jahrhunderts, den Mandelstam unter anderem in seinem Essay

Das Ende des Romans, im selben Jahr erschienen wie die *Briefmarke*, diskutieren wird: die *Nachahmung der Biographie Napoleons* in der Biographie eines ich-bezogenen Eroberers und Erfolgsdurstigen /II, 267/.

Andrerseits hat die Schuhputz-Episode weit subtilere Anspielungskraft, deutet auf ein wichtiges Sinngefüge, das Balzacs *Père Goriot* wie ein Netzwerk unterzieht: die verschränkten Motive des Sichbeschmutzens und des Sichreinigens – Rituale, die potentiell umkehrbar sind.

Die Szene ist die folgende: Rastignac, der *jeune ambitieux*, der noch mittellos ist und sich keine Kutsche leisten kann, hat den Weg zum Salon der Comtesse de Restaud zu Fuß zurückzulegen und setzt damit seine Stiefel dem Straßenschmutz aus. Um nicht den kompromittierenden Eindruck zu erwecken, er sei wie der gewöhnlichste Bürger durch die staubigen Straßen von Paris gewandert, verwischt der Abkömmling eines verarmten Provinzadels vor dem Eintritt in die »höhere« Welt der Macht und des Geldes jegliches Indiz seines gegenwärtigen Standes, d. h. den verräterischen Straßenschmutz, den er sich wegbürsten läßt.[12] In Parnoks Tagtraum wird die Szene ironisch verkürzt, pointiert (Rastignac habe sich selber, mit seinem eigenen Taschentuch, die Stiefel geputzt).

Der soziale Aufstieg wird in Balzacs Roman zunächst als Weg aus dem Schmutz charakterisiert – im Brief an seine Mutter schreibt Rastignac: *Es handelt sich für mich darum, meinen Weg zu machen oder im Schmutz zu bleiben.*[13] Balzac läßt jedoch über eine subtile Wortwahl immer mehr durchscheinen, daß der soziale Aufstieg in seiner Epoche aus dem Schmutz in den Schmutz führt. Das Reinigungsritual vor dem Eintritt in die Villa ist Illusion: diese Reinigung bedeutet unaufhaltsame Beschmutzung, denn mit dem Schritt über die Schwelle in die Welt der Macht und des Geldes sind Integrität und Reinheit verloren, was Rastignac gegen Ende des Romans auch erkennt. *Er sah die Welt als einen Ozean von Schmutz . . .*[14] Schon vor seinem Aufbruch in die neue Welt hatte der mit allen Wassern gewaschene Vautrin dem Neuling Rastignac die Augen geöffnet und ihm die Hintergründe des vom Geld regierten Pariser Lebens beleuchtet. Folgerichtig erscheint auch hier die Beschmutzungsmetaphorik mit ihren Signalwörtern:

– »Aber«, sagte Eugène mit einem Ausdruck des Ekels, »ihr Paris ist ja ein Morastloch.«

– »Und was für ein Morastloch«, gab Vautrin zur Antwort. »Diejenigen, die sich in der Kutsche schmutzig machen, sind ehrbare Leute, diejenigen, die sich zu Fuß schmutzig machen – Schelme.«[15]

Im Balzacschen Gesellschaftspandämonium ist das Beschmutztwerden unausweichlich, jedes Reinigungsritual – Illusion. Der Sieger ist sodann auch ein Verlierer: wenn Rastignac, der noch immer ehrgeizige, am Schluß dem Sumpfloch Paris den Fehdehandschuh hinwirft (*A nous deux maintenant!*), hat er längst Unschuld, Reinheit und Skrupel verloren.

Die Reminiszenz aus Balzacs Roman in der *Briefmarke* erfährt insofern ihre weitere Motivierung, als auch in dieser Erzählung – und vor allem im vierten Kapitel – das Wechselspiel der Beschmutzungs- und Reinigungsmotive ein komplexes Sinngefüge ergeben. Der schüchterne und hilflose Außenseiter Parnok ist einerseits die *ägyptische Briefmarke* /II, 19, 21/, deren Schicksal es ist, gestempelt, befleckt, entwertet zu werden, andrerseits war er von seinen Altersgenossen als der *Fleckenentferner* gehänselt worden /II, 19f./. Er ist einerseits von einem mysteriösen Bewußtsein der eigenen Unreinheit belastet, andrerseits als einziger vom moralischen Imperativ beseelt, reinigend zu wirken, auch moralische Schandflecke zu verhindern, etwa den Lynchmord des unerbittlichen

Mob aufzuhalten.[16] Kein Wort jedoch belegt den Erfolg Parnoks – und so ist anzunehmen, daß der bei Balzac suggerierte Illusionscharakter des Reinigungsrituals auch noch in der *Ägyptischen Briefmarke* seine Gültigkeit hat.

Die Ironie der Reminiszenz betrifft die Figur des Protagonisten wie die Ganzheit dieser Art der Prosa, dieser Prosapoetik. Die Assoziation von Parnok mit Rastignac muß ironisch sein, da der Anti-Held Parnok, dem alle Dinge entgleiten, wenig mit den Erorberergestalten Balzacs gemein hat. Der zitierte Tagtraum ist zwar für Parnok ein Impuls, wie die Rastignacs und Sorels willensstark und entschlossen zu handeln und den abhandengekommenen Ausgehanzug (und mit ihm die gesellschaftliche Achtung) zurückzugewinnen. Da jedoch Parnok nicht in die Genealogie der Rastignacs und Sorels gehört, sondern in diejenige der in der russischen Literatur des 19. Jahrhunderts zu Ehren gekommenen gepeinigten kleinen Leute, in diejenige Akakij Akakievičs (aus Gogols *Mantel*) und Goljadkins (aus Dostojewskijs *Doppelgänger*)[17], wird er den Ausgehanzug endgültig an den Rittmeister und Erfolgsmenschen – oder besser: Karikatur des Erfolgsmenschen – Krzyzanowski verlieren. Durch die Assoziation hatte sich nur die Kluft zwischen den beiden Genealogien aufgetan.

Die Diskrepanz der Gestalten ist also auf die Diskrepanz der Romantypen und Prosapoetiken zu übertragen. Mandelstams bereits erwähnter, im selben Jahr wie die *Briefmarke* erschienener Essay *Das Ende des Romans* ist wie ein Kommentar zu dieser Prosadichtung zu lesen. Der Autor konstatiert dort nach der »napoleonischen« Biographie eines außergewöhnlichen Menschen, nach den Romanen Balzacs und Stendhals, einen raschen Zerfall der Biographie. Bereits Flaubert und die Brüder Goncourt hätten auf Kosten der biographisch gehaltenen Fabel die psychologische Motivierung ins Zentrum ihres

Interesses gerückt. Und Romain Rollands *Jean-Christophe* (1904–1912) sei nur noch der *Schwanengesang der europäischen Biographie* und – bei einer gewissen Modernität – ein im Grunde *altmodisches Werk*. Die Konsequenz: *Das weitere Schicksal des Romans wird nichts anderes sein als die Geschichte der Zerpulverung der Biographie als einer Form der persönlichen Existenz, sogar mehr als eine Zerpulverung – ein katastrophaler Untergang der Biographie. /. . ./ Nun sind die Europäer aus ihren Biographien herausgeschleudert worden wie Billardkugeln. /. . ./ Der moderne Roman wurde mit einem Male sowohl der Fabel, das heißt, der in der ihr eigenen Zeit handelnden Persönlichkeit, als auch der Psychologie beraubt, da diese keinerlei Handlungen mehr zu begründen hat* /II, 269/.

Die ägyptische Briefmarke mit ihrer zerrütteten Fabel, ihren Sprüngen und Brüchen ist die modernistische Prosa par excellence, eine Prosa, welche die Krise der Prosa reflektiert und gestaltet. Die Verweise auf Balzac, Stendhal, Flaubert legen ironisch die Distanz frei zwischen dem mächtigen, intakten Hintergrund des französischen Romans des 19. Jahrhunderts und dem helden- und fabellosen *Stammeln* der modernistischen Prosa wie einer ambivalent aufgenommenen Modernität: *Ein schrecklicher Gedanke, daß unser Leben eine Erzählung ohne Fabel und ohne Held ist, aus Leere und Glas gemacht, aus dem heißen Gestammel der Abschweifungen, aus dem Petersburger Influenzadelirium* /II, 40/.

Daß Mandelstam hier wie selbstverständlich von der Theorie einer modernen Prosa zu einer Theorie des modernen Lebens überleitet, läßt aufhorchen. Tatsächlich hieße es die Bedeutung der *Ägyptischen Briefmarke* verkennen, wollte man in ihr nur einen poetisch verbrämten Traktat über modernistische Prosa sehen. Im Essay wie in der Erzählung von 1928 sind neben den poetologischen unverkennbar ethische Anliegen dargetan. Die Ironie der Distanznahme, die Abgrenzung des »Helden«

und Alter Ego Parnok von den Rastignacs und Sorels ist unleugbar verflochten mit der Angst des Erzählers um das gefährdete Individuum Parnok. Der scheinbar spielerische Assoziationstaumel Parnoks wie des Erzählers vermag denn auch nicht über die Nachtmahratmosphäre der *Briefmarke* hinwegzutäuschen, die neben der Ironie von der Angst regiert wird. *Die Angst nimmt mich bei der Hand und führt mich* /II, 41/.

Die *realen Kräfte* der modernen Umwälzungen waren in den Roman, in die Biographie, in das Leben des Einzelwesens eingebrochen. Im Essay *Das Ende des Romans* heißt es, das Interesse an der psychologischen Motivierung, für das in diesem Text die Namen Flaubert und Goncourt stehen, sei von allem Anfang an unterminiert durch die Ohnmacht psychologischer Motive vor den *realen Kräften*, deren *Strafgericht* über die psychologische Motivierung *von Stunde zu Stunde grausamer* werde /II, 269/.

Die Angst um die Würde des Einzelnen, die Angst vor der *Zerpulverung* seines Lebens wie seiner Persönlichkeit ist im Essay wie in der Erzählung von 1928 konkreter, existentieller geworden, als sie es im 1923 erschienenen Essay *Humanismus und Gegenwart* hatte sein können, wo Mandelstam vor einem 20. Jahrhundert im Geiste Assyriens und Babylons, vor einem totalitären, die Würde des Individuums mit Füßen tretenden System gewarnt hatte.[18] Die Warnung vor einem menschenfeindlichen *assyrischen* 20. Jahrhundert ist die natürliche Ergänzung von Mandelstams Kritik des *buddhistischen* 19. Jahrhunderts, eine Kritik, die fast gleichzeitig mit dem Essay *Humanismus und Gegenwart* formuliert wurde – und in die noch einmal französische Romanciers einbezogen sind.

DER ROMAN DES »BUDDHISTISCHEN« 19. JAHRHUNDERTS

Tiefes Mißtrauen gegenüber einer Epoche spricht aus Mandelstams Essay *Das neunzehnte Jahrhundert* von 1922. Nicht zufällig wird gleich zu Beginn dieses Textes das 19. Jahrhundert mit dem majestätischen Meeresvogel Albatros aus Baudelaires gleichnamigem Gedicht identifiziert, der, einmal seinem angestammten Element entrissen, unbeholfen und schwerfällig an der Erde festklebt. Relativismus, Erstarrung, Unfähigkeit zur Erkenntnis, Fortschrittsgläubigkeit und Methodologiekult (*der Triumph der nackten Methode über die Erkenntnis* /II, 277) – dies sind die Attribute jenes Jahrhunderts in einer schonungslosen Auseinandersetzung. Der markanteste Vorwurf, unter dessen Suggestionskraft der ganze Essay steht: *Buddhismus*. Mandelstam hatte schon 1915 in einem kritischen Sinne von Buddhismus gesprochen, und zwar im Essay *Puschkin und Skrjabin*, dieser Apologie des christlichen Künstlers wie der Freiheit der christlichen Kunst. *Die Zeit kann rückwärts gehen: der ganze Verlauf der neuesten Geschichte, die sich mit schrecklicher Gewalt vom Christentum zum Buddhismus und zur Theosophie abgewandt hat, legt davon Zeugnis ab* /II, 314/ . . .

Zu jenem auf den ersten Blick seltsam anmutenden Wortgebrauch des *Buddhismus* im Essay über das 19. Jahrhundert wurde Mandelstam vom russischen Philosophen und politischen Schriftsteller Alexander Herzen (1812–1870) angeregt, der dem letzten Teil einer Artikelreihe den Titel *Buddhismus in der Wissenschaft* (1843) gegeben hatte. Während Herzen jedoch mit dem Begriff *Buddhismus* nur eine der möglichen Haltungen gegenüber der Wissenschaft kennzeichnet[19], dehnt ihn Mandelstam aus und verwendet ihn für eine Gesamtkritik des 19. Jahrhunderts. Den Buddhismus in der Wissenschaft entlarvt er im Positivismus, den Buddhismus in der Religion – in einer Wegbereitung für die Theosophie, die nichts anderes sei als eine *bourgeoise Fortschrittsreligion* /II, 281/. Den Buddhismus in der Kunst schließlich – und hier wird die Polemik für unsere Belange bedeutsam – sieht Mandelstam 1922 im analytischen Roman Gustave Flauberts und der Brüder Goncourt. *Als nicht zufällig erscheint mir die Neigung der Goncourts und ihrer Gesinnungsgenossen, der ersten französischen Impressionisten, für die japanische Kunst, für den Holzschnitt Hokusais, für die Form des »Tanka« in all ihren Ausprägungen, das heißt, für eine völlig in sich eingeschlossene und unbewegliche Komposition. Die ganze »Madame Bovary« ist nach dem System des Tanka geschrieben. Gerade deshalb hat Flaubert so langsam und qualvoll an ihr geschrieben, weil er nach jedem fünften Wort von vorne beginnen mußte* /II, 281/.

Das Interesse für die klassische japanische Kunstform des *Tanka*, ein stark ritualisiertes Kurzgedicht, das seit dem Jahre 760 belegt ist[20], wird nur Symptom sein für eine Denkart, gegen die sich Mandelstam in seinem polemischen Essay auflehnt. Das Tanka stünde laut Mandelstam für eine *Molekularkunst*, sei handlungslos und beziehe sich nicht auf die Welt, da es selber eine Welt sei und *beständige Wirbelbewegung innerhalb der Moleküle.* Mandelstams Vorwurf betrifft den Buddhismus als eine Abkehr von der Welt und von aktivem Handeln, als einen Rückzug in sterile Innenwelten.

Japans kulturelle Vergangenheit in der französischen Metropole . . . Soviel zu den zeit- und literaturgeschichtlichen Hintergründen: tatsächlich waren es die beiden Brüder Goncourt, Edmond (1822–1896) und Jules (1830–1870), Schöpfer eines von der Dokumentation beherrschten Romantypus mit wissenschaftlichem Anspruch, Anreger und Wegbereiter des Naturalismus, welche das Verdienst für sich in Anspruch nahmen, Paris mit der japanischen Kunst bekanntgemacht zu haben.[21] Festzuhalten ist, daß die französische Hauptstadt generell von einer Welle des »Japanismus« heimgesucht wurde, nachdem sich das fernöstliche Land 1854 geöffnet, an den großen Weltausstellungen teilgenommen und unter den Pariser Malern durch die Kunst des Farbholzschnittes Aufsehen erregt hatte.[22] Das Japanfieber war von 1856 bis etwa 1875 akut, dauerte jedoch noch bis gegen das Ende des Jahrhunderts an. Wenn auch das eigentliche Verdienst einer ersten Vermittlerrolle nicht den Goncourts zukommt, sondern dem Maler Félix Bracquemond, so war doch Edmond de Goncourt der erste, der japanischen Künstlern Monographien gewidmet hat: *Outamaro* (1891) und *Hokusaï* (1896).[23]

Obwohl Flaubert weit weniger dem Japanfieber erlegen war (1877 schreibt er distanziert in einem Brief an Zola, Goncourt sei *von seiner Liebe zum Japanischen aufgezehrt*[24]), wird er von Mandelstam mit der Bildwelt des japanischen Holzschnittmeisters Katsushika Hokusai (1760–1849) assoziiert, vor allen Dingen mit dessen *Ansichten des Berges Fuji*, und sein Romansystem auf den mikroskopischen Rahmen der Tanka-Kunst festgelegt. *Kirschenzweig und schneebedeckter Kegel des geliebten Berges, des Schutzpatrons der japanischen Graveure, spiegelten sich im Glanzlack eines jeden Satzes im polierten Flaubertschen Roman. Hier ist alles vom Lack der reinen Anschauung bedeckt, und der Stil des Romans vermag, wie die Oberfläche von Palisanderholz, jeden beliebigen Gegenstand abzubilden. /.../In seinen extremsten Erscheinungen mußte das neunzehnte Jahrhundert zur Form des Tanka gelangen, zu einer Dichtung des Nicht-Seins und zum Buddhismus in der Kunst* /II, 281f./.

Der französische analytische Roman als Gipfelpunkt eines künstlerischen Buddhismus, und speziell derjenige Gustave Flauberts – dargestellt als eine in sich versponnene, handlungslose, ans Detail verlorene, weltabge-

KATSUSHIKA HOKUSAI (1760–1849): DIE ERSCHAFFUNG DES FUJI

wandte und sterile *Molekularkunst* von leerer Perfektion. Ein Urteil, dessen Härte kaum noch zu übertreffen ist. Drei Dinge gilt es jedoch zu beachten. Mandelstams Wertungen sind kontextabhängig und der Wandlung fähig. Die von der Japankunst angeregten französischen Impressionisten zum Beispiel, in diesem Text von 1922 ebenfalls attackiert, erfahren zehn Jahre später, im Kapitel *Die Franzosen* der *Reise nach Armenien*[25], für ihren Kult des Lichtes, der Luft, der Farbe eine großartige Rehabilitierung (vgl. auch S. 288 ff.). Flauberts Roman selber ist, wie wir gesehen haben, vor und nach dem Zeitpunkt dieser herben Kulturkritik Element eines Assoziationsschatzes, dessen sich Mandelstam frei bedient. Zweitens stehen Flaubert und die Brüder Goncourt hier als Vertreter einer Epoche – für die der russische Akmeist allerdings keinerlei Milde aufbringt. Drittens ist Mandelstams Polemik komplex, und anvisiert werden, durch das 19. Jahrhundert hindurch, auch der russische Symbolismus und der Futurismus. Die von Rudolf Steiner begründete Theosophie, die in der zweiten Generation der russischen Symbolisten Widerhall fand und vor allem im Dichter Andrej Belyj (1880–1934) einen eifrigen Jünger hatte[26], wird ebenso als buddhistische Erfindung abgetan, wie implizit auch die Japan- oder Orientfaszination gewisser Futuristen mitverworfen wird (prominentester Asienbekenner der Avantgarde: Velimir Chlebnikov, für den Mandelstam in seinen Essays ansonsten immer respektvolle Worte findet)[27]. Die östlichen Neigungen der russischen Jahrhundertwende, denen die geschichtsphilosophischen Spekulationen Vladimir Solov'evs (1853–1900), eines Wegbereiters für den russischen Symbolismus, mit ihrem Schluß, das Licht komme einmal mehr aus dem Osten (*Ex oriente lux*)[28], mächtigen Auftrieb verliehen, wurden von Mandelstam in keiner Schaffensphase geteilt.

Das Licht kam für Mandelstam aus dem Westen. Die bei ihm durchweg negativen Beiklänge des Begriffes *Buddhismus* belegen erneut seine hellenistische und jüdisch-christliche, gänzlich abendländische Weltsicht. Der buddhistischen Vorstellung vom Heil in der Weltabkehr, in der Abkehr vom Leben als einem leidvollen Kreislauf des Werdens, der Ablehnung einer individuellen Existenz und der Lehre vom Nicht-Sein und Nicht-Ich[29] steht Mandelstams schon sehr früh, im *Morgen des Akmeismus* (1912) formulierte unbedingte Bejahung des Lebens gegenüber, sein von Bergson inspirierter Vitalismus. *Zu existieren – dies ist der höchste Ehrgeiz des Künstlers* /II, 320/. /. . ./ *Liebt die Existenz des Dinges mehr als das Ding an sich, und euer eigenes Dasein mehr als euch selbst – dies ist das höchste Gebot des Akmeismus* /II, 324/.[30]

Dieses früheste Mandelstamsche Manifest entwirft jene durchweg un-buddhistischen Positionen, deren

Gültigkeit bis hin zur letzten Schaffensperiode unangetastet bleiben wird: den *Geist des Bauens*, den Kult des sinngebenden menschlichen Schöpfertums, in dem des Menschen (sei er Handwerker, Architekt oder Dichter) Triumph über die Leere sich abzeichnet, und die Preisung der Tat, der Tätigkeit, wie sie auch Alexander Herzen in seinem erwähnten Artikel *Buddhismus in der Wissenschaft* unternommen hatte: *... das Leben mit der ganzen Fülle von Rausch und Leiden; /.../ Handlungen, denn einzig die Handlung, die Tat kann den Menschen völlig befriedigen. In der Handlung ist die Persönlichkeit sie selbst.*[31]

Dem buddhistischen Rückzug aus dem Werden, dem Streben nach Statik und Bewegungslosigkeit ist die ganze Mandelstamsche Poetik, ihre Konzeption des dichterischen Bildes, ihr Kult der Dynamik entgegengesetzt: *Bewegung vor allen Dingen* – die von Mandelstam für die Poetik François Villons geprägte Formel /II, 306/ ist seine eigene dichterische Losung, reflektiert vom Villon-Essay bis zum *Gespräch über Dante*, vom ersten bis zum letzten kritischen Text.

Bei den schweren Vorbehalten gegenüber dem 19. Jahrhundert verblaßt eine gewisse Ambivalenz, die Mandelstam dem 18. Jahrhundert entgegenbringt und die sich im selben Essay von 1922 äußert. Jener Epoche gibt er klar den Vorzug vor der »buddhistischen« (*Mich zieht es noch immer zu Zitaten aus dem naiven und klugen achtzehnten Jahrhundert* /II, 277).

Mit ganz ähnlichen Anliegen wie im parallel angelegten Essay *Humanismus und Gegenwart* von 1923, wo Mandelstam, wie bereits angedeutet, vor einem 20. Jahrhundert im Geiste Assyriens und Babylons, vor einer totalitär verwalteten Zeit warnt, sucht er gegen den Schluß des Textes nach Mitteln, um der Irrationalität der anbrechenden Epoche entgegenzuwirken, und spürt sie im frischen Rationalismus der Enzyklopädisten des 18. Jahrhunderts auf (Diderot, d'Alembert, Voltaire): *In solchen Tagen ist die Vernunft der Enzyklopädisten das geheiligte Feuer des Prometheus* /II, 283/. Mandelstams Grundanliegen lautet denn, nach der schonungslosen Auseinandersetzung mit dem 19. Jahrhundert: *Das zwanzigste Jahrhundert europäisieren und humanisieren . . .*

Zurück zum Literarischen. Auch wenn die Ära des Romans, der Biographie, des Einzelschicksals vergangen scheint, gibt es doch in der französischen Literatur *nach* den »buddistischen« Unterfangen Flauberts und der Brüder Goncourt Erscheinungen, denen Mandelstam mit Offenheit und einer gewissen Sympathie begegnet.

Unanimismus – ein Ausweg?
(Jules Romains)

... puisque tout le livre est un chant
de confiance au Nous éternel.

JULES ROMAINS, Vorwort von 1925 zu *La Vie unanime*

(... denn das ganze Buch ist ein Gesang
des Vertrauens auf das immerwährende Wir.)

Selbst wenn man bedenkt, daß Mandelstams Tätigkeit als literarischer Übersetzer in der zweiten Hälfte der zwanziger Jahre kein frei gewähltes Tun darstellen kann, sondern im Gegenteil durch bittere materielle Zwänge bedingt (seine Situation als Autor gestaltete sich immer schwieriger), mit allen Geboten und Kompromissen des Broterwerbs verbunden war, so sind doch die Texte aus dem Umkreis dieser Tätigkeit nicht außer acht zu lassen. Auch sie sind von einer unverkennbaren Handschrift, einer ganz eigenen Betrachtungsweise geprägt.[1]

Offenheit, aufnahmebereites Interesse für eine Erscheinung der zeitgenössischen französischen Literatur spricht aus Mandelstams Vorwort zu Jules Romains (1885–1972) Theaterstück *Cromdeyre-le-Vieil*, das er 1927 ins Russische übertrug. Lassen wir ihn selber den Gegenstand charakterisieren: *Jules Romains ist in der zeitgenössischen französischen Dichtung keine Einzelerscheinung: er ist die zentrale Figur einer ganzen literarischen Schule, die sich Unanimismus nennt. Deckt man den Sinn des französischen Namens auf, so ergibt sich: eine Dichtung des Atems der breiten Massen, eine Dichtung der Kollektivseele. Jules Romains, René Arcos, Duhamel, Vildrac – dies sind Schriftsteller, die eine selbe Arbeit tun, unter einem selben Joch vorwärtsgehen* /II, 358/.

Jules Romains' programmatischer Gedichtband *La Vie unanime (Poème 1904–1907)* ist gekennzeichnet durch die Abwendung von einem in sich versponnenen, über sich selber gebeugten lyrischen Ich und die Hinwendung zur Gruppe, zur menschlichen Gemeinschaft, zum *einhelligen Leben* (*unanime* bedeutet »einhellig«, »einmütig«, »solidarisch«). Er schildert, laut Romains, die *Gefühls- und Sinnesbeziehungen des Individuums mit den Gruppen*, die *lyrische Freude, mit den Mengen zu verschmelzen, sich dem*

Rhythmus der Gruppen hinzugeben.[2] Wichtigste Etappe auf dem Weg zur Überwindung der Grenzen des Ich, zu einem Leben im Zeichen des Wir, ist die selbst sprachlose, feinfühlig-hellhörige Kommunikation der menschlichen Wesen untereinander, wie sie Romains zunächst in einem großstädtischen Rahmen ansiedelt:

Les êtres ont fondu leurs formes et leurs vies,
Et les âmes se sont doucement asservies.
Je n'ai jamais été moins libre que ce soir
Ni moins seul. Le passant, là-bas, sur le trottoir,
Ce n'est point hors de moi qu'il s'agite et qu'il passe.
Je crois que lui m'entend si je parle à voix basse,
Moi qui l'entends penser; car il n'est pas ailleurs
Qu'en moi; ses mouvements me sont intérieurs.
Et moi je suis en lui. Le même élan nous pousse.
Chaque geste qu'il fait me donne une secousse.
Mon corps est le frémissement de la cité.[3]

Kaum hat Mandelstam in seinem Vorwort von 1927 den Wunsch der Unanimisten gewürdigt, mit einfachen Worten über einfache Dinge und den einfachen, durchschnittlichen Menschen zu sprechen, greift er seine Diskussion und Wertung Flauberts und der Brüder Goncourt wieder auf, die er im besprochenen Essay *Das neunzehnte Jahrhundert* von 1922 als *Buddhisten* bezeichnet hatte, und stellt ihnen als Kontrast die Unanimisten gegenüber. *Schon Flaubert und die Goncourts hatten sich dem alltäglichen menschlichen Einzelwesen zugewandt, dem ungeschmückten, ungeschönten. Doch die mächtigen Romanciers des neunzehnten Jahrhunderts vollbrachten ihre fesselnde Arbeit wie Chirurgen und Anatomen, mit einem gewissen Hochmut: kunstvoller Ekel, gemischt mit Neugier. Ganz anders bei Jules Romains und seiner Gruppe. Dies ist eine heroische Dichtung des gewöhnlichen Menschen, durchdrungen von Respekt gegenüber seinem Schicksal, gegenüber seiner Persönlichkeit, seiner Freude und seinem Leiden* /II, 358f./.

In diesem Text mögen weitere Züge Jules Romains' und des Unanimismus mit unverhohlener Sympathie hervorgehoben sein (etwa die Tatsache, daß dieser literarischen Gruppierung *Nationalismus und Chauvinismus unendlich fremd* sei), die für Mandelstam bedeutsamste Eigenheit jedoch liegt in jenem Respekt vor dem einzelnen Menschen und in der Aufhebung der hochmütigen Sezier-Perspektive Flauberts und der Goncourts, welche das Einzelwesen als medizinisches Anschauungsmaterial gebraucht und mißbraucht hätten.

Gerade vor dem Hintergrund dieses Textes über Jules Romains' Unanimismus gilt es ein mögliches Mißverständnis in bezug auf Mandelstams Poetik wie Weltsicht aufzuklären. Wenn im Zusammenhang mit der Erzählung *Die ägyptische Briefmarke* und den Essays *Das neunzehnte Jahrhundert* und *Humanismus und Gegenwart* von einer Angst des Autors um das gefährdete Individuum, um das vom Geiste Babylons und Assyriens bedrohte Einzelwesen die Rede war, darf nicht der Eindruck entstehen, es gehe diesem russischen Lyriker in seiner Warnung vor einem menschenfeindlichen 20. Jahrhundert (das zu *europäisieren* und zu *humanisieren* wäre) einzig um die Rettung seines eigenen armseligen Ich, über das er sich weiterhin, vom Zeitgeist unbehelligt, zu beugen gedenke. Mandelstam hat in keinem Moment einen selbstgefälligen Ich-Kult betrieben, ja seine Dichtung ist in weiten Teilen ein ich-fernes Werk, ein Versuch, aus der Ich-Bezogenheit, wie sie einige russische Symbolisten gepflegt hatten, auszubrechen, zu allgemein menschlicher Erfahrung vorzudringen – ein Unterfangen, das da und dort einen unanimistischen Zug aufweist.

Bereits in einem der frühesten Gedichte – es stammt aus dem Jahre 1911 – vollzieht sich ein bedeutsamer Verlust. Ein Vers berichtet davon, daß der Dichter das vergessen habe, was sonst als privilegiertes Territorium des Lyrikers gilt: das Ich /I, 15/. Dieses Vergessen entspringt nicht einfach der Ermattung und dem Diesseitsüberdruß eines noch unter dem Einfluß des Symbolismus stehenden jungen Dichters, sondern es zeichnet sich hier bereits ein aktives Gestaltungsprinzip ab. Zur Erinnerung: im Kapitel über Paul Verlaine ist Mandelstams in einem Brief vom 30. Dezember 1909 niedergelegtes Programm zitiert worden, russische *Romanzen ohne Worte* zu schaffen und das *Intim-Lyrische, Persönliche* zurückzuhalten, mit dem *Zügel des Rhythmus* zu bändigen (S. 69).

Wiederholt findet sich in der Folge bei Mandelstam das Bestreben, vom Ich Distanz zu nehmen. Selbst sein Erinnerungswerk, das nur bedingt autobiographisch zu nennende *Rauschen der Zeit* von 1925 enthält die Verneinung des Persönlichen: *Ich will nicht von mir selber sprechen, sondern dem Zeitalter nachspüren, dem Heranwachsen und Rauschen der Zeit. Mein Gedächtnis ist allem Persönlichen feind* /II, 99/.

Ungleich radikaler und schroffer klingt das Bekenntnis 1928 in der Antwort auf eine Zeitungsumfrage zum Thema *Der Sowjetschriftsteller und die Oktoberrevolution*: *Die Oktoberrevolution* mußte *meine Arbeit beeinflussen, da sie mir die »Biographie« wegnahm, das Gefühl einer persönlichen Bedeutsamkeit. Ich bin ihr dankbar dafür, daß sie ein für allemal Schluß gemacht hat mit dem geistigen Versorgtsein und einem Leben auf Kulturrente* /II, 217/ . . .[4] Ein Text voller Hintergründigkeit und versteckter polemischer Brisanz. Gerade das geistige Versorgtsein und das Leben auf Kulturrente war 1928 nicht abgeschafft, sondern dabei, inthronisiert zu werden. Der aufbaubezogene *soziale Auftrag* bestimmte immer mehr das künstlerische Schaffen in der Sowjetunion (ab 1932, mit der Gleichschaltung der Literatur, gar vollends), und mit wenigen literarischen Handlangerdiensten und minimalsten Talenten waren Verpflegungspakete, kostenloser Wohnraum, Renten zu holen. Einer der wenigen, die mit jenen revolutionären Geboten Ernst gemacht haben, war Mandelstam – und hatte dafür in den dreißiger Jahren einen hohen Preis zu bezahlen: nicht nur ein dauerndes Unbehaustsein, ein Nomadenleben und drängende materielle Not, sondern auch Verhaftung, Verbannung, Tod im Lager. Der Wille zum Abbruch des geistigen wie materiellen Versorgtseins ist hier mit einer fast unheimlichen Radikalität verwirklicht worden.

Gerade das Spätwerk, die Gedichte der dreißiger Jahre, und vor allem die *Woronescher Hefte* (1935–1937), Zeugen der Verbannungszeit, sind Absage an einen lyrischen Ich-Kult und Schaffung eines zeitlosen Epos der menschlichen Existenz, wo das Ich nur für den Menschen steht und wo der Dichter Sprachrohr wird für das Universale. Der Wille zur Überschreitung der Grenzen des Ich, die Hinwendung zur Welt und ihren Menschen beinhaltet auch die Bereitschaft zu einem Opfer, will sich gar über den Tod hinaus vollziehen. Im Gedicht *Nicht als Mehl von einem weißen Falter* ist das Anliegen formuliert, der *denkende Körper* möge zur Straße und zum Land werden /I, 222f./.[5] Es ist das Bestreben, noch im Tod den Nachfolgenden nützlich zu sein – Hingabe, Opfer zum Nutzen der Menschen. Die späten Gedichte sind der Wunsch, Welt zu bedeuten, ein Stück Welt zu sein.

Selbst eines der Lieblingsthemen dieses musikalischen Dichters, jene geheimnisvollen, noch unbestimmten *Klänge*, die vom *innern Ohr* des Schaffenden *betastet* werden, wie Mandelstam einst im Essay *Das Wort und die*

Kultur von 1921 geschrieben hatte /II, 226f./, und die er in eine sprachliche Gestalt, ins Gedicht überführt, werden im Zeichen eines ethischen Auftrags gesehen. Nicht zu seiner Ergötzung tastet sich der Lyriker zu diesen Klängen vor, sondern für die *Menschen*, für ihre *lebendigen Herzen*, zum Ausdruck *ihrer* Freuden und *ihres* Schmerzes wird das Werk getan.

Не у меня, не у тебя — у них
Вся сила окончаний родовых:
Их воздухом поющ тростник и скважист,
И с благодарностью улитки губ людских
Потянут на себя их дышащую тяжесть.

Нет имени у них. Войди в их хрящ,
И будешь ты наследником их княжеств.
И для людей, для их сердец живых,
Блуждая в их развилинах, извивах,
Изобразишь и наслажденья их,
И то, что мучит их в приливах и отливах. /I,226/

In mir nicht, und auch nicht in dir – in ihnen
Liegt sie, die volle Kraft der Wortausgänge:
Denn ihre Luft leiht Schilfrohr-Poren die Gesänge –
Und dankerfüllt die Muscheln: Lippenlinien,
Die ihrer Schwere, atmend, sich entgegendrängen.

Sie tragen keinen Namen. Ihre Knorpelschicht
Betrittst du, wirst der Erbe ihrer Königreiche.
Und nur für sie, die Menschenherzen, lebensweiche,
Irrst du in ihren Gängen, Längen, gibst Bericht
Von ihnen, allen ihren Freudenzeichen,
Und was sie quält – in Ebben, Fluten bricht.

(Übertragung: RD)[6]

Ein unanimistischer Impuls liegt dem für das Spätwerk zentralen Gedichtzyklus der *Verse vom unbekannten Soldaten* zu Grunde. Mandelstam bettet hier sein eigenes Requiem in ein Requiem für die namenlosen Opfer der

Geschichte. Der Dichter fügt sich in die Reihe der *leichthin Getöteten* ein, durchlebt die Napoleonischen Schlachten und den ersten Weltkrieg, Verdun, die Senfgasschlacht, gedenkt der Stätten des Irrsinns und der Vernichtung (die neueren Namen sollte Mandelstam nicht mehr erfahren) und bekennt sich zu den Millionen der im absurden Schlachten Umgekommenen. Der *unbekannte Soldat* wird zum Symbol in Mandelstams persönlichem Unanimismus – er ist einer von vielen, einer stellvertretend für alle andern:

Будут люди холодные, хилые
Убивать, холодать, голодать,
И в своей знаменитой могиле
Неизвестный положен солдат. /I,245/

Reihen knochiger frierender Menschen
Stehn zum Hungern und Töten parat –
Und ins Grab, allbekannt ist das Ende,
Wird gelegt, anonym, ein Soldat.

(Übertragung: RD)[7]

Nicht Hoffnungslosigkeit regiert den Zyklus. Im dritten Gedicht zeigt sich eine Ankündigung, jenes *Neue*, die *Botschaft im Lichtstaub der Räume*, erlösendes Wort, ein künftiger und wirklicher Humanismus, welcher dem Übel des Brudermordes ein Ende zu setzen hat. Die poetische Utopie einer alles verändernden Botschaft. Und in einer Strophe des siebten Gedichtes erhebt sich ein unanimistisches Wir zum entschlossenen Handeln im Namen der Lebensluft, des freien Atmens:

Нам союзно лишь то, что избыточно,
Впереди — не провал, а промер,
И бороться за воздух прожиточный —
Это слава другим не в пример. /I,248/

Überfülle: nur sie kann Verbündung uns geben,
Vor uns – Ausmaß, nicht Ausfall, nichts ruht,
Und der Kampf um die Luft, drin zu leben –
Ist uns Ruhm, unvergleichbar und gut.

Beklemmend, wie Mandelstam – einer unter vielen – im letzten Gedicht des Zyklus (No. 8) als eindringliche Mahnung seine Geburtszeit und seine Jahrzahl dekliniert. Selbst im präzisen Datum sind die Grenzen des Ich überschritten – es ist die Identität *irgendeines* Geschundenen, die Identität des unbekannten Soldaten, die in diesem Flüstern hörbar wird:

Наливаются кровью аорты
И звучит по рядам шепотком:
— Я рожден в девяносто четвертом,
Я рожден в девяносто втором...
И, в кулак зажимая истертый
Год рожденья с гурьбой и гуртом,
Я шепчу обескровленным ртом:
— Я рожден в ночь с второго на третье
Января в девяносто одном
Ненадежном году, и столетья
Окружают меня огнем. /I,248f./

Von dem Blut schwellen an die Aorten
Und ein Flüstern klingt hin durch die Schar:
– Vierundneunzig, da bin ich geboren,
Und ich Zweiundneunzig, in jenem Jahr . . .
Und dann preß ich, zerreibe im Fäustepaar
Meine Jahrzahl, die zahllos geteilte,
Und ich flüstre mit blutleeren Lippen:
Bin geboren zur Nachtzeit vom zweiten zum dritten
Januar Einundneunzig, im glücklosen Jahr –
Und wie Feuer umzingeln mich: Zeiten.

Gewiß liegt in diesem letzten Teil des Zyklus ein Unanimismus angesichts des Todes. Doch selbst das Requiem schließt eine Gemeinschaft, eine Verbündung mit den

Namenlosen nicht aus. Dieses Sich-Einfügen in eine Reihe, das Aufgehen in einer Gruppe von Mitmenschen ruft jenes unanimistische Programmgedicht von Georges Duhamel in Erinnerung, das Mandelstam in den zwanziger Jahren ins Russische übertragen hatte.

DUHAMELS »ODE AN EINIGE MENSCHEN«

Übrigens ist anzumerken, daß sich in den Gedichten wie in der Prosa der Unanimisten formelgleich des öfteren die Anrede findet: »einer von vielen, irgendeiner«. (Vgl. Duhamel – Ode an einige Menschen) /II, 359/. /. . ./

Der Geist Whitmans ist in klaren und präzisen lateinischen Formeln wiedergeboren worden. »Irgendeiner«, »einer von vielen« wurde zum Maß der Dinge, zum goldenen Maß der Epoche, zur Quelle von Rhythmus und Kraft.

Diese Lastpferddichter, Zugpferddichter haben noch einmal den schweren Wagen des lateinischen Genius in Bewegung gebracht /II, 360/.

Die Ode Georges Duhamels (1884–1966), auf die Mandelstam 1927 in seinem Vorwort zu Jules Romains' Theaterstück verweist, hatte er selber 1923 ins Russische übertragen und in einer Zeitschrift zugänglich gemacht. Jene *Ode à quelques hommes* eröffnete Duhamels Gedichtband *Compagnons (Poèmes 1910–1912)*, kennzeichnet die programmatische Öffnung des Einzelwesens für das Leben in der Gruppe, eine Hinwendung zu Mitmenschen, zur Solidarität mit ihnen. Hier die entscheidende Stelle bei Duhamel und bei Mandelstam:

. . .
A vous donc, compagnons! Je sais qu'on peut aimer
Dans l'eau courbe et miraculeuse des prunelles
Plus de ciel qu'entre les maisons.

A vous donc! Acceptez l'homme qui se présente
Avec cette figure anxieuse et troublée.
Acceptez l'homme qui peut mesurer votre âme,
Et qui sait ce que vaut le toucher d'une main.
Acceptez-moi, compagnons aux mille visages!
Car j'ai quitté de grands et d'émouvants spectacles
Pour ce spectacle que vous êtes.[8]

На выручку, спутники! Любовь пьет охотнее влагу
В чудной и выпуклой линзе зрачков
Чем в голубом расщепе крыш.

На выручку, спутники. Примите человека
С затуманным ликом и страхом в плечах,
Несущего объем для вашей душевной меры
И знающего цену касаньям руки, —
Примите меня, спутники, с тысячью глаз и улыбок,
Ведь я отвернулся от высоких и нежных зрелищ
Ради зрелища вас одних. /II,470/

Zu Hilfe, Gefährten! Mit mehr Freude trinkt Liebe die Feuchte
in der wunderbaren und gewölbten Linse der Pupillen
als im blauen Spalt zwischen den Dächern.

Zu Hilfe, Gefährten. Nehmt einen Menschen auf
mit verdunkeltem Antlitz und Angst in den Schultern,
der den Rauminhalt trägt für das Maß Eurer Seelen
und den Wert der Berührungen einer Hand kennt –
nehmt mich auf, Ihr Gefährten, mit tausend Augen und Lächeln,
denn ich habe mich abgewandt von hohen und zärtlichen Schauspielen
um des Schauspiels willen, das Ihr seid.

Übersetzerirrtum oder bewußte Umgestaltung? Gewiß ist Mandelstams Version sinnlich-konkreter, betastbarer, anschaulicher (die *Angst in den Schultern*), gefühlsbetonter – das für seine Lyrik charakteristische Adjektiv *zärtlich* tritt auf, und aus Duhamels nüchternen *tausend Gesichtern* macht Mandelstam *tausend Augen und Lächeln.* Eine eigentliche Abweichung oder gar tiefgreifende Umgestaltung liegt jedoch im Anruf der Gefährten vor. Duhamels Ausdruck der Widmung, der Hingabe (*A vous donc!* – für Euch nun, zu Euch denn) wird bei Mandelstam zu einem Hilferuf, zu einer Bitte um Beistand.

Die Duhamel-Übertragung von 1923 läßt sich im Kontext von Mandelstams Gedichten der Jahre 1921–1925 lesen, Gedichten der Krise, der Verstörung, der Auseinandersetzung mit der Epoche, wo sich ein Gefühl der Entfremdung und der Isolation ankündigt. Mandelstams Übertragung ist als Hilferuf eines Dichters zu interpretieren, dem es schwerfällt, sich als Zeitgenosse zu fühlen, den sich öffnenden Graben zwischen ihm und den Zeitgenossen noch zu überbrücken. Dies ist der Anfang eines Gedichtes von 1924:

Нет, никогда ничей я не был современник,
Мне не с руки почет такой,
О как противен мне какой-то соименник,
То был не я, то был другой. /I,113/

War niemands Zeitgenosse, wars in keiner Weise,
solch Ehre ist zu hoch für mich.
Ein Greuel, wer da heißt, wie sie mich heißen,
das war ein andrer, war nicht ich.

(Übertragung: Paul Celan)[9]

Erst in einem Gedicht des Jahres 1931 (*Mitternacht in Moskau*) wird Mandelstam eine Antwort auf diesen Text unternehmen – Versuch einer Annäherung an seine Epoche – und den Vers schreiben: *Es ist Zeit, daß ihr wißt: auch ich bin Zeitgenosse* /I, 184/.

Ein Indiz, daß Mandelstam die Übertragung der Ode Duhamels im Kontext seiner Zeitgenossenproblematik

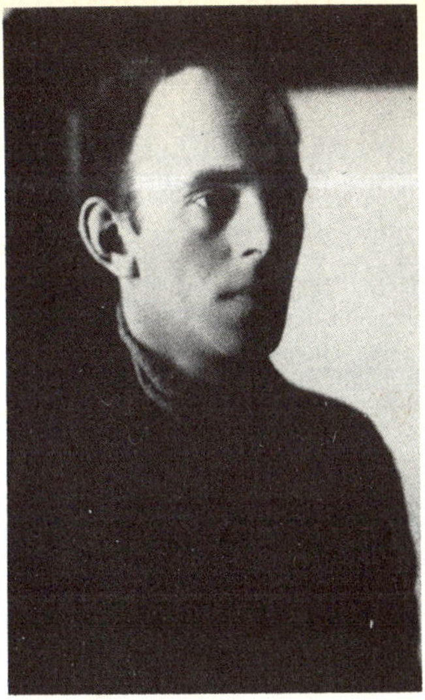

OSSIP MANDELSTAM,
1922

geschaffen hat, stellt auch die Anrede *Ihr Zeitgenossen* dar, die in der neunten Strophe auftaucht. Bei Duhamel ist nichts Derartiges zu finden. Die Anrede bleibt beim französischen Autor immer diesselbe: *compagnons*, was Mandelstam in allen anderen Fällen mit dem russischen Wort für *Gefährte/Weggenosse* übersetzt. Das Problem einer Zeitgenossenschaft war für Mandelstam zu brennend, als daß es nicht auch in eine dichterische Übertragung hätte schlüpfen können. Neben jenem Hilferuf ist auch die Bitte um Aufnahme in der Gemeinschaft für Mandelstam von höchster Bedeutsamkeit (*Nehmt einen Menschen auf/ mit verdunkeltem Antlitz und Angst in den Schultern . . .*).

Der unanimistische Gestus der Ode Duhamels muß Mandelstam berührt und beschäftigt haben. Dem Autor Duhamel jedoch wird er weniger wohlgeneigt sein als dem Begründer des Unanimismus, Jules Romains. In einer Rezension auf Duhamels Reiseberichte der *Géographie cordiale de l'Europe* von 1931 kritisiert er gerade jene Tendenz zu Nationalismus und Chauvinismus, deren Abwesenheit er bei Jules Romains lobend hervorgehoben hatte. Ironisch wird Duhamels Wille geschildert, in ganz Europa nur Frankreich wiederzufinden: *Griechenland veranlaßt ihn zu Betrachtungen darüber, wie die Franzosen wahrhaftige Fortsetzer des hellenistischen Geistes seien; gerührt ist er über die französischen Buchrücken in der Bibliothek eines neugriechischen Dichters: wohin du auch fährst, überall stehen Racine und Molière* /III, 88/!

Mit Offenheit und Interesse hat Mandelstam Jules Romains' Unanimismus aufgenommen und in ihm wohl für einen Augenblick den Ausweg aus der sich ankündigenden *babylonischen, assyrischen* Menschenverachtung der neuen Ära gesucht. Jedenfalls befragt er mit Verständnis jenen *zärtlichen Respekt*, jene *heroische Liebkosung des Menschen in der Menge* /II, 359/ auf ihre Gültigkeit, auf ihre Eignung zu einem modernen, verwandelten Humanismus. Keine andere zeitgenössische literarische Strömung in Frankreich vermochte in einem solchen Grade Mandelstams Aufmerksamkeit zu erwecken.

Das Übergewicht vergangener Epochen, das Überwiegen von Autoren des siebzehnten (Racine), des achtzehnten (Chénier) und des neunzehnten Jahrhunderts (Barbier, Verlaine) in der vorliegenden Skizze des Dialoges eines modernen russischen Dichters mit der französischen Literatur könnte Erstaunen hervorrufen. Erinnert sei an die Tatsache, daß der herkömmliche Begriff der Zeitgenossenschaft oder Epochenbegriffe in der Mandelstamschen Poetik aufgelöst sind (S. 39–51: *Gesprächspartner über Raum und Zeit hinweg*). Es gibt nichts Vergangenes. Der Vorläufer ist Nachbar und Freund. Die Gräben zwischen den Epochen sind überschritten, die älteren Autoren ebenso gegenwärtig wie die sogenannten zeitgenössischen. Dies gilt auch für die ältesten Perioden der französischen Literatur, für die Werke des Mittelalters, mit denen sich Mandelstam besonders verbunden fühlte. Vom zeitlich Naheliegendsten, dem Unanimismus, hier also der Sprung zum *scheinbar* Entlegensten, zu François Villon und der ihn nährenden Welt des französischen Mittelalters.

Lebenslange Freundschaft
(François Villon, das französische Mittelalter)

Je meurs de seuf auprés de la fontaine,
Chault comme feu et tremble dent a dent,
En mon pays suis en terre loingtaine,
Lez ung brasier frissonne tout ardent,
Nu comme ung ver, vestu en president,
Je riz en pleurs et attens sans espoir,
Confort reprens en triste desespoir,
Je m'esjouys et n'ay plaisir aucun,
Puissant je suis sans force et sans pouoir,
Bien recueully, debouté de chascun.

FRANÇOIS VILLON, Ballade des Dichterwettstreits zu Blois oder »Ballade der Widersprüche«

Ich sterbe dürstend nahe bei der Quelle,
Ich glühe heiß, mir klappert Zahn an Zahn;
Ich sitze frierend an der Feuerstelle,
Im eignen Vaterland ein fremder Mann;
Nackt wie ein Wurm und fürstlich angetan,
Vor Tränen lachend, harrend hoffnungslos,
Getröstet nur in der Verzweiflung Schoß:
In meiner Freude ist die Lust dahin,
Und mächtig bin ich Macht und Kräfte los,
Ich – überall beliebt und so verschrien.

(Übertragung: Carl Fischer)

DIE GEFÄNGNISPOESIE DES VAGABUNDEN VILLON

François Villon (1431–1463?) ist der französische Dichter, zu dem sich Mandelstam während seines ganzen Lebens rückhaltlos bekannt hat, den er immer als Vertrauten und Gefährten ansprach, selbst da noch, wo der Leser eine leise Ironie im Text zu vernehmen glaubt. Ob der mittelalterliche Poet und Vagabund als Mitstreiter gegen den russischen Symbolismus oder als Verbündeter gegen den Stalinschen Terror von Mandelstam adoptiert wird – Villon ist immer und unbedingt *Freund*. Wie fast im ganzen postumen Schicksal des französischen Poeten ist Villon auch in Mandelstams Lektüre als Dichter Existenzfigur – sein Leben und sein Werk sind kaum je voneinander geschieden.[1] Mandelstam hat in dieser zwiespältigen Existenzfigur des Ausgestoßenseins und der Freiheitsliebe den Spiegel seines eigenen Weges gesehen, wie denn auch beim russischen Dichter, und besonders in den dreißiger Jahren, Existenz und Schaffen unablösbar miteinander verhaftet sind.

Die Freundschaft zum französischen Dichter ist anhand von Texten aus allen Schaffensjahrzehnten Mandelstams zu belegen, mit Zeugnissen der zehner, der zwanziger und der dreißiger Jahre. Das erste Zeugnis stammt aus dem Jahre 1913 und stellt einen der ersten Versuche Mandelstams in essayistischer Prosa dar, das letzte wurde im Jahre 1937 geschaffen, findet sich in einem der letzten Gedichte überhaupt.

Betrachtet sei zunächst ein Dokument aus der »Mitte«, eine Reiseskizze der ersten Hälfte der zwanziger Jahre: *Die Rückkehr*, ein Text, der wohl die Vorstudie oder einen Entwurf zur 1923 veröffentlichten Skizze *Die Menschewiken in Georgien* darstellt. In der *Rückkehr* gibt es eine Passage über Gefängnisse. Daß der Name François

Villons dort auftaucht, kann kein Zufall sein: die wenigen Daten aus dem Leben Villons, die man kennt, sind zumeist mit Aufenthalten hinter Gittern verknüpft. 1455, drei Jahre nach seinem Magisterexamen an der Sorbonne, ist er in ein Handgemenge verwickelt, bei dem der Priester Philippe Sermoise ums Leben kommt. 1462 sitzt er wegen des 1456 begangenen Einbruchs im Collège de Navarre in Haft, 1463 wegen einer von ihm angezettelten Schlägerei. Er wird zum Tod durch den Strang verurteilt, auf Grund einer Appellation jedoch zu einer zehnjährigen Verbannung aus Paris begnadigt.[2]

Auch ein Detail aus der Biographie Mandelstams ist zum Verständnis der *Rückkehr* unerläßlich: der Dichter war während der russischen Bürgerkriegswirren im Sommer 1920 zweimal verhaftet worden, zuerst auf der Krim von den Truppen des »weißen« Barons Wrangel, als angeblich bolschewistischer Spion, sodann in der georgischen Stadt Batumi von den Menschewiken, die Mandelstam als einen Doppelagenten festnahmen, der für Wrangel *und* für die Bolschewiken gearbeitet hätte.[3] Das Mißtrauen bestimmte die Atmosphäre am Schwarzen Meer, und Gefängnisaufenthalte wurden fast zur Gewohnheit – von da her rührt die Ironie des Mandelstamschen Gefängnisporträts: *Ach ihr Gefängnisse, Gefängnisse! Ihr Verliese mit Eichentüren, klirrenden Schlössern, wo der Gefangene eine Spinne füttert und dressiert und zur Fensternische hinaufklettert, um Luft und Licht zu trinken in der kleinen verstärkten Luke; ihr romantischen Gefängnisse des Silvio Pellico, die ihr den Lesebüchern teuer seid, mit Verkleidungen, mit dem Dolch im Brote, mit der Tochter des Kerkermeisters; ihr liebenswerten dekadent-feudalen Gefängnisse* VILLONS, MEINES FREUNDES UND LIEBLINGS *– Gefängnisse, Gefängnisse, alle seid ihr auf mich eingeströmt, als die donnernde Türe zugeschlagen wurde und ich das folgende Bild sah: in der leeren, schmutzigen Zelle kroch ein junger Türke über den Stein-*

FRANÇOIS VILLON (1431–1463?), HOLZSCHNITT AUS DER ERSTEN VILLON-AUSGABE VON PIERRE LEVET (1489)

boden und putzte konzentriert alle Ritzen und Winkel mit einer Zahnbürste /III, 23f./. (Hervorhebung: RD).

Durch die Nachbarschaft zu den romantischen Gefängnissen Silvio Pellicos (*Prigioni*, 1832) werden die Gefängnisse Villons selber romantisiert, ja beinah zum Idyll stilisiert. Der immer nur durch Glücksfälle und unverhoffte Begnadigungen dem Strang entschlüpfte François Villon hätte sich gegen eine solche Sicht seiner Kerkertage verwahrt. Im Sommer 1461 etwa hatte er in den Gefängnissen des Bischofs von Orléans, Thibault d'Aussigny, die Folter gekostet, und wäre er nicht zum Anlaß der Thronbesteigung Louis' XI. amnestiert worden, hätte er nicht einmal mehr Zeit gehabt, sein Hauptwerk, das

Große Testament, zu verfassen. Für Kerker wie Bischof findet er denn in der Eröffnung des *Testaments* keinerlei milde Worte:

Peu m'a d'une petite miche
Et de froide eaue tout ung esté;
Large ou estroit, moult me fut chiche:
Tel luy soit Dieu qu'il m'a esté![4]

Im Sommer saß ich in der Zelle
Bei Wasser und bei trocken Brot:
Karg oder larg – es war die Hölle –
Gott zahl ihm heim, was er mir bot!

(Übertragung: Carl Fischer)[5]

Bei aller launigen Verzeichnung – zwischen Ironie und Idyll – ist Mandelstams Reiseskizze von 1923 für unsere Belange höchst bedeutsam. Durch die unmißverständlichen Titel *Freund und Liebling* weist das zitierte Fragment auf das Bekenntnisgedicht von 1937 voraus, das Adjektiv *lieb/liebenswert* ist ein Hinweis auf Mandelstams dauerhafte Neigung für das französische Mittelalter, und die Tendenz zur Romantisierung erinnert an den biographischen Teil des frühen Villon-Essays, den der zweiundzwanzigjährige Mandelstam 1913, im Manifestjahr des Akmeismus veröffentlicht hatte.

FRANÇOIS VILLON – DER ERSTE AKMEIST

Nadeschda Mandelstam hat in ihren Memoiren die außerordentliche Wichtigkeit der frühen Essays betont, in denen Mandelstam bereits seine Grundgedanken formuliert habe – und diese Grundgedanken seien bis zum Schluß unwiderrufen geblieben. Dem Villon-Essay komme darüber hinaus eine besondere Bedeutung zu: in ihm mischten sich Selbstbekenntnisse Mandelstams unter die Aussagen über Villon, und ein Gefühl der Verwandtschaft deute sich an.[6]

Begonnen wurde der Text über Villon vermutlich noch 1910 in Heidelberg, wo Mandelstam während zweier Semester bei Fritz Neumann altfranzösische Sprache und Literatur studierte.[7] 1913, im Manifestjahr des Akmeismus, steht der Essay im vierten Heft der Zeitschrift *Apollon*, begleitet von einigen Ausschnitten aus Villons *Testament* in einer Übertragung Nikolaj Gumilevs. Weit davon entfernt, sich von diesem jugendlichen Versuch loszusagen, läßt Mandelstam den Villon-Text seine 1928 in Buchform erscheinende Essaysammlung *Über Poesie* beschließen. Dort ist als Entstehungsdatum das Jahr 1910 angegeben.

Der Villon-Essay ist eine reizvolle Mischung von Angelesenem und Gedanken von bemerkenswerter Originalität (der vollständige Text – in deutscher Erstübertragung – ist dem vorliegenden Essay als POSTSCRIPTUM beigefügt). Er widerspiegelt zunächst einmal die französische Villon-Kritik der Jahrhundertwende – etwa gleich zu Beginn des Textes, mit dem Vergleich von Verlaine und Villon: *Astronomen vermögen die Wiederkehr eines Kometen nach Ablauf einer großen Zeitspanne genau vorauszusagen. Für diejenigen, die Villon kennen, stellt das Auftauchen Verlaines ein ebensolches astronomisches Wunder dar. Die Schwingungen dieser beiden Stimmen sind sich verblüffend ähnlich. Außer der Klangfarbe und der Biographie jedoch verbindet diese Dichter eine beinah gleiche Mission in der Literatur ihrer Zeit* /II, 301/. In Heidelberg muß Mandelstam das 1901 erschienene Buch *François Villon* von Gaston Paris gelesen haben. Den Vergleich von Villon und Verlaine nämlich, dem auch Paul Valéry noch 1937 huldigt[8], hatte Gaston Paris in Mode gebracht: *Verlaine war ein moderner Villon, der, wie der ältere, das Laster kannte, Elend und Ge-*

fängnis, der in wechselhafter Liebe Margot und die Jungfrau Maria liebte und es verstand, wie der ältere, inmitten seines »Schmutzes« eine Blüte von seltener Poesie zu bewahren.[9] Hinzugefügt sei jedoch, daß Paul Verlaine selber den Vergleich gesucht hatte, selbst wenn er ihn kokettierend verleugnete:

J'idolâtre François Villon,
Mais être lui, comment donc faire?
C'est un roi du sacré vallon.
J'idolâtre François Villon

Et c'est mon maître en Apollon.
Mais l'homme, c'est une autre affaire!
J'idolâtre François Villon,
Mais être lui, comment donc faire? /. . ./

(1893?)[10]

Mandelstam steht auch in Gaston Paris' Schuld, wenn er zu Beginn seines Textes auf zwei Werke der mittelalterlichen französischen Literatur Bezug nimmt, auf den *Roman de la Rose* (1237–1280) und Alain Chartiers *Belle Dame sans mercy* (1424). Der französische Kritiker hatte Villon in die mittelalterliche Literaturtradition gestellt und ihn als Erben des Rosenromans und Alain Chartiers charakterisiert.[11]

Einen beträchtlichen Teil des Essays nimmt die romaneske Lebensbeschreibung ein. Dieses Vergnügen an der mysteriösen und aufregenden Villon-Biographie spiegelt durchaus auch die Interessen der damaligen Forschung, welche durch die Archivfunde von Auguste Lognon (in dessen Ausgabe von 1892 Mandelstam seinen Villon gelesen haben muß) und Marcel Schwob, der ebenfalls 1892 in einem Essay die bisherigen Ergebnisse der Villon-Exegeten einem breiteren Publikum zugänglich machte, neuen Auftrieb erhalten hatte.[12] Aus diesen

Quellen hat Mandelstam sein Wissen bezogen – etwa über die Pariser Studentenunruhen von 1451–1453, in die Villon verwickelt sein mußte und in deren Verlauf Wirtshausschilder und Grenzsteine gestohlen wurden, worauf der Hügel der Pariser Stadtheiligen Sainte-Geneviève, im Quartier Latin gelegen, Zeuge seltsamer heidnischer Rituale und gröbster Studentenspäße wurde; über Villons ersten Konflikt mit dem Gesetz, als bei einem Handgemenge der Geistliche Sermoise ums Leben kommt; über den großen Einbruch im Collège de Navarre, die Gefängnisaufenthalte und die Jahre der Irrfahrten.[13]

Doch Mandelstams Essay ist nicht ein Sammelsurium von Angelesenem – seine Handschrift ist bereits unverkennbar, und es zeigt sich hier schon jenes kunstvolle Ineinandergreifen von Epochen- und Personenporträt (amalgamiert mit literaturkritischer Reflexion), jene *Verkürzung der Distanz zwischen Figur und kulturellem Hintergrund*[14], welche bereits die Technik von *Das Rauschen der Zeit* (1925) ankündigt. Im Erzählton liegt eine eigenwillige Familiarität, die da und dort gar komplizenhaft erscheint. Die Sympathie Mandelstams für den spätmittelalterlichen Poeten ist nicht abzuleugnen. Mandelstam erzählt jedoch nicht um des Erzählens willen, sondern eignet sich die Wege des französischen Vagabunden so zwanglos-unbefangen an, um ihn zum Kronzeugen der neuen literarischen Gruppierung zu machen, die in Petersburg um 1912 im Entstehen begriffen war.

Im Villon-Essay kommt schon früh eine anti-symbolistische Position zum Ausdruck. Wenn sie 1910 in Heidelberg noch nicht im Text lag, ist sie 1911 oder 1912, als Mandelstam sich in der den Akmeismus vorbereitenden *Dichtergilde* um Nikolaj Gumilev bewegte, hinzugekommen. Mandelstams Interessen waren eine wichtige Anregung für Nikolaj Gumilev, der 1913 in seinem Manifest *Das Erbe des Symbolismus und der Akmeismus* bezüglich der

Stammväter der neuen Strömung festhält: *In Kreisen, die dem Akmeismus nahestehen, werden am häufigsten die Namen Shakespeare, Rabelais, Villon und Théophile Gautier ausgesprochen. Die Wahl dieser Namen ist nicht willkürlich. Jeder von ihnen ist ein Grundstein für das Gebäude des Akmeismus, eine hohe Konzentration dieses oder jenes seiner Elemente. Shakespeare hat uns die Innenwelt des Menschen gezeigt, Rabelais – den Körper und seine Freuden, eine kluge Leiblichkeit. Villon hat uns vom Leben gekündet, das nicht im geringsten an sich zweifelt, auch wenn es alles kennt, sowohl Gott als auch das Laster, sowohl den Tod wie auch die Unsterblichkeit; Théophile Gautier fand in der Kunst für dieses Leben die würdige Kleidung makelloser Formen. Diese vier Momente in sich zu vereinigen, ist der Traum, der nun jene Menschen untereinander verbindet, die sich so kühn die Akmeisten nennen.*[15]

Von allem Anfang an gibt Mandelstam in seinem Essay zu verstehen, daß er in Villon einen Mitstreiter gegen den Symbolismus sehen will, auch wenn dem Franzosen dadurch eine literarhistorisch schwer zu vertretende Rolle erwächst (Villon wäre der Überwinder der *Rhétoriqueurs*, eines literarischen Stils, der erst *nach* ihm, zwischen 1470 und 1520, seine Blüte erlebte)[16]: *Beiden war es beschieden, in einer Epoche gekünstelter Treibhausdichtung aufzutreten, und ähnlich wie Verlaine die* SERRES CHAUDES /Treibhäuser; RD/ *des Symbolismus durchschlug, warf Villon der mächtigen Rhetorischen Schule, die man mit vollem Recht als den Symbolismus des 15. Jahrhunderts auffassen darf, seine Herausforderung entgegen* /II, 301/.

Villon wird in Mandelstams Essay durch seine Themenwahl zum Akmeisten vor der Zeit: seine *Ablehnung des Mondes*, die Mandelstam ihm zuschreibt, stünde für die Überwindung eines veralteten, entrückten, jenseitigen Themas, seine Bevorzugung von *gebratenen Enten* /II, 306/ wiese ihn als Jünger einer diesseitsbezogenen (lies: akmeistischen) Thematik aus. Erinnert sei an die Tatsache, daß das erste wirklich akmeistische Gedicht Mandelstams (aus dem Jahre 1912), in dem sein Dichterkollege Nikolaj Gumilev den *Wendepunkt* zwischen Symbolismus und Akmeismus sah[17], mit der Verneinung des Mondes anhebt und eine Bejahung des »Hier und Jetzt« darstellt:

Нет, не луна, а светлый циферблат
Сияет мне, и чем я виноват,
Что слабых звезд я осязаю млечность?

И Батюшкова мне противна спесь:
«Который час?» его спросили здесь,
А он ответил любопытным: «вечность». /I,18/

Nein, nicht den Mond – ein Zifferblatt
seh ich dort leuchten. Was kann ich dafür,
daß ich die Sterne milchig seh und matt?

Wie dünkelhaft war Batjuschkows Bescheid!
»Wie spät ist es?« so fragten sie ihn hier,
und die es wissen wollten, hörten: »Ewigkeit«.

(Übertragung: Paul Celan)[18]

Ein weiterer implizit akmeistischer Zug Villons liegt in dessen Erkenntnis des *Abgrundes zwischen Subjekt und Objekt* /II, 305/. Im Manifest von Gumilev ist dies eines der wichtigsten Argumente in der Abgrenzung des Akmeismus vom Symbolismus: bei den Symbolisten hatten sich die Grenzen zwischen Subjekt und Objekt verwischt, alles war durch geheimnisvolle *Entsprechungen* (die *correspondances* aus dem gleichnamigen Sonett Baudelaires) miteinander verbunden.

Mandelstams Essay ist auch da für den Akmeismus charakteristisch, wo er nicht direkt von Villon handelt. Im Abschnitt über die Hiobsgestalten des politisch sehr bewegten 15. Jahrhunderts (die Zeit der englischen Besatzung und anschließender innenpolitischer Wirren) und über deren *Gefängnisdichtung* fällt das Stichwort von der *höflichen romanischen Seele* /II, 305/. Wie etwa zur selben Zeit bei den anglo-amerikanischen Imaginisten um Ezra Pound (*The Spirit of Romance*, 1910) herrschte unter den Akmeisten ein Kult des romanischen Geistes. Das bereits erwähnte Manifest des Klarismus (S. 108) von Michail Kuzmin (*Über die herrliche Klarheit*, 1910) ist eine Hymne auf die *apollinische Betrachtung der Kunst*, die den romanischen Völkern eigne. Und auch Gumilev feiert 1913 in seinem Manifest, wo drei von den vier Stammvätern des Akmeismus Franzosen sind, den romanischen Geist – in Abgrenzung vom »germanischen« des russischen Symbolismus: *Der romanische Geist liebt zu sehr das Element des Lichtes, das die Gegenstände heraustrennt, die Umrißlinie deutlich sich abzeichnen läßt; jenes symbolistische Zerfließen aller Bilder und Dinge, die Unbeständigkeit ihres Angesichts, hatte nur im nebligen Dunkel der germanischen Wälder entstehen können. /. . ./ Die neue Strömung, von der ich oben gesprochen habe, gibt dem romanischen Geist entschieden den Vorzug vor dem germanischen.*[19]

An einer Stelle jedoch scheint sich ein tiefer Widerspruch zwischen der Gestalt Villons und der akmeistischen Doktrin zu ergeben. Wiederholt weist Mandelstam auf die *Amoralität* Villons hin. 1922, im Essay *Über die Natur des Wortes*, in seinem Rückblick auf die Anfänge des Akmeismus, hebt Mandelstam hingegen die *moralische Wiedergeburt* hervor, die sich mit der Ablösung vom Symbolismus vollzogen habe. In diesem Essay versteht Mandelstam den lebensbejahenden Akmeismus als Auflehnung gegen den vom Symbolisten Valerij Brjusov gepredigten Dämonismus und Nihilismus /II, 258/. Der Widerspruch läßt sich in drei Richtungen lösen. Nachdem Mandelstam in Abwandlung eines Verlaine-Verses die Villonsche *Poetik des Dynamischen* (*Du mouvement avant toute chose* /II, 306) skizziert hat, spricht er die Vermutung aus, Villon sei nicht vom Dämonismus, sondern von der *Dynamik des Verbrechens* fasziniert gewesen; die finstere Gesellschaft, mit der er sich verband, hätte ihn durch *großes Temperament*, durch einen *mächtigen Lebensrhythmus* gefesselt. Der Kult der Bewegung, der Dynamik hat hier für Mandelstam den Vorrang vor einer epochenabhängigen Moralität.

Eine weitere Auflösung des Widerspruchs ergibt sich durch Beizug des ebenfalls 1913 in *Apollon* veröffentlichten Essays *Über den Gesprächspartner* (vgl. S. 40 f.). Mandelstam trifft dort eine Unterscheidung zwischen Dichtung und Literatur. Der Literat halte sich an das Grundgesetz, daß Belehrung der Nerv der Literatur sei. Der Dichter jedoch spreche nicht von einer moralisch höheren Warte aus zu seinen Zeitgenossen, sondern sei nur mit dem *providentiellen Gesprächspartner*, seinem künftigen Leser verbunden. Villon, in dessen Versen der providentielle Gesprächspartner Mandelstam einen *lebendigen Reiz* findet, habe weit unter dem durchschnittlichen geistigen und sittlichen Niveau der Kultur des 15. Jahrhunderts gestanden /II, 237 f./. Die endgültige Auflösung des Widerspruchs jedoch wird Mandelstam im Villon-Gedicht von 1937 leisten, wie wir noch sehen werden – durch eine politisch bedingte radikale Umwertung der Begriffe von Moral und Unmoral.

Nicht die ganze Themenfülle des Villon-Essays kann hier diskutiert werden – auch wenn etwa Mandelstams Überlegungen zur Autonomie der Kunst, zur Zeit- und Kunstphilosophie des Dichters (zu den *Wurzeln des Augenblicks*, die der Künstler unversehrt aus dem *Erdboden der Zeit* heben müsse) oder zur Gespaltenheit des Lyrikers im Namen eines *inneren Dialoges*, zu seinem *lyrischen Hermaphroditismus* (*Welch eine vielfältige Auswahl bezaubernder Duette: der Betrübte und der Tröstende, die Mutter und das Kind, der Richter und der Angeklagte, der Besitzende und der Bettler* . . . /II, 305) besonders lohnend erschienen.

Zwei Dinge in diesem Text über den *mächtigen Visionär* Villon /II, 307/ seien hier jedoch herausgegriffen, da sie bei Mandelstam eng mit der französischen Kultur verknüpft sind. Da ist zunächst die Faszination der Welt des Mittelalters – eine der Konstanten des Mandelstamschen Werkes. Der Villon-Essay ist geprägt vom Bestreben des Dichters, sich in das Weltgefühl des mittelalterlichen Menschen zu versetzen. Bezeichnend etwa die Aussage, die Menschen des Mittelalters hätten sich als *Kinder der Stadt, der Kirche, der Universität* begriffen /II, 303/. Bedeutet wird hier ein kindliches Aufgehobensein der Menschen in einer für sie bis in die Ständeordnung gottgewollten, intakten und ganzheitlichen Welt diesseits der modernen Zerrissenheit. Villon liebt er denn nicht seiner vielgepriesenen Modernität wegen, sondern als Verkörperung des Mittelalters, das er im Essay eine *physiologisch-geniale Epoche* nennt, es damit als körperlich-organisches, unteilbar kluges Ganzes verstehend: *Das Mittelalter klammerte sich hartnäckig an seine Kinder und trat sie nicht freiwillig an die Renaissance ab. Das Blut des authentischen Mittelalters floß in den Adern Villons. Ihm ist er verpflichtet mit seiner Ganzheit, seinem Temperament, seiner geistigen Eigenart* /II, 308/.

Eng mit der Faszination des Mittelalters verknüpft ist bei Mandelstam der Kult der gotischen Architektur. Frische und Originalität kennzeichnen hier seine Gedanken. Jahre bevor der französische Kritiker Jean-Marc Bernard in Villons *Testament* eine *literarische Kathedrale* entdeckte (1918)[20], hatte der russische Dichter die *Physiologie der Gotik* in Villons Versen aufgespürt und den Poeten in die Nähe der Kathedralenerbauer gerückt. *Nun wird man sagen: was hat denn die herrliche Rhythmik der* TESTAMENTS, *die einmal launisch ist wie ein Stehaufmännchen, dann wieder*

»DER BAU DES TEMPELS IN JERUSALEM«. MINIATUR VON JEAN FOUQUET, ENDE 15. JAHRHUNDERT

gemessen wie eine kirchliche Kantilene, mit der Kunst der gotischen Baumeister gemeinsam? Aber ist denn die Gotik nicht der Triumph der Dynamik? /. . ./ Wodurch, wenn nicht durch das Gefühl für Architektonik, erklärt sich das wundervolle Gleichgewicht jener Strophe, in der Villon seine Seele über die Gottesmutter – CHAMBRE DE LA DIVINITÉ *– und die neun Himmelslegionen der Dreifaltigkeit anvertraut* /Achtzeiler LXXXV des *Testament*; RD/*?. Dies ist kein blutarmer Flug auf den Wachsflügelchen der Unsterblichkeit, sondern ein architektonisch begründetes Aufsteigen gemäß den Schichten der gotischen Kathedrale* /II, 308/.

Gewiß hatte Villon die Kunstwerke der Kathedralenerbauer in der Ile-de-France zeitlebens *vor Augen*, gewiß waren deren Schöpfungen gegenwärtig. Die kühne Assoziation eines Dichters des 15. Jahrhunderts mit den Größen des Kathedralenbaus (zweite Hälfte des 12. Jahrhunderts/13. Jahrhundert) zeigt jedoch, daß sich Mandelstams Mittelalter-Leidenschaft eher in den Bereichen des Mythos aufhält als in denjenigen der Historie. All jene Züge des ausgehenden Mittelalters, welche Niedergang bedeuten – es ist die Epoche des Aberglaubens, der Teufels- und Hexenangst, der Tode auf dem Scheiterhaufen, des Bewußtseins einer Endzeit, des *Totentanzes*[21] – sind aus diesem Mythos verbannt. François Villon erscheint beim russischen Dichter als direkter Erbe jener gewaltigen, ungebrochenen Schaffenskraft, die zum Kathedralenbau notwendig war, und in dieser gotischen Kathedrale vermögen sich für ihn noch immer unverändert Weltgefühl, Ständeordnung und Ethik des mittelalterlichen Menschen – mit ihren ineinandergreifenden Prinzipien des notwendigen *Dienstes* am Ganzen bei intakter *Würde* des Einzelnen – zu versinnbildlichen. *Der Mensch des Mittelalters fühlte sich im Weltgebäude ebenso unentbehrlich und gebunden wie ein beliebiger Stein im gotischen Bau, der mit Würde den Druck der Nachbarn aushält und als unumgänglicher Einsatz in das allgemeine Spiel der Kräfte eingeht* /II, 308/.

Beide herausgegriffenen und bei Mandelstam in enger Verbindung stehenden Themen – Faszination des Mittelalters, Kult der gotischen Architektur – bedürfen hier je eines kleinen Exkurses, eines Ausblickes auf ihr weiteres Schicksal in Mandelstams Werk.

GOTISCHE KATHEDRALE, BEZWUNGENER RAUM
(Mandelstams »Dämon der Architektur«)

Ein bestimmtes Buch soll Mandelstam noch in den letzten Jahren, als er in der Verbannung lebte und die mit seiner Frau geteilten Habseligkeiten in einem Korb Platz finden mußten, immer mit sich getragen haben: Auguste Rodins *Les cathédrales de France* (1914), jenen Hymnus auf die künstlerische Wahrheit und überzeugende Logik der gotischen Architektur.[22] Das Ganze könnte nach Dichterlegende aussehen – und ist doch nur: Folgerichtigkeit,

Treue gegenüber den ersten Bezauberungen. In den Prosaminiaturen der *Reise nach Armenien*, die 1933 als letzte Publikation zu seinen Lebzeiten in einer Zeitschrift erscheinen konnten, benennt Mandelstam diese lebensbegleitende Leidenschaft. *In meiner Kindheit habe ich – aus dummer Eigenliebe, aus falschem Stolz – nie Beeren gesucht und mich nie nach Pilzen gebückt. Gotische Tannzapfen und die heuchlerischen Eicheln in ihren Mönchskäppchen gefielen mir besser als die Pilze. Ich streichelte die Tannzapfen. Sie sträubten sich. Sie waren gut. Sie überzeugten mich. In ihrer schalenhaften Zartheit und geometrischen Offenmäuligkeit fühlte ich die Anfangsgründe der Architektur, deren Dämon mich das ganze Leben hindurch begleitet hat* /II, 150/.[23]

Sein Freund und Dichterkollege Nikolaj Gumilev hatte den Dämon früh erkannt. In einem kurzen Aufsatz über Mandelstams ersten Gedichtband mit dem programmatischen Titel *Der Stein* (1913) – das *Wort* ist der *Stein*, aus dem der Akmeist sein erstes Bauwerk schafft – schreibt Gumilev sehr treffend: *Gebäude liebt er ebensosehr, wie andere Dichter die Berge oder das Meer lieben.*[24] Was hatte Mandelstam geprägt? Die Begegnung 1907/1908 in Paris. Bald findet sie ihren ersten Ausdruck in einem Abschnitt des Briefes vom 26. 8. 1909, wo den Gebäuden eine eigene Überzeugungskraft zuerkannt wird. *Denkt etwa ein Mensch, der unter die Gewölbe von Notre-Dame tritt, über die Wahrheit des Katholizismus nach, oder wird er nicht einfach zum Katholiken kraft seines Befindens unter diesen Gewölben* /II, 486/? Dann in Gedichtform. In einem Gedicht des Jahres 1912 verknüpft er in der Tat – Kühnheit eines Zwanzigjährigen – sein dichterisches Programm mit dem Meisterwerk der gotischen Architektur:

NOTRE DAME

Где римский судия судил чужой народ —
Стоит базилика, и радостный и первый,

Как некогда Адам, распластывая нервы,
Играет мышцами крестовый легкий свод.

Но выдает себя снаружи тайный план:
Здесь позаботилась подпружных арок сила,
Чтоб масса грузная стены не сокрушила,
И свода дерского бездействует таран.

Стихийный лабиринт, непостижимый лес,
Души готической рассудочная пропасть,
Египетская мощь и христианства робость,
С тростинкой рядом — дуб, и всюду царь — отвес.

Но чем внимательней, твердыня Notre Dame,
Я изучал твои чудовищные ребра,
Тем чаще думал я: из тяжести недоброй
И я когда-нибудь прекрасное создам. /I,24/

NOTRE-DAME

Der Richter Roms im fremden Volk, er hielt Gericht,
Wo sie nun steht: Basilika – ganz Ursprung, Freude,
Wie Adam einst, die Nervenfaser dehnend, weitend,
Spielt jetzt des Kreuzgewölbes leichte Muskelschicht.

Er gibt sich zu erkennen, der geheime Plan:
Hier mühte sich die Kraft der weiten Gurtenbögen,
Damit die schwere Last die Steinwand nicht zerstöre –
Die Ramme des Gewölbes hielt hier endlich an.

Elementarisch, Labyrinth, unfaßbar, Wald,
Die reiche Gotikseele, ihr Verstandesabgrund,
Die Macht Ägyptens und die christlich-scheue Achtung,
Und Schilfrohr, Eiche – hier: das Lot hat Zargewalt.

Und lange, Notre-Dame, du Festung und du Halt,
Verfolgte ich die ungeheuren Rippenheere –
Und immer öfter dachte ich: aus trüber Schwere
Werd ich, auch ich, sie formen – Schönheit und Gestalt.

(Übertragung: RD)[25]

Ein Gedicht von kühler Rationalität. Kühles Auge-in-Auge mit den Möglichkeiten menschlicher Schöpferkraft: die Vereinigung von Gegensätzlichem, aus Material wird Idee, aus Schwere – Gestalt. Ein kühner Ausblick auf das eigene Schaffen, genährt an der Reflexion europäischer Dichter und Denker über die gotische Kathedrale. Die zeitlich naheliegendste Quelle ist Joris-Karl Huysmans Roman *La Cathédrale* (1898)[26] – doch müßte das Gedicht in eine weitere, gesamteuropäische Tradition gerückt werden. Tatsächlich vereinigt es die verschiedensten Anregungen, formt sich zu deren Quintessenz. Der Vergleich der gotischen Kathedrale mit einem *Wald* etwa findet sich schon in Goethes Betrachtungen über das Straßburger Münster (1772) und in Chateaubriands *Le Génie du christianisme* (1802), bei welch letzterem Mandelstam auch auf die Feststellung einer Verwandtschaft der Kathedrale mit ägyptischen Monumenten treffen konnte.[27] Und selbst La Fontaines Fabel *Le chêne et le roseau* (Eiche und Schilfrohr) wird die Ehre erwiesen. Die Kathedrale vereint in sich die gegensätzlichen Prinzipien der Eiche, Stärke, Unverrückbarkeit (vgl. die Anrede als *Festung*), und des Schilfrohrs: Feinheit, Beweglichkeit (die Leichtigkeit der gotischen Pfeiler und Türme).

Als sei das Gedicht des Akmeisten eine polemische Antwort auf Gérard de Nervals Gedicht *Notre-Dame de Paris* (1832), das die Hinfälligkeit und Altersschwäche der Kathedrale schildert und ihr ein Überleben einzig durch den Roman Victor Hugos prophezeit (*Notre-Dame de Paris*, 1831)[28], beharrt Mandelstam auf der Frische und Lebendigkeit dieses quasi-menschlichen Organismus (*wie Adam einst . . .*), der noch immer einen jungen Dichter anzuregen und seine künstlerischen Pläne zu beeinflussen vermag.

Das Gedicht ist darüber hinaus auch dichterische Illustration des im selben Jahre 1912 entstandenen Manife-

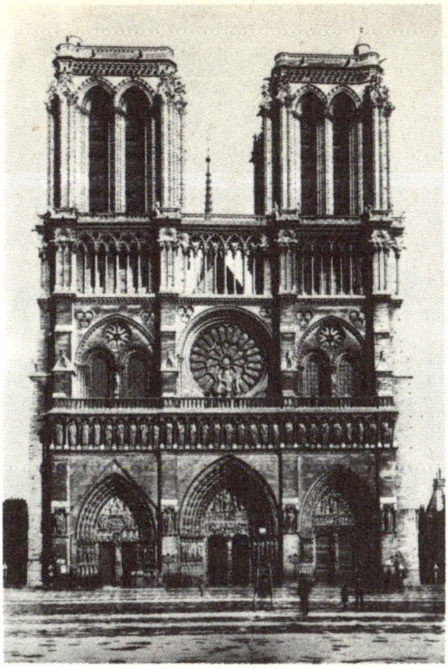

NOTRE-DAME DE PARIS, WESTFASSADE

stes *Der Morgen des Akmeismus.*[29] Dieselbe Kathedrale taucht hier auf (*Notre-Dame ist ein Fest der Physiologie, deren dionysische Entfesselung* /II, 323), doch geht es in diesem Text ganz allgemein um den *Geist des Bauens*. Künstlerisches Schaffen ist für den jungen Akmeisten Mandelstam die Gestaltung eines Baus, Überwindung des Raumes, Kampf gegen die Leere: *Bauen bedeutet – gegen die Leere kämpfen, den Raum hypnotisieren* /II, 323/. Und damit: Sinngebung. So ist denn *Notre-Dame* (Gebäude *und* Gedicht) der bereits bezwungene Raum, auferweckter Stein (auferwecktes *Wort*), Zeugnis gestaltender Intelligenz, Sinnfülle, Bejahung, Triumph des Menschen.[30]

Die gotische Kathedrale stellt für diesen Russen – neben der Verkörperung des Mittelalters, neben dem Sinnbild für die menschliche Schöpferkraft – eine Chiffre für die Kultur als Ganzes dar. Victor Hugo hatte in einem Kapitel des Romans *Notre-Dame de Paris* festgehalten, die Kathedrale, dieses Buch des Mittelalters, dieses *Buch aus Stein, so robust und dauerhaft*, würde der Erfindung Guten-

NOTRE-DAME DE PARIS,
SÜDSEITE DES CHORES
(DETAIL)

bergs, dem gedruckten Buch, diesem *Buch aus Papier, noch robuster und dauerhafter*, weichen müssen – das Buch würde das *Gebäude* töten.[31] Mandelstams Anliegen ist es, einen Text zu entziffern, der von der Verschüttung bedroht ist, eine überkommene Schrift aufs neue und neu zu lesen. Daß die Kathedrale für Mandelstam diesen *Text der Kultur* darstellt, dessen Entzifferung nicht verlernt werden darf, bezeugt eine Passage seines Essays *Über die Natur des Wortes* von 1922, wo der Akmeist, kaum hat er vor dem kulturbedrohenden *anti-philologischen Geist* (vor dem Verlust der »Liebe zum Wort«) gewarnt, das Bild einer Zukunftswüstenei entwirft, wo der Text der Kathedralen, der Text der Kultur den Menschen nicht mehr lesbar wäre. *Europa ohne Philologie ist nicht einmal Amerika; es ist eine zivilisierte Sahara, gottverflucht, ein Greuel der Verwüstung. Es werden wie vordem europäische Kremls und Akropolen dastehen, gotische Städte, Kathedralen, den Wäldern ähnlich, und Tempel mit Kuppelformen, Sphären, doch die Menschen werden sie anschauen, sie nicht verstehen*

PLASTISCHE BILDERWAND UND FENSTERROSE DER KATHEDRALE ZU REIMS, INNENSEITE DES WESTPORTALS

und, eher noch, vor ihnen erschrecken, nicht begreifend, welche Kraft sie hervorgebracht hat und welches Blut in den Adern dieser mächtigen Architektur fließt, die sie umgibt /II, 250 f./.

Noch in den letzten Gedichten, in den *Woronescher Heften*, wo Mandelstam noch einmal Beistand und Obdach in der europäischen Kultur sucht, greift er sein Architekturthema auf, vollendet den Zyklus seiner Architekturgedichte, den er in der ersten Gedichtsammlung *Der Stein* begonnen hat, und gestaltet eine letzte Huldigung der Kathedrale. Das Gedicht vom 4. März 1937 trug in einem ersten Manuskript den Titel *Reims – Laon*[32], beschwört zwei Orte, wo in Frankreich klassische Beispiele der gotischen Architektur zu finden sind, und verschmelzt die Züge der einzelnen Kathedralen zu einer neuen, erinnerten wie imaginär-idealen, an der auch Notre-Dame in Paris teilzuhaben scheint. Beschworen werden die Türme und Fensterrosen zu Laon (und Paris) ebenso wie die Portale und Tierskulpturen von Reims.[33] Noch einmal wird der *Raum hypnotisiert*, wie es Mandelstam im *Morgen des Akmeismus* vorgeschlagen hatte, noch einmal werden die Dimensionen des Raumes gestalterisch bezwungen, so daß der *See aufrecht* zu stehen vermag (die Lichtfluten, welche durch die Fensterrosen dringen), noch einmal der Triumph der Dynamik gefeiert:

Я видел озеро, стоящее отвесно,
С разрезанною розой в колесе
Играли рыбы, дом построив пресный,
Лиса и лев боролись в челноке.

Глазели внутрь трех лающих порталов
Недуги — недруги других невскрытых дуг,
Фиалковый пролет газель перебежала,
И башнями скала вздохнула вдруг.

И влагой напоен, восстал песчаник честный,
И средь ремесленного города-сверчка
Мальчишка-океан встает из речки пресной
И чашками воды швыряет в облака. /I,255/

REIMS UND LAON

Ich sah den See vor mir nun aufrecht stehen,
Aus süßem Wasser war ein Haus erbaut,
Zerteilte Rose: Rad, in das die Fische gehen,
Im Kahn der Kampf von Fuchs und Löwe, Aug in Aug.

Sie starrten tief hinein durch bellende Portale:
Die Leiden – löchern leis das Bogenlied,
Sah die Gazelle durch die blaue Lichtung jagen,
Der Fels seufzt auf zu Türmen, in die Luft geschmiegt.

Der Sandstein hob sich, an der Frische sattgeworden,
Und in der Stadt, betriebsam-grillenhaft,
Entsteigt dem Fluß ein Knabe: Ozean am Morgen
Und schleudert weiter Wasser in die Wolkenpracht.

(Übertragung: RD)[34]

Scheint hier auch einzig das überreich dynamische Kunstwerk, das in ihm gebannte Spiel der Kräfte gefeiert zu werden, so ist doch nicht zu vergessen, daß die gotische Kathedrale für Mandelstam nicht nur künstlerisch-ästhetische Modellvorstellung war. Ein frühes, eigenwilliges Antikriegsgedicht belegt dies eindrücklich – und erlaubt gleichzeitig, noch weitere Facetten der Mittelalter-Leidenschaft Mandelstams freizulegen und über Villon und die Gotik zurück in archaischere Epochen der französischen Kultur einzudringen.

»UND NUR EIN GLEICHRANGIGER WIRD MICH TÖTEN«
(Mandelstam und das altfranzösische Epos)

Das Gedicht *Reims und Köln* ist im September 1914 entstanden. Der Erste Weltkrieg war bereits im Gange. Mandelstam vermochte dem Treiben keinerlei Enthusiasmus abzugewinnen – die Völker waren im Begriffe, jenes kulturelle Gebilde zu zerstören, das für ihn einen grundlegenden Wert bedeutete: Europa. Der Akmeist bleibt seinem Architekturthema treu und stellt diese ihm so kostbare europäische Idee im Bild zweier gotischer Kathedralen dar, deren eine in Deutschland steht, in Köln, die andere in Frankreich, in Reims. Die Kathedrale von Reims war zu Beginn des Krieges von den deutschen Streitkräften zerstört oder doch sehr beschädigt worden. Angesichts des betrüblichen Geschehens verleiht der russische Dichter den Glocken des Kölner Doms eine menschliche Stimme, damit sie den Verlust des *Bruders* in Reims beklagen könnten:

Он потрясен чудовищным набатом,
И в грозный час, когда густеет мгла,

Немецкие поют колокола:
«Что сотворили вы над Реймским братом!» /I,138/

Er wird erschüttert von ungeheurem Sturmgeläute,
und zu drohender Stunde, wenn das Dunkel
sich verdichtet,
singen die deutschen Glocken:
»Was habt ihr meinem Bruder in Reims angetan!«

Hier tritt nun – in der ersten Version des Gedichtes – Roland aus dem altfranzösischen Epos auf, um mit seinem Signalhorn *Olifant* die an diesem brudermörderischen Krieg beteiligten Völker zur Vernunft und zu europäischer Einigkeit zurückzurufen:

Здесь нужен Роланд, чтоб трубить из рога,
Пока не разорвется олифан.
Нельзя судить бессмысленный таран
Или германцев, позабывших Бога. /IV,81/

Hier müßte Roland stehen, um das Horn erschallen
zu lassen,
bis sein Olifant zerspringt.
Man darf nicht die sinnlose Ramme verurteilen
noch die Germanen, die Gott vergessen haben.

Mandelstam bietet in diesem Gedicht von 1914 Roland zu einer pazifistischen Mission auf. Die Assoziation mit dem Helden der im Kontext des ersten Kreuzzuges (1096–1099) entstandenen *Chanson de Roland*[35] ist von einiger Kühnheit, doch keineswegs unmotiviert, geht es doch in jenem altfranzösischen Epos um die Erhaltung des christlichen Abendlandes, und damit um den Fortbestand Europas. Hier der Inhalt des Rolandsliedes in wenigen Worten: Roland, Neffe und bevorzugter Ritter

ROLANDS TOD. AUS DEM »MIROIR HISTORIAL« DES VINCENT DE BEAUVAIS (15. JAHRHUNDERT)

Karls des Großen, führt bei dessen Heimkehr aus Spanien – nach siebenjährigem Feldzug gegen die muselmanischen Sarazenen (es ist das Jahr 778) – die Nachhut der Franken an. In einem Engpaß der Pyrenäen wird diese Nachhut, die Ganelon aus Eifersucht und Kränkung an die Heiden verraten hat, von einem übermächtigen Heer des Sarazenenkönigs Marsile angegriffen. Trotz der Ermahnungen von seiten seines Freundes Olivier weigert sich Roland aus Verwegenheit, sein Signalhorn Olifant zu betätigen, das die Hauptmacht Charlemagnes zurückrufen könnte. Die Christen schlagen sich tapfer, doch als Roland reumütig dennoch sein Olifant erschallen läßt, ist es schon zu spät. Alle christlichen Ritter werden getötet, und der von den Heiden unverletzt gebliebene Roland ist selber dem Sterben nahe: als er den Alarmruf ins Horn stößt, springen seine Schläfenbeine auf und er verblutet auf dem Schlachtfeld. Der zurückgerufene Charlemagne verfolgt das sarazenische Heer – mit Gottes Hilfe, der die

Sonne am Himmel stehen läßt, um den Tag für die Christen zu verlängern. Charlemagne schlägt schließlich, von der Stimme eines Engels unterstützt, den Emir von Babylon, Baligant, im Einzelkampf und kehrt nach Aachen zurück, um über den Verräter Ganelon Gerichtstag zu halten und von Gott eine neue Aufgabe zu bekommen.

Gewiß hat Mandelstam schon während seiner altfranzösischen Studien in Heidelberg mit dem Rolandslied Bekanntschaft gemacht. Das Kathedralengedicht von 1914 ist jedoch der erste Text des Russen, in dem diese Lektüre literarische Auswirkungen zeitigt. Acht Jahre später ist die *Chanson de Roland* für ihn von neuem aktuell. Am 23. Mai 1922 übergibt Mandelstam seine Anthologie altfranzösischer Heldenepen (*chansons de geste*) dem Staatsverlag in Moskau, der das Projekt jedoch ablehnt. Es handelt sich um ein Fragment aus *La vie de Saint Alexis*, einer Heiligenvita der zweiten Hälfte des 11. Jahrhunderts (das altfranzösische Heldenepos ist der natürliche Erbe dieses literarischen Genres), und ausgewählte Passagen aus sechs *chansons de geste.*[36] Das Ganze stellt ein sehr persönliches Unterfangen dar, Anverwandlung eines archaischen Epos durch den modernen Lyriker, der den Plan dazu in einem Zeitschrifteninterview auch kommentiert hat. *Nun hört man oft: genug der Lyrik, gebt uns Epen. Das altfranzösische Epos kam mir in den Sinn. Ein gutes Epos. Ich habe aus ihm Stücke herausgegriffen, wie es mir gefiel, ohne Anfang, ohne Ende. Sie erinnern sich: ein gewisser Kritiker hat gesagt, es gebe in den besten lyrischen Werken Goethes stets etwas Unausgesprochenes* /Nicht-zu-Ende-Gesprochenes/. *Es ist Zeit, diese Unausgesprochenheit ins Epos einzuführen* /II, 497/.

Die Frau des Dichters hat in ihren Memoiren von zweien dieser Fragmente geschrieben, aus denen *das Schicksal spreche*, bei denen es sich um *bekenntnishafte* Übertragungen handle. Der *Aliscans*-Text sei ein *Schwur*, sich niemals zu verbergen, wenn das Leben zu verteidigen sei, und die Passage aus der Vita des heiligen Alexius bedeute ein Mandelstamsches *Gelübde der Armut.*[37] Aus dem Heiligenleben hat Mandelstam jene Szene übertragen, wo die Eltern, wohlhabende Römer, den bereits toten Alexius als ihren Sohn wiedererkennen und ihre Trauerklage anstimmen. Der Beklagte hatte früh seine Familie verlassen, auf der Suche nach Gott in der Fremde sein Vermögen verschenkt, war Bettler geworden und hatte schließlich siebzehn Jahre lang unerkannt und verspottet unter der Treppe des väterlichen Hauses gedarbt. Auch in literarhistorischer Hinsicht hat diese Vita Mandelstam interessiert – auf dem Manuskript der Übertragung findet sich die Notiz: *Eines der ältesten Denkmäler des französischen Schrifttums: Keim des Romans und des weltlichen dramatischen Erzählens.*[38]

Vom Rolandslied hat Nadeschda Mandelstam in ihren Memoiren nicht gesprochen. Dennoch ist auch diese Übertragung ohne Zweifel – Schwur und Bekenntnis. Es ist mit seinen 472 Versen das umfangreichste Fragment der geplanten Anthologie. Nicht die wiederholten Zweikämpfe und Schlächtereien sind es, die Mandelstam beschäftigt haben. Sein Schwerpunkt liegt – nach Rolands Weigerung, das Signalhorn zu blasen – auf dem Tod der Helden Olivier und Roland. Eine Zerlegung dieses Textes scheint mir hier wenig sinnvoll. Gefragt sei nach seiner Bedeutung für Mandelstams eigenes Schaffen: wie hat sich diese Übersetzungsarbeit auf sein weiteres Werk ausgewirkt, gibt es Echos und Spuren in Mandelstams Gedichten der dreißiger Jahre, wo nicht nur einmal eine epische Tonart vernehmbar ist und das Thema des Todes ein neues, existentielles Gewicht erhält (in den Gedichten des Bandes *Tristia* war es ein abstrakter Tod gewesen, der Tod der Stadt Petersburg-Petropolis, der Tod einer Epoche, von griechischer Mythologie umrankt). Meines Erachtens gibt es diese Spuren, ja gar als markanten Subtext in einem der berühmtesten Mandelstamgedichte – und in einem der folgenschwersten. Das Gedicht auf das *Wolfshundjahrhundert* vom März 1931 war – neben dem Epigramm gegen Stalin (S. 169 f.) – einer der mutmaßlichen Gründe für Mandelstams erste Verhaftung am 13. Mai 1934 . . .

За гремучую доблесть грядущих веков,
За высокое племя людей
Я лишился и чаши на пире отцов,
И веселья и чести своей.

Мне на плечи кидается век-волкодав,
Но не волк я по крови своей,
Запихай меня лучше, как шапку, в рукав
Жаркой шубы сибирских степей, —

Чтоб не видеть ни труса, ни хлипкой грязцы,
Ни кровавых костей в колесе,
Чтоб сияли всю ночь голубые песцы
Мне в своей первобытной красе.

Уведи меня в ночь, где течет Енисей,
И сосна до звезды достает,
Потому что не волк я по крови своей
И меня только равный убьет. /I,162/

Für den tosenden Heldenmut künftiger Jahrhunderte,
für einen erhabenen Stamm von Menschen
kam ich um den Kelch beim Gastmahl der Väter
und um die Heiterkeit und meine Ehre.

Auf die Schultern springt mir das Wolfshundjahrhundert,
doch ich bin nicht von wölfischem Blut,
besser stopf mich wie eine Mütze in den Ärmel
des heißen Pelzes sibirischer Steppen –

damit ich den Feigling nicht sehe, noch den siechen Schlamm,
noch blutige Knochen im Rad,

damit die ganze Nacht blaue Polarhunde
/Sternbild des Hundes/ erstrahlen
für mich, in ihrer urtümlichen Schönheit.

Führ mich weg in die Nacht, wo der Jenissej fließt,
und die Kiefer bis zum Stern hinaufreicht,
denn ich bin nicht von wölfischem Blut
und nur ein Gleichrangiger wird mich töten.

Und hier auch, zu Illustration und Ergänzung, Paul Celans dichterische Übertragung dieses Gedichtes:

Den steigenden Zeiten zum höheren Ruhm,
dir, Mensch, zur unsterblichen Glorie,
kam ich, als die Väter tafelten, um
den Kelch; gingen Frohsinn und Ehre verloren.

Mein Wolfshund-Jahrhundert, mich packts, mich befällts –
doch bin ich nicht wölfischen Bluts.
Mich Mütze – stopf mich in den Ärmel, den Pelz
sibirischer Steppenglut.

Daß dem Auge, das Kleinmut und Jauche geschaut,
das Rad mit den Blutknochen-Naben,
nachtlang der Sternhund am Himmel erblaut,
schön wie am Ursprungsabend.

Zum Jenissej führ mich, zur Nacht seiner Welt,
zur Tanne, die morgenhin fand.
Denn ich bin nicht von wölfischem Blut, und mich fällt
nur die ebenbürtige Hand.[39]

Dieses Gedicht des Jahres 1931 ist genährt vom Wortschatz und den Wertvorstellungen des Rolandsliedes – sowie von der Übertragung des archaischen Epos durch Mandelstam. Sein Vokabular läßt sich nicht durch den Zyklus erklären, in welchem es sich befindet. Im *Wolfszyklus*, wie Nadeschda Mandelstam ihn genannt hat, sind Gedichte ganz verschiedener Intonation und Stillage versammelt. Da gibt es den beinah frivolen Ton des Gedichtes *Ich sage dir mit der letzten/ Offenheit:/ alles nur Hirngespinste, Cherry Brandy,/ Engel mein* (vgl. meine deutsche Übertragung auf S. 95 f.) oder den melancholisch gefärbten Humor des Gedichtes auf den jüdischen Musiker Alexander Gercovič:

Mein Alexander Gerzowitsch
War Jude, Musikant.
Spielt Schuberts Werk mir her, wo blitzt!
Ein reiner Diamant.

Vom Morgen bis zum Abendstern
Ja bis zum hellen Rausch,
Spielt die Sonate er so gern,
Die ewig eine, lausch!

Was, Alexander Gerzowitsch,
Dich schmerzt die Dunkelheit?
Laß, Alexander HERZowitsch,
Was nützt es! Einerlei . . .

Soll nur ein Italienermädchen
Solang er knirscht, der Schnee,
Auf Schlittenkufen, schmalen Pfädchen
Zu Schubert fliegen, geh!

Mit der Musik, dem Täubchenflügel, weit,
Ist uns vorm Sterben nicht mehr bang,
Doch dort – nur als ein Rabenkleid
Auf Kleiderbügeln ruhn, für lang . . .

Ist alles, du mein Gerzowitsch,
Seit langem alter Brei . . .
Laß, Alexander SCHERZOwitsch,
Was nützt es! Einerlei!

(Übertragung: RD)

Welch ein Kontrast, wenn der Leser auf die erste Strophe des zuvor zitierten Wolf-Gedichtes stößt, mit ihrem pathetischen, archaischen, epischen Wortschatz: *Heldenmut, künftige Jahrhunderte, erhabener Stamm, Gastmahl der Väter, um die Ehre kommen* usw. Gibt der Zyklus keinen Schlüssel zu dieser erhöhten Stillage, ist der Kontext größer zu wählen. Die 1974 erschienene Konkordanz zu den Gedichten Mandelstams besagt, daß es in diesem Text von 1931 Wörter gibt, die nur hier, nur ein einziges Mal vorkommen: etwa *Heldenmut* oder der Ausdruck *um die Ehre kommen.*[40] Doch nein, es gibt ihr zweites Vorkommen bei Mandelstam: in der lange Zeit verschollenen Übertragung des Rolandsliedes, die erst 1979, fünf Jahre nach der Konkordanz, wiederaufgetaucht ist.[41]

Als Roland die Aufforderung Oliviers, das Olifant erschallen zu lassen, mit der Begründung zurückweist, er wolle lieber sterben als sich mit Schande zu bedecken, erklärt er auch, Gott werde nicht zulassen, daß das Frankenland seinetwegen *um die Ehre komme* /IV, 40/. Das Wort *Heldenmut* des Gedichtes von 1931 hat seinen einzigen Vorläufer bei Mandelstam in der Übertragung jener berühmten Stelle des Rolandsliedes, wo die beiden Helden Olivier und Roland und die durch sie vertretenen Prinzipien einander gegenübergestellt und als sich ergänzende Tugenden (Weisheit und Kühnheit) vereint werden:

Rollant est proz e Oliver est sage.
Ambedui unt merveillus vasselage

(Verse 1093/94 der *Chanson de Roland*)[42]

Роланд храбр — Оливье мудр,
Одинаковой доблестью отличены оба. /IV,40/

Roland ist kühn, Olivier – weise,
durch gleichen Heldenmut sind sie ausgezeichnet.

Die Verbindungen über den Wortschatz wären jedoch bedeutungslos, bestünden keine Entsprechungen in Geist und Wertvorstellungen der beiden wahlverwandten Texte. Das Zentrum des Gedichtes von 1931, der Vers, auf den alle Elemente ausgerichtet sind, ist sein Abschluß:

И меня только равный убьет.

Und nur ein Gleicher/ein Gleichrangiger wird mich töten.

Vor dem Hintergrund des Rolandsliedes und seiner archaischen Gestik füllt sich dieser Vers mit reichem Sinn. In der feudalen, vom Lehnswesen bestimmten Welt dieses mittelalterlichen Epos ist der Kampf – wie alle Dinge – in hohem Maße hierarchisiert und ritualisiert. Auf beiden Seiten, auf der christlichen wie der heidnischen, gibt es zwölf gleichrangige Ritter, zwölf *Pairs*, die nur dem höchsten Lehnsherrn – und ihrem entsprechenden Gott – untergeben sind. Die *douze Pairs de France* sind die zwölf ranghöchsten Vasallen Karls des Großen. *Pair* heißt: »Gleicher«, »Gleichrangiger«, »Ebenbürtiger«. In der Schlacht nun geht es für jeden *Pair* – sei er Heide oder Christ – darum, das Ritual einzuhalten und einen Gegner anzugreifen und zu besiegen, der seines Ranges würdig ist. Das größte Verdienst bestünde darin, keinen *Pair* zu haben, auf der Gegenseite nicht *seinesgleichen* zu finden, keinen also, der ebenso stark und kühn wäre – kurz: ein Ritter *ohnegleichen* zu sein. So ist das Kompliment zu verstehen, das Roland seinem sterbenden Freund Olivier macht:

Ja mais n'iert hume ki tun cors cuntrevaillet. (Vers 1984)

Не родился РАВНЫЙ вам человек. /IV,42/

(Mandelstams Übertragung; Hervorhebung – RD)

Es ist noch kein Mensch geboren worden, der Euch gleichkäme/ der Euer Gleicher wäre.

Derjenige jedoch, der tatsächlich keinen *Gleichen* finden wird, ist Roland selber, der Hauptheld des Epos. Vor der Schlacht legt jeder der zwölf heidnischen *Pairs* den Schwur ab, Roland anzugreifen und zu töten (Verse 860–993). Auf dem Schlachtfeld jedoch müssen sie einsehen, daß Roland *niemals durch einen Mann aus Fleisch und Blut* zu besiegen sein wird (Vers 2153). Roland wird sterben, doch nicht durch Feindeshand. Als er seine Verwegenheit ablegt und in Demut das Signalhorn bläst, brechen seine Schläfen auf und er verblutet.

Der Dichter des Epos hat sich geschickt aus der Affäre gezogen: um Roland zugleich als epischen Sieger und als Märtyrer für eine heilige Sache glorifizieren zu können, erfindet er einen Tod, der nicht erniedrigend von heidnischer Hand hervorgerufen wird, sondern durch Rolands eigene demütige Geste, mittels derer seine zunächst begangene Sünde des übermäßigen Stolzes wiedergutgemacht wird und er als Märtyrer und Heiliger direkt ins Paradies wird eingehen können. Roland kehrt sterbend sein Gesicht den fliehenden Heiden zu, damit Karl erkenne, daß er als Eroberer, als Sieger (und nicht als Fliehender, mit abgewandtem Gesicht) gestorben sei. Mandelstam hat diesen entscheidenden Moment des Epos übertragen:

Que Carles diet et trestute sa gent,
Li gentilz quens, qu'il fut mort cunquerant. (Verse 2362/63)

Чтобы сам Карл сказал и все его люди
Про милого князя, что победил умирая. /IV,44/

Damit Karl sage und all seine Leute
über den lieben Fürsten, daß er sterbend gesiegt habe.

Wunderbarer Übersetzerirrtum – der keiner ist! Mandelstam interpretiert das Rolandslied, nuanciert die Bedeutungen, unterstreicht, was ihm teuer ist. Das Original sagt: *daß er siegend gestorben sei* – Mandelstam jedoch kehrt die Dinge um: *daß er sterbend gesiegt habe.* Der russische Dichter betont hier das Martyrium, die Annahme des Todes als einen Sieg und jene Idee des Opfers, der persönlichen Aufopferung, welche die erste Strophe des Gedichtes von 1931 beherrschen wird und die ihn, den modernen russischen Lyriker, mit dem epischen Helden Roland verbindet. Zugleich erinnert Mandelstam mit der Wortkombination *sterbend siegen* an seinen Essay *Puschkin und Skrjabin* von 1915, wo der Tod des *Künstlers* als sein letzter schöpferischer Akt bezeichnet ist: *Mir scheint, den Tod des Künstlers dürfe man nicht von der Kette seiner schöpferischen Leistungen ausschließen, man müsse ihn vielmehr als das letzte, das Schlußglied der Kette betrachten* /II, 313/.

Wenn sich Mandelstam in seinem Gedicht auf das Wolfshundjahrhundert mit der Gestalt Rolands verbindet, kommt ihm ein Konzept des mittelalterlichen Denkens zu Hilfe, ein Grundverfahren der Heiligenvita wie des Heldenepos: die *Teilidentität* des Helden oder Heiligen mit Jesus Christus.[43] Die *Chanson de Roland*, dieses Werbemittel für den Kreuzzug, wäre ihres Sinnes beraubt, riefe das Schicksal des Helden nicht das Schicksal des Herrn in Erinnerung, die Passion Christi. Rolands Märtyrertum ist eine *Imitatio Christi.*

Mandelstam bedient sich frei dieses mittelalterlichen Konzepts der Teilidentität, und nicht nur in bezug auf die Figur Rolands, sondern auch in bezug auf Charlemagne. Im Rolandslied hat Charlemagne vier prophetische Träume, die in allegorischer Form die Geschehnisse vorausnehmen. Solche Traumgebilde galten im Mittelalter als Botschaften göttlichen Ursprungs, und so ist es denn nicht erstaunlich, daß der Erzengel Gabriel dem Kaiser diese Visionen übermittelt.[44] In ihnen treten Tiere auf (Bären, Leoparden, Vipern, Drachen usw.), und nur der

Träumer selbst ist unverwandelt als Mensch gegenwärtig, kämpft mit menschlichem Bewußtsein gegen seine Feinde in Tiergestalt. Im dritten dieser prophetischen Träume, der den Kampf gegen den Heidenkönig Baligant voraussagt, ist Charlemagne ein gepeinigter Mensch: er wird von einem Löwen angegriffen, angesprungen. Mandelstam hat diese Stelle ins Russische übertragen.

Devers un gualt uns granz leons li vient,
Mult par ert pesmes e orguillus e fiers,
Sun cors meïsmes i asalt e requert
E prenent sei a braz ambesdous por loiter;
Mais ço ne set liquels abat ne quels chiet.

(Verse 2549–2553)

Огромный лев из древесной чащи —
Со всех сторон ужасен, горд и страшен.
Прыгает лев, напал на тело Карла,
Между собой у них единоборство.
И неизвестно кто кого погубит. /IV,47/

Ein riesiger Löwe aus dem Dickicht der Bäume –
ganz und gar schrecklich, stolz und furchtbar.
Der Löwe springt, fällt Karls Körper an,
zwischen ihnen beginnt ein Zweikampf.
Und es ist ungewiß, wer wen niederschlagen wird.

Für die Gestaltung *seines* prophetischen Traumes im Gedicht von 1931 wählt Mandelstam nicht den Löwen, dieses exotische Tier, sondern ein für Rußland charakteristisches, Wolfshund und Wolf. *Auf die Schultern springt mir das Wolfshundjahrhundert,/ doch ich bin nicht von wölfischem Blut . . .* Der Löwe in Charlemagnes Traum ist die Allegorie Baligants, des »Emir von Babylon« – Führer der Heiden, Feind des Christentums und des Abendlandes. Im Kontext der Offenbarung des Johannes, der *Apoka-*

lypse, tritt der Löwe, dies nebenbei bemerkt, auch als Maske des *Antichrist* auf.[45] Und bei Mandelstam? Gibt es nicht eine überdeutliche Verkörperung des bedrohlichen *wölfischen Blutes* seiner Epoche – in der Gestalt Stalins?

Ein letztes Echo des Rolandsliedes in Mandelstams Gedicht von 1931. Der Ort, den Roland für sein Sterben wählt, ist ein Hügel, auf dem ein einzelner Baum steht. Er wird als Kiefer bezeichnet (*un pin* – Verse 2357 und 2375). Bei diesem Baum wird der Kontakt zwischen Himmel und Erde geschaffen, hier vermischen sich feudales und religiöses Ritual. Roland bekennt seine Sünden und gibt seine Seele, sein irdisches Lehen, an den Herrn zurück – er streckt seinen Handschuh, Symbol des Paktes zwischen Lehnsherr und Vasall, den vom Himmel herabsteigenden Erzengeln entgegen, von denen Gabriel den Handschuh in Empfang nimmt und darauf die Seele Rolands ins Paradies geleitet.

Der Baum, der Himmel und Erde verbindet, wächst auch in Mandelstams Gedicht (. . . *und die Kiefer bis zum Stern hinaufreicht*). Der Imperativ der letzten Strophe ist als Bitte zu verstehen, der Qualen enthoben zu werden – für die Mandelstam übrigens die Metapher einer archaischen, mittelalterlichen Hinrichtungsart, die Räderung setzt (. . . *die blutigen Knochen im Rad*). Es ist eine Bitte um Erlösung, Bitte, in ein Paradies aufgenommen zu werden, das jedoch – russische Landschaft wäre, wo ein russischer Fluß fließen könnte. *Führ mich weg in die Nacht, wo der Jenissej fließt* . . .

Mit dem Beginn der dreißiger Jahre schreibt sich Mandelstam in ein Epos ein, dessen Modell aus der französischen Literatur des Mittelalters stammt. Neben der Erlösungssehnsucht ist der kämpferische Optimismus des Rolandsliedes im Gedicht von 1931 vernehmbar, in seinem krönenden Abschluß: *Und nur ein Gleichrangiger wird mich töten* . . . Der Dichter hofft auf einen sinnerfüllten

Tod, auf einen Tod, in dem eine würdige Aufgabe ihren Abschluß fände – wie diejenige Rolands und Charlemagnes, die sich für Christentum und Okzident geschlagen haben, für die *künftigen Jahrhunderte* und einen *erhabenen Stamm von Menschen*. Er weiß schon zu Beginn der dreißiger Jahre, daß er umkommen wird in dieser Schlacht der ungleichen Kräfte, in dieser Schlacht gegen den Koloß des Stalinismus, doch hofft er *sterbend zu siegen*, wie Roland in Mandelstams anverwandelnder Übertragung. Daß das Werk dieses russischen Dichters heute wieder gelesen und gedeutet wird, belegt, daß die Hoffnung nicht unbegründet war und daß in der Tat mit dieser Dichtung ein Tod überwunden wurde . . .

Die *Liebe zu altfranzösischen Texten* habe sich Mandelstam sein Leben lang bewahrt, schreibt die Frau des Dichters in ihren Memoiren.[46] Das Studium der mittelalterlichen Welt 1909–1910 in Heidelberg war nicht eine Episode des Achtzehnjährigen, sondern Ausdruck eines frühen Interesses, das sich als dauerhaft und fortwirkend herausstellen sollte. Tatsächlich ist in Mandelstams Werk eine Vertrautheit mit jener Welt spürbar – ob er nun in seinem Essay *Über die Natur des Wortes* von 1922 ganz natürlich auf das älteste Denkmal der französischen Literatur, auf die um das Jahr 880 entstandene Eulalia-Sequenz, das Lied vom Märtyrertod der heiligen Eulalia verweist /II, 245/ oder in einer Rezension einem russischen Übersetzer vorwirft, er sei dem *hervorragenden Abenteuerautor* und *Meister der Verserzählung* Chrétien de Troyes (zweite Hälfte des 12. Jahrhunderts) nicht gerecht geworden /II, 420 f./.

Im Mittelalter habe er ein *großes Gegengift für die Moderne* gefunden, schreibt Mandelstam über Joris-Karl Huysmans /II, 414 f./ – und Ossip Mandelstam. Greifen wir hier nun, nach zwei sich ergänzenden Exkursen, Mandelstams durchweg von Zuversicht geprägten Dialog mit seinem Lieblingsdichter aus dem 15. Jahrhundert wieder auf, der für den Russen *Gegengift* und Verbündeter schlechthin war.

BLUTSFREUND UND VERBÜNDETER IN DER TERRORZEIT

Datiert vom 18. März 1937, steht es im dritten und letzten der *Woronescher Hefte* und ist eines der letzten Gedichte Mandelstams überhaupt. Die Krönung seiner Villon-Verehrung, ein freundschaftlicher Zuruf und – bittere Abrechnung mit dem Stalinismus zur Zeit der »Säuberungen«.

Чтоб приятель и ветра и капель
Сохранил их песчаник внутри,
Нацарапали множество цапель
И бутылок в бутылках зари.

Украшался отборной собачиной
Египтян государственный стыд —
Мертвецов наделял всякой всячиной
И торчит пустячком пирамид.

То ли дело любимец мой кровный,
Утешительно-грешный певец —
Еще слышен твой скрежет зубовный,
Беззаботного права истец...

Размотавший на два завещанья
Слабовольных имуществ клубок
И в прощанье отдав, в верещанье
Мир, который как череп глубок:

Рядом с готикой жил озоруючи
И плевал на паучьи права
Наглый школьник и ангел ворующий,
Несравненный Виллон Франсуа.

Он разбойник небесного клира,
Рядом с ним незазорно сидеть:
И пред самой кончиною мира
Будут жаворонки звенеть... /I,261/

Damit der Freund des Windes und der Tropfen
ihren Sandstein im Innern bewahre,
ritzten sie eine Vielzahl von Reihern
und Flaschen ein in die Flaschen der Morgenröte.

Es schmückte sich mit ausgesucht Hündischem
die staatliche Schande der Ägypter –
stattete die Leichname aus mit allerlei Kram
und ragt empor als Nichtigkeit der Pyramiden.

Ganz anders mein blutsverwandter Liebling,
tröstlich-sündiger Sänger –
noch ist dein Zähneknirschen hörbar,
du Kläger im Namen eines leichtsinnigen Rechts . . .

Auf zwei Testamente hat er abgewickelt
den Knäuel willensschwacher Habseligkeiten
und zum Abschied, als Schrei, weggegeben
eine Welt, die so tief ist wie ein Schädel:

Neben der Gotik lebte er ungezogen
und spuckte auf die Spinnenrechte,
der freche Schüler und stehlende Engel,
der unvergleichliche Villon François.

Er ist der Räuber des Himmelschores,
neben ihm zu sitzen, ist nicht schändlich:
und gerade vor dem Ableben der Welt
werden Lerchen erklingen . . .

Und hier auch, als Ergänzung, der Versuch einer dichterischen Übertragung desselben Textes:

Daß der Gefährte von Regen und Wind
Ihren Sandstein im Innern verwahre,

Sorgten sie, daß die Reihe zum Reiher gerinnt –
In die Dämmrung graviert: Flaschen-Scharen.

Die sich auserwählt hündisch benahm:
Altägyptens verstaatlichte Schande –
Schmückte Leichen mit allerlei Kram,
Ragt als Nichts pyramidisch im Sande.

Bist ganz anders: du Blutsfreund, mein liebster,
Tröstlich sündiger Sänger und Wicht –
Deine knirschenden Zähne: mir bliebst du
Jener Kläger im Leichtblut-Gericht.

Hat auf zwei Testamente den Knäuel
Seiner trödligen Schätze befreit,
Gab zum Abschiedspräsent ohne Reue
Seine Welt, schädeltief, als ein Schrei.

War ein Nachbar der Gotik, und vorlauter Bengel,
Gab der Spinnenmoral seine Spucke – na na!
Frechdachs-Scholar und ein klauender Engel –
Unvergleichlich: mein Villon, François.

Ist ein Räuber im Himmelschor – selten!
Neben ihm dort zu stehn – eine Kunst:
Und kurz vor dem Zerfall unsrer Welten
Werden Lerchen aufsingen für uns . . .

(Übertragung: RD)[47]

Das Herzstück des Gedichtes befindet sich in der dritten Strophe, wo sich Mandelstam in einer Apostrophe direkt an François Villon wendet: *Noch ist dein Zähneknirschen hörbar . . .* Im Präsens der Du-Strophe ist die zeitliche wie räumliche Distanz zwischen diesen Dichtern abgeschafft. Die Geste des modernen Lyrikers ist jedoch nur möglich, weil ihr eine Geste des Gegenübers entspricht. Villon ist deshalb noch immer hörbar, weil er es verstand, wie ihm der Akmeist in seinem Essay von 1913 bescheinigt hat, die *Wurzeln des Augenblicks* unversehrt aus dem *Erdboden der Zeit* zu heben /II, 307/ und ihm so ein Fortdauern bis hin zum künftigen Leser zu gewährleisten. Das Gedicht von 1937 schließt deutlich an den frühen Essay an.

Hier ist auch das offene Bekenntnis zu Villon formuliert: die ungewöhnliche Zusammensetzung *Blutsliebling* oder *blutsverwandter Liebling* wandelt gebräuchlichere Ausdrücke wie *Blutsverwandter, Blutsbruder, Blutsfreund* ab. War Villon schon in der Reiseskizze von 1923 als *Freund und Liebling* angesprochen worden, erfährt hier die Beziehung des einen Dichters zum anderen durch die Betonung organischer Nähe – die *Blutsbande* – eine weitere und letzte Steigerung.

Betrachten wir die einzelnen Teile des Gedichtes. Die zweite und die fünfte Strophe lassen erneut Mandelstams Architekturthema erscheinen, und zwar in einer streng kontrastierenden Darstellung. Wenn in der zweiten Strophe der altägyptische Staat, Pyramidenbau und Totenkult gegeißelt werden, so ist die Chiffre im früheren Werk Mandelstams schon vorbereitet. Anvisiert sind der Totalitarismus als solcher und, speziell im Jahre 1937, die Auswüchse des Stalinismus, die Verachtung des Menschenlebens, der Würde des Einzelnen. Der Terror der Stalinschen »Säuberungen« hatte soeben begonnen. *Ägypten* ist nur Maske. Einen eigentlichen Schlüssel zu dieser Strophe bietet der Essay *Humanismus und Gegenwart* von 1923, wo Mandelstam die Unterscheidung trifft zwischen einer Architektur, die *für* den Menschen, und einer solchen, die *mit* dem Menschen als einem beliebig nachschiebbaren Baumaterial geschaffen wird. Beispiel für die zweite Bauweise ist, wie im hier diskutierten Gedicht, die monumentale Architektur Assyriens und Ägyptens. *Assyrische Gefangene schwirren umher wie Küken unter den Füßen eines riesenhaften Herrschers; Krieger, welche die dem Menschen feindlich gesinnte Macht des Staates verkörpern, töten mit langen Speeren gefesselte Pygmäen; Ägypter und ägyptische Baumeister verfahren mit der Menschenmasse wie mit einem Baumaterial, das zur Genüge vorhanden sein, in beliebiger Menge herbeigeschafft werden muß* /II, 352/. *Wenn nicht eine wahrhaftig humanistische Rechtfertigung die Grundlage der künftigen gesellschaftlichen Architektur bildet, wird sie den Menschen zermalmen, wie Assyrien und Babylon es getan haben* /II, 354/.[48]

Der ägyptische Bau, die Pyramide, ist schon bei seiner Errichtung ein Ort des Todes in doppeltem Sinne: für einen dereinst toten Herrscher geschaffen, ist er nur mit unzähligen Menschenopfern zu verwirklichen. In der Geißelung eines totalitären Totenkultes, wo die Leiche des Herrschers dem einzelnen, lebendigen Menschen vorgezogen wird, ist Mandelstams Wertung überdeutlich: *Hündisches, Kram, Nichtigkeit.* Das *Hündische* ist gewiß auch abwertende Bezeichnung für den ägyptischen Totengott *Anubis*, den in der Ikonographie mit einem Hunde- oder Schakalkopf versehenen Bewacher der Mumie und Begleiter des Verstorbenen.

Auch die erste Strophe des Gedichtes, die rätselhafteste, mysteriöseste von allen, scheint auf die ägyptische Grabmalkunst zu verweisen. Das Verb *einritzen* bezieht sich auf die Schreibpraxis der Hieroglyphen, für welche die Elemente *Reiher* und *Flaschen* stehen. Die *Flaschen* rufen die Form der Mumie in Erinnerung, der *Reiher* ist ein wichtiges Emblemtier – der 84. Spruch des ägyptischen Totenbuches trägt die Überschrift: *Um in einen Reiher verwandelt zu werden.*[49] Die ganze erste Strophe erinnert einerseits an die dunkle, beschwörende Sprache des Totenbuches, andrerseits an die von ägyptischen Motiven durchzogene Prosa *Ka* (1915) des russischen Futuristen Velimir Chlebnikov (*Dort geht eine schwarzäugige, silberfeurige Wilde in einem toten Reiher vorbei, auf den im Jenseits bereits ein verschmitzter Wilder, eine Lanze in der toten Hand, Jagd macht*).[50] Daß hier eine postume Polemik mit dem Ägyptenkult Chlebnikovs vorliegen könnte, den Mandelstam ansonsten jedoch sehr schätzte, wie in mehreren Essays deutlich wird, signalisiert auch das für Chlebnikov typische Wortwurzel- oder Wortstammexperiment im dritten Vers: das Verb *einritzen* /nacarapali – »sie ritzten ein«/ und das Substantiv *Reiher* /caplja/ werden über ihre lautliche Verwandtschaft in eine neue Wortfamilie integriert (was ich in meiner deutschen Übertragung des Gedichtes mit der Kombination *daß die Reihe zum Reiher gerinnt* wiederzugeben versucht habe).

Als Antipode dieser auf die Toten zentrierten Kunst und Kultur erscheint, mit François Villon assoziiert, in der fünften Strophe die Gotik. Mandelstam bleibt sich auch hier treu. Von Anbeginn hatte er die gotische Kathedrale als Monument und Hymne des Lebens, als Organismus, als einen lebendigen Körper gefeiert. Die totalitäre ägyptische Kultur gehört den toten Herrschern, wird im hermetisch geschlossenen Raum, in einem komplizierten System von Grabkammern, *im Innern* verwahrt, wie der zweite Vers des Gedichtes besagt. Demgegenüber ist die gotische Kathedrale urtümliche Lebensäußerung (*Notre-Dame ist ein Fest der Physiologie*, hatte es im *Morgen des Akmeismus* geheißen), ihr Kreuzgewölbe wird als *freudig* charakterisiert und sie zeigt sich *von außen*, äußert sich für die Augen der Lebenden, kommt der Wahrnehmung entgegen: *Von außen gibt sich der geheime Plan zu erkennen*, lautet der fünfte Vers des Gedichtes *Notre-Dame*.

Die dritte Strophe hatte bereits die Wende, den großen Kontrast zu den beiden einführenden Strophen gekennzeichnet: *Ganz anders ist . . .* Im juristischen Wortschatz des Schlusses dieser Strophe werden erneut Themen des frühen Villon-Essays aufgegriffen, wo des leichtsinnigen Villon *unerschütterliche Überzeugung von der Rechtlichkeit seines Prozesses* hervorgehoben stand /II, 305/.

Im selben Essay war das Bild des Knäuels aufgetaucht:

Villons Beziehungen zu seinen Mitmenschen seien ein *verworrener Knäuel von Bekanntschaften, Verbindungen, Abrechnungen,* ein *Gebilde von genialer Komplexität* /II, 307/. Die vierte Strophe, wo es erneut auftritt, führt ins Mark des Villonschen Schaffens hinein, in den für diesen Dichter charakteristischen Testamentsgestus. Die *zwei Testamente*, in denen Villon seinen *Knäuel willensschwacher Habseligkeiten* losspult (es sind die ironischen, imaginären Güter, die er in satirischer Absicht an seine Zeitgenossen verteilt), stellen seine Hauptwerke dar: *Le Lais* (Das Legat, 1456) und *Le Testament* (1462). Jenes Abschiedsgeschenk Villons, eine *Welt*, die *so tief wie ein Schädel* sei, erweist sich jedoch als Selbstzitat Mandelstams aus dem kurz zuvor entstandenen Zyklus der *Verse vom unbekannten Soldaten*: das sechste Gedicht des Zyklus ist eine pazifistische, humanistische Hymne auf den Reichtum des menschlichen Schädels, der als *verstehende Kuppel*, als *Haube Glück*, als *Vater Shakespeares* – als Vater des menschlichen Genies – gepriesen wird /I, 247/.[51]

Villons Testamentsgestus hat erkennbar auf Mandelstams Spätwerk eingewirkt. Beim Franzosen wie beim Russen wird selbst der Körper des Dichters zum Legat, zur Hinterlassenschaft. Während Villon jedoch seinen Körper ganz einfach der Mutter Erde vererbt, ist bei Mandelstam der Wunsch formuliert, den nachfolgenden Menschen noch weiter nützlich zu sein. Der 86. Achtzeiler in Villons *Testament* lautet:

Item, mon corps j'ordonne et laisse
A nostre grant mere la terre;
Les vers n'y trouveront grant gresse,
Trop lui a fait fain dure guerre.
Or lui soit delivré grant erre,
De terre vint, en terre tourne!
Toute chose, se par trop n'erre
Voulentiers en son lieu retourne.[52]

Item, den Körper überlaß
Ich gern der großen Mutter Erde;
Er ist kein fetter Würmerfraß,
Weil ihn zu oft der Hunger nährte.
Er sei ihr denn zurückgegeben,
Der Erde wird und Erde war,
Denn was nicht zu sehr irrt im Leben,
Kehrt gerne heim für immerdar.

(Übertragung: Carl Fischer)[53]

Und hier die erste Strophe von Mandelstams Gedicht des 21. Juli 1935:

Не мучнистой бабочкою белой
В землю я заемный прах верну.
Я хочу, чтоб мыслящее тело
Превратилось в улицу, в страну —
Позвоночное, обугленное тело,
Осознавшее свою длину. /I,222f./

Nicht als Mehl von einem weißen Falter
Bring ich die geliehne Asche bodenwärts.
Ich will, daß der denkende, der kluge Leib
Sich zur Straße, sich zur Landschaft umgestalte –
Dieser Wirbelleib, verkohltes Herz,
Dem sein eignes Maß kein Rätsel bleibt.

(Übertragung: RD)[54]

In beiden Texten findet sich die für eine Testamentsphraseologie notwendige Formel: *ich ordne an, ich will.* Ganz präzise Verfügungen, Anordnungen an die Testamentsvollstrecker und die Nachwelt, wie sie das gesamte *Testament* Villons und noch sein berühmtes *Epitaph* durchziehen, zeigen sich auch bei Mandelstam. Bestes Beispiel ist das Gedicht vom 9.–19. März 1937, wo nicht nur die Weisungen des Dichters, was nach seinem Tode zu tun und was zu unterlassen wäre, festgehalten sind, sondern auch die ebenfalls für Villon typische Voraussage des eigenen baldigen Todes zu lesen steht. Zitiert werden dritte und vierte Strophe des Gedichtes:

Не кладите же мне, не кладите
Остроласковый лавр на виски –
Лучше сердце мое расколите
Вы на синего звона куски.

И когда я умру, отслуживши,
Всех живущих прижизненный друг,
Чтоб раздался и шире и выше
Отклик неба во всю мою грудь. /I,257f./

Ich will nichts auf den Schläfen, will keinen
Stechend-zärtlichen Lorbeerbehang –
Besser spaltet mein Herz, dieses meine,
Auf zu Scherben von tiefblauem Klang.

Wenn ich, ausgedient, bald schon hier sterbe:
Allen Lebenden lebenslang Freund –
Soll sich Widerhall himmlischer Erde
Hoch und weit in dem Körper zerstreun.

(Übertragung: RD)[55]

Die fünfte Strophe bringt sodann, neben Villons Nachbarschaft zur Gotik, seine Geste der Verweigerung und des Trotzes. Wenn nicht schon in der zweiten Strophe, mit ihrer Geißelung des altägyptischen Staatsgebildes, deutlich war, daß es sich bei Mandelstams Anruf Villons um ein politisches Gedicht handelt, so muß es hier erkennbar werden. Es ist nicht lange darüber zu rätseln, an was Mandelstam 1937, im Jahr des gesteigerten Stalinterrors, mit dieser Spuckgeste gedacht haben könnte. Mandelstam spuckt mit seinem *unvergleichlichen* François Villon vereint auf die *Spinnenrechte*, auf die Gesetzlosigkeit einer totalitären Gesetzgebung. Dazu ein pikantes historisches Detail: wenn Mandelstam implizit Stalin als eine *Spinne* bezeichnet, erinnert er sich der Tatsache, daß der

OSSIP MANDELSTAM, 1933

machtsüchtige Tyrann der Epoche Villons, Louis XI., von seinen politischen Gegnern als *allgegenwärtige Spinne* (*L'universelle Araigne*)[56] betitelt wurde.

Ist die stalinistische Rechtswillkür als *Spinnenrecht* abqualifiziert, wird alles, was dieser Gesetzlichkeit sich widersetzt, in einem sehr positiven Sinne wider-rechtlich, un-moralisch sein. In den Ausdrücken *stehlender Engel* (Vers 19) und *Räuber im Himmelschor* (Vers 21) erfährt der Kriminelle und Unbotmäßige in Villon seine Apotheose. Gewiß erinnern die Attribute *frech, stehlend, Räuber* an die ausgiebige Schilderung der Untaten des *unheilbar amoralischen* Scholaren im Essay von 1913. Die Kategorie des Unmoralischen hat 1937 jedoch eine neue Qualität gewonnen, und die Werte *Recht* und *Moral* sind völlig umgewertet.

Die Umwertung hatte bereits in der *Vierten Prosa* von 1929/30 stattgefunden. Wie wir gesehen haben (S. 163), wird dort vom Staate nicht zugelassene, d. h. wahrhaftige Dichtung als *abgestohlene Luft* bezeichnet, der schöpferische Akt also mit einer kriminellen Tätigkeit verquickt. *Räuber* und *Dieb* zu sein, metaphorisch gesprochen, im Sinne einer Gegen-Moral, wird zu einem Ziel des Dichters. Das Thema des *Diebstahls* und des *Raubes* durchzieht denn, in einem triumphierenden Tonfall, diese Prosa des Trotzes und des Widerstandes. *Dafür habe ich viele Bleistifte, alle gestohlen und in bunten Farben* /II, 183/. Der ebenfalls bereits in Verruf geratene Satiriker Michail Zoščenko (1895–1958) wird dabei zum Miträuber: *Unterwegs würde ich das beste Buch von Zoščenko lesen und mich darüber freuen wie ein Tatar, der hundert Rubel gestohlen hat* /II, 184/. Überdies gibt es ein aufschlußreiches Zeugnis von Zeitgenossen Mandelstams. Um das Jahr 1930 soll Mandelstam aus dem Namen *Villon* gar ein Tätigkeitswort geschaffen (!) und es in Gesprächen oft wiederholt haben: *Nun muß man villonieren.*[57] Eine aufsässige Losung, ein Manifest der Widerspenstigkeit. Wenn Villon im Gedicht von 1937 also *Räuber* genannt wird, so bedeutet dies: Dichter im allerbesten Sinne des Wortes.

Die Oxymora *stehlender Engel* und *Räuber im Himmelschor* aus der fünften und sechsten Strophe müssen auch sonst aufmerken lassen. Das Oxymoron (griechisch für »scharfsinnigdumm«) ist die sprachlich dichteste Vereinigung von sich gegenseitig Ausschließendem. Mit jenen Ausdrücken verweist Mandelstam auf sprachliche Grundgesten François Villons, auf seinen Hang zur Gegenlogik, zur schroffen Widersprüchlichkeit, seine Vorliebe für Oxymoron, Paradoxon und Antiphrase, wie sie besonders konzentriert in der *Ballade der Widersprüche*, deren erste Strophe diesem Kapitel als Denkspruch vorangestellt ist, und in der *Ballade der falschen Wahrheiten* oder *Gegen-Wahrheiten* (*La Ballade des contre-vérités*) zur Anwendung kommen. Mit ihrem Anschein des Unsinns sind sie bei François Villon als Figuren der Sinnfülle inthronisiert. Sie sind nicht nur schärfster Ausdruck der Komplexität allen psychischen Geschehens und – besonders in der *Ballade der Widersprüche* – Ausdruck der Zerrissenheit einer Existenz. Sie sind auch gültigstes Abbild der Wesenheit, Intensität, Dynamik des Poetischen sowie – als Grundgebärde poetischer Utopie – Skizze einer Gegenwelt, in der alles empirisch Erfahrene und Angelernte in einer jähen Geste aufgehoben wäre. Hier als Muster die erste Strophe der *falschen Wahrheiten*:

Il n'est soing que quant on a fain
Ne service que d'ennemy
Ne mascher qu'ung botel de faing
Ne fort guet que d'homme endormy
Ne clemence que felonie
N'asseurence que de peureux
Ne foy que d'homme qui regnye
Ne bien conseillé qu'amoureux.[58]

Nur wenn man hungert, hat man Durst,
Und Nutzen nur vom Feinde kommt,
Man kaut gleich gern so Kraut wie Wurst,
Und nur wer schläft, als Wächter frommt;
Nur Wohltat brütet der Verrat,
Der Feigling nur beweist viel Mut,
Und nur die Falschheit Treue hat,
Nur der Verliebte rät dir gut.

(Übertragung: Carl Fischer)[59]

Mandelstam verweist mit seinen beiden Oxymora auch auf den sprachlichen Zug Villons, der sein Werk der dreißiger Jahre am stärksten geprägt hat. Gewiß wird man einwenden können, Mandelstam habe schon immer paradoxale Aussagen und Oxymora geliebt – die *schwarze Sonne*, die im Kapitel über Racines *Phèdre* diskutiert wurde (S. 128 ff.), ist das prominenteste Beispiel. In den dreißiger Jahren jedoch – gleichzeitig mit der Verschärfung existentieller Konflikte – erfährt die Figur des scheinbaren Widersinns ihre wirkliche Steigerung.

Wenn Mandelstam in der zweiten Strophe des Gedichtes vom 15./16. Januar 1937 sein *herrliches Elend*, seine *luxuriöse Bettlerarmut* preist und dann *allein* und *getröstet*, *Arbeitsmühe* und *sanfter Klang* aufeinanderprallen läßt, zitiert er François Villons *Ballade der Widersprüche*:

В прекрасной бедности, в роскошной нищете
Живу один — спокоен и утешен —
Благословенны дни и ночи те,
И сладкозвучный труд безгрешен. /I,239/

In Luxus-Armut, reichen Bettlerrechten
Leb ich allein – getröstet, in Geduld –
Gesegnet sind die Tage und die Nächte,
Der sanfte Klang der Arbeit: ohne Schuld.

(Übertragung: RD)[60]

Bei Villon findet sich, unter anderen paradoxalen Aussagen, der Widerspruch der *reichen Armut* bereits in der ersten Strophe (*Nackt wie ein Wurm, bin ich als Präsident gekleidet*) und wird darauf am Schluß der zweiten und zu Beginn der dritten Balladenstrophe aufgegriffen, variiert und verstärkt.

Gisant envers j'ay grant paeur de cheoir,
J'ay bien de quoy et si n'en ay pas ung,
Echoicte actens et d'omme ne suis hoir,
Bien recueully, debouté de chascun.

De riens n'ay soing, si mectz toute m'atayne
D'acquerir biens et n'y suis pretendent usw.[61]

Im Liegen nehm ich mich vorm Fall in acht;
Der ohne Geld ein reicher Mann ich bin,
Ich erbe, was mir keiner hat vermacht –
Ich überall beliebt und so verschrien.

Nichts will ich mehr, indes ich nur begehre
Nach Geld und Gut, worauf ich pfeif vergnügt usw.

(Übertragung: Carl Fischer)[62]

Eine Fülle von Oxymora und paradoxalen Ausdrücken findet sich in Mandelstams Gedichten der Spätzeit. Da ist es möglich, *im Frost zu brennen* /I, 209/ – wie es bei Villon ganz üblich war (*Ich glühe heiß, mir klappert Zahn an Zahn* und *Bei der Feuerstelle fröstle ich ganz glühend*). Fieber als Existenzgefühl? Das Oxymoron als Erfassung des Wirklichen? Da klingt nach der Atemnot in der Stimme die *trockne Feuchte* der Schwarzerde auf /I, 218/, auf einem Bild Raffaels herrscht *stürmische Ruhe* /I, 223/, mit einem *zärtlichen Entsetzen* wird der Gleichförmigkeit der Ebenen zugestimmt /I, 239/, von der *Eisenzärtlichkeit* des Andenkens ans Schwarze Meer ist des Dichters Kopf berauscht /I, 250/ und der Lorbeer der Ehre wird als *stechend-zärtlich* empfunden /I, 257/. Die Oxymora *stehlender Engel* und *Räuber im Himmelschor* im Gedicht vom 18. März 1937 sind somit doppelte Erinnerung: an Villons charakteristische Gebärden sowie an deren Ausstrahlungskraft und Wirksamkeit in Mandelstams Spätwerk.

Die letzte Strophe entwirft eine Auferstehung der Dichter, bei der sich Mandelstam an der Seite seines Blutsfreundes sieht. Das Gedicht weist hier auf den letzten Zyklus der *Woronescher Hefte*, die Gedichte von Tod und Auferstehung, voraus. Für den Abschluß noch einmal Paradoxales als Essenz des Dichterischen: kurz vor dem Ende, dem *Ableben der Welt* (Vers 23) erklingt der Gesang der Lerche – Künderin des Morgens und Symbol des Neuanfangs, mit dem die beiden Dichter verbunden sind. Wirkliche Dichtung scheint auch das Ende der Welt noch zu überleben. Mandelstams Vision einer letzten und endgültigen Bruderschaft mit dem Poeten des 15. Jahrhunderts, die da und dort in die Nähe der Identifikation führt, ist der Gipfelpunkt der Villon-Verehrung Mandelstams. War François Villon schon 1913 Verbündeter in der Überwindung des Symbolismus, so wird er 1937 – von der literarischen Polemik zum Existenzkampf – zu einem zweiten Ich in der Auflehnung gegen Terror und Machtwillkür und verkörpert als *ungezogener* Verächter der *Spinnenrechte* jenen Freiheitsraum, den sich Mandelstam in seiner Dichtung bewahren wollte und tatsächlich auch bewahrt hat. Die beiden zu Lebzeiten Gehetzten sehen in diesem spätesten Gedicht schelmisch und sorglos ihrer Auferstehung entgegen.

Letzte Gespräche

Tere de France, mult estes dulz païs.

(Erde Frankreichs, wie sehr bist du ein süßes Land.)

LA CHANSON DE ROLAND, Vers 1861

О, нежной Франции вдовий удел!

(O Witwen-Los des zärtlichen Frankreich!)

MANDELSTAM, Übertragung des Verses 1985
im Rolandslied

»ALS RIEFE MAN MICH BEI MEINEM NAMEN«
(Mandelstam und die Maler des Impressionismus)

In Woronesch hatte O. M. oft zu mir gesagt: »Wenn ich jemals zurückkehren sollte, gehe ich als erstes zu den ›Franzosen‹.«[1] Tatsächlich sind die Mandelstams – wie die Frau des Dichters in ihren Memoiren weiter berichtet – kaum waren sie nach der dreijährigen Woronescher Verbannung in Moskau angelangt, zu den *Franzosen* in die kleine Galerie der Krapotkin-Straße geeilt. *Man muß sich sattsehen, ehe wieder etwas passiert,* soll Mandelstam gesagt haben, als hätte er geahnt, daß ihm in Moskau nur wenig Zeit bleiben würde.

Die *Franzosen*, an denen er sich sattsehen wollte, waren die Maler des Impressionismus. Mandelstams Dialog mit der französischen Kultur ist in seinem Spätwerk um dieses Gespräch bereichert worden. Schon in die bedrückende Lynchmord-Atmosphäre der Erzählung *Die ägyptische Briefmarke* (1928) waren die Wegbereiter des Impressionismus, die Maler der Schule von Barbizon (benannt nach dem Dorf Barbizon bei Fontainebleau) eingefallen, diese Dissidenten der damaligen Kunst, die dem Akademismus den Rücken kehrten, die Ateliers verließen, Freilichtstudien betrieben und stimmungsvolle Naturausschnitte schufen (Théodore Rousseau, Daubigny, Dupré, Millet).[2] Die Erinnerung an diese helle Periode der Malereigeschichte, an den Sonnenkult der Maler von Barbizon, ist jedoch mit Wehmut gemischt – Barbizon ist fern.

Die Spatzen der Eremitage zwitscherten von der Sonne in Barbizon, von der Freilichtmalerei, von einem Kolorit, das Spinat mit Röstbrotstückchen ähnlich sieht, mit einem Wort: von allem, was der düster-flämischen Eremitage fehlt.

Doch ich werde keine Einladung zum Frühstück in Barbizon erhalten, obwohl ich als Kind die sechskantigen, gezähnel-

ten Laternchen der Krönungszeremonie aufgebrochen und auf den sandigen Kiefernwald und den Wacholderstrauch bald das aufreizende Rot der Augenentzündung, bald das wiedergekäute Mittagsblau irgendeines fremden Planeten, bald eine kardinalsviolette Nacht aufgetragen habe.

Meine Mutter machte den Salat mit Eigelb und Zucker an.

Die abgerissenen, zerknüllten Salatohren voller Kieselchen starben vor lauter Essig und Zucker.

Luft, Essig und Sonne wurden mit grünen Lappen zu einem dichten, vor Salz, Gitterspalieren, Glasperlen, grauen Blättern, Lerchen und Libellen in Brand stehenden, mit seinen Tellern klappernden Tag in Barbizon geknetet.

Der Sonntag in Barbizon ging, sich mit Zeitungen und Servietten umfächelnd, seinem Frühstückszenit entgegen und belegte das Gras mit Feuilletons und Zeitungsnotizen über stecknadelkleine Schauspielerinnen.

Zu den Sonnenschirmen in Barbizon strömten Gäste mit weiten Beinkleidern und löwenstolzen Samtwesten. Und die Frauen schüttelten Ameisen von ihren runden Schultern /II, 21f./.

Hier tritt bereits Mandelstams Kunst hervor, sich in Bilder einzudenken, sie mit eigenem Erleben – Kindheit und Küche – zu füllen. Sein eigenwilliges Verfahren der Bildbetrachtung wird er nur wenig später, in der Prosa der *Reise nach Armenien*, 1933 in einer Zeitschrift erschienen, in kühnen Passagen erläutern:

Auf keinen Fall eintreten wie in eine Kapelle. Nicht außer sich geraten, nicht erstarren, nicht an den Gemälden kleben . . .

Im Promenadenschritt, wie auf dem Boulevard – hindurch!

Zerteilt die großen Temperaturwogen des Ölfarbenraumes /II, 161/.[3] Ein ganzes Kapitel der *Reise nach Armenien* ist den *Franzosen* gewidmet, den Malern im Umkreis und in der Nachfolge des Impressionismus: Cézanne, Matisse, Van Gogh, Monet, Renoir, Signac, Ozenfant, Pissarro. Zwei Kapitel zuvor bereits hatte Mandelstam Bericht gegeben von der Entdeckung und Begegnung, hatte den ersten Moment dieses Dialoges festgehalten, dieses Angerufenwerden durch das Gegenüber. In einem Moskauer Privathaus stößt er auf Signacs Buch über den Impressionismus:

Signac blies auf dem Kavalleriehorn zur letzten, reifen Sammlung der Impressionisten. Er lud in die leuchtenden Lager ein, zu den Zuaven, den Burnus und den roten Röcken der Algerierinnen.

Schon bei den ersten Klängen dieser anregenden und die Nerven kräftigenden Theorie fühlte ich den Schauer des Neuen, als riefe man mich bei meinem Namen . . .

Es kam mir vor, als hätte ich das hufartige, durch und durch staubige städtische Schuhwerk eingetauscht gegen eine leichte muselmanische Fußbekleidung /II, 145/.

In der *Reise nach Armenien* wird der Russe Mandelstam zu einem Erben der *Franzosen*, durch seinen Kult des Lichtes, der Luft, der Farbe.[4] *Die Aufgabe löst sich nicht auf dem Papier und nicht in der Camera obscura der Kausalität, sondern in der Umgebung eines lebendigen Impressionismus, im Tempel der Luft, des Lichtes und des Ruhmes von Edouard Manet und Claude Monet* /II, 155/. Von hervorragendem Interesse auch jene Äußerung in den Notizbüchern Mandelstams, sein Auge habe auf der Reise nur das *Seltsame, Flüchtige und schnell Verfließende* eingefangen, nur das *lichtbringende Zittern der Zufälligkeiten* /III, 149/. Die Bilder der *Franzosen* waren Lektion geworden.

Wie kein anderer Text Mandelstams vermag das Kapitel *Die Franzosen* seinen Kunstbegriff und sein Kulturverständnis – seine Lust an der Kultur – anschaulich zu machen. Von provozierender Einfachheit ist dieses als schwierig geltenden Dichters Kulturphilosophie des Elementaren, Sinnlichen, Stetigen – das der Künstler in der Bannung des *Flüchtigen* sichtbar werden läßt (die Momentaufnahme hält ihn nicht auf, sondern besagt den

Strom der Zeit). Kultur steht den Sinnen offen, ist nicht museal-entrückt, sondern vertraulich gegenwärtig, pulsierend, jung, erlebbar. Selbst wo der Ort der Begegnung das Museum ist (*die Gesandtschaft der Malerei*), wie in ebendiesem Kapitel *Die Franzosen*, schlägt der Dichter eine freie Promenade vor, ein freies Gespräch mit den – allen biographischen Daten zum Trotz – gegenwärtigen Künstlern. Distanz und Erstarrung werden heiter abgeschafft. Was wie Respektlosigkeit aussieht, ist nur Konsequenz eines Kulturverständnisses, das auf der Idee der Häuslichkeit, der Vertrautheit, der Familiarität mit dem Angesprochenen beruht: *Grüß Dich, Cézanne! Herrlicher Großvater* /II, 159/*!*

Gewiß rückt dieser Text die Augen-Kultur in den Vordergrund, und das *reisende, tauchende, gierige Auge*, dieses *edle, doch eigensinnige Tier* /II, 161/ erfährt hier seine uneingeschränkte Feier. Das Auge ist bei Mandelstam jedoch universales Organ, das auch *über die Akustik verfügt* /II, 161/, ein Urorgan, das alle Sinne vereinigt und vergeistigt. *Mein Buch spricht davon, daß das Auge ein Instrument des Denkens ist, daß das Licht eine Kraft und daß das Ornament Gedanke ist* /III, 169/. Die Reise an den Ursprung der Kultur, wie sie die *Reise nach Armenien* darstellt, ist eine Reise in die Ursprünglichkeit der sinnlichen Wahrnehmung.[5]

Auch in Form eines Gedichtes hat Mandelstam einen *Hommage* an die *Franzosen* geschaffen. Es ist datiert vom 23. Mai 1932:

ИМПРЕССИОНИЗМ

Художник нам изобразил
Глубокий обморок сирени,
И красок звучные ступени
На холст, как струпья, положил.

Он понял масла густоту
Его запекшееся лето
Лиловым мозгом разогрето,
Расширенное в духоту.

А тень-то, тень все лиловей —
Смычек иль хлыст, как спичка, тухнет, —
Ты скажешь: повара на кухне
Готовят жирных голубей.

Угадывается качель,
Недомалеваны вуали,
И в этом солнечном развале
Уже хозяйничает шмель. /I,181/

IMPRESSIONISMUS

Von Flieder – Ohnmacht, unbewegt,
Hat uns der Maler da gestaltet,
Hat Farbenstufen, Klänge haltend,
Wie Schorf auf Leinwandgrund gelegt.

Er kennt die Dichte: Farbenöl –
Der Sommer liegt in ihm geronnen,
Aus lila Mark wird Glut gewonnen,
Die Hitze macht es weit gewölbt.

Und Schatten, Schatten, violett –
Erlischt das Streichholz: Peitschenschnüre,
Und Köche braten, wirst es spüren,
In ihrer Küche Taubenfett.

Die Schaukel ahnt man da heraus,
Die Schleier liegen unvollendet
Und im Zerfall hier, sonngeblendet,
Hält nunmehr eine Hummel haus.

(Übertragung: RD)

Hier werden nicht nur Elemente des Monet-Bildes *Lilas au soleil* und Camille Pissarros *Boulevard Montmartre* mit den Peitschenschnüren der Droschkenkutscher beschworen.[6] Hier treten, neben impressionistischen Licht- und

CLAUDE MONET: LILAS AU SOLEIL. PUSCHKIN-MUSEUM, MOSKAU

Schattenreflexen, die Materialität von Leinwand und Ölfarbe (*geronnener Sommer*), jene skizzierte kulturelle Häuslichkeit (gebratene Tauben, Küche, das Verb *haushalten* für eine Hummel) sowie Klänge und Gerüche als Gegenstände des Gedichtes hervor. Beherrschend und umgreifend – in der ersten und der letzten Strophe ist er gegenwärtig – zeigt sich Claude Monets Flieder. Wie ein Kommentar zu seiner Erscheinung im Gedicht liest sich ein Abschnitt in Mandelstams Notizbüchern von 1931/32: . . . *Die prachtvollen, prallen Fliedersträucher der Ile-de-France, aus Sternchen zu einem porigen, irgendwie kalkigen Schwamm geplättet, verdichten sich zu einer bedrohlichen Blütenblättermasse; wundervolle bienenhafte Flieder, die aus dem Weltbürgerrecht alle Empfindungen, alles auf der Welt ausgeschlossen haben außer den dunklen Wahrnehmungen einer Hummel – da brannten sie auf der Wand als Dornbusch von eigenem Atem* /III, 160/ . . .

Der Kult der Luft, des Lichts, der Farbe, in Mandelstams Spätwerk augenfällig, kündet von dieser prägenden Anregung. Die *Franzosen* haben Mandelstams Auge verändert. Der Besuch in den Moskauer Museen und in der kleinen Galerie der Krapotkin-Straße konnte nicht ohne Folgen bleiben:

Von der Gesandtschaft der Malerei trat ich auf die Straße hinaus.

Unmittelbar nach den Franzosen erschien mir das Sonnenlicht als Phase einer abnehmenden Finsternis, und die Sonne – eingewickelt in Silberpapier /II, 162/.

ABSCHIED VON FRANKREICH

Mandelstams Durst nach der lichtvollen, sonndurchfluteten Welt der französischen Maler hat es bereits ahnen lassen: die Erinnerung an Paris und an die es umgebende Landschaft der Ile-de-France nimmt im Spätwerk dieses Dichters zunehmend nostalgische Züge an. Zu Beginn des neuen Jahrzehnts, in einem ironischen bis sarkastisch-bitteren Gedicht vom 11. April 1931, trinkt Mandelstam *auf alles, was sie mir vorgeworfen haben*, unter anderen Dingen auch auf die Benzingerüche der Champs-Elysées und auf das Öl der Pariser Bilder, mit einem Wort: auf sein Interesse für Frankreich und Westeuropa, das im Zuge der Patriotisierung der sowjetischen Literatur in den dreißiger Jahren zum Ächtungsgrund werden konnte.

Я пью за военные астры, за все, чем корили меня:
За барскую шубу, за астму, за желчь петербургского дня,

За музыку сосен савойских, Полей Елисейских бензин,
За розы в кабине ролс-ройса, за масло парижских картин.

Я пью за бискайские волны, за сливок альпийских кувшин,
За рыжую спесь англичанок и дальних колоний хинин,

Я пью, но еще не придумал, из двух выбираю одно:
Веселое асти-спуманте иль папского замка вино… /I,165f./

Ich trink auf soldatische Astern, auf alles, für was man mich rügt:
Den prächtigen Pelz und mein Asthma, auf Petersburg,
gallig-vergnügt,

Musik von savoyischen Kiefern, Benzin auf den Champs-Elysées,
Auf Rosen im Rolls-Royce, aufs Öl der Pariser Gemälde-Allee.

Ich trink auf die Wellen, Biskaja, auf Sahne aus Krügen, alpin,
Auf Hochmut von englischen Mädchen und koloniales Chinin,

Ich trinke, doch bin ich nicht schlüssig, was ich wohl lieber noch hab:
Den fröhlichen Asti Spumante oder – Châteauneuf-du-Pape . . .

(Übertragung: RD)

In der Zeit der Woronescher Verbannung (1934–1937), die für Mandelstam auch Abgeschiedenheit und Abgeschnittensein von den Zentren kulturellen Lebens bedeutete und wo er sich auf sein Gedächtnis zu verlassen hatte, muß diese Erinnerung einen bereits schmerzlicheren Beiklang haben – etwa in der *Violonistin*, einem rauschhaften Musik- und Liebesgedicht von April oder Juni 1935. Die dritte Strophe dieser Bitte um musikalische Lichtblicke, in denen auch das *mächtig wilde Paris* aufklingen müßte, lautet:

Утешь меня Шопеном чалым,
Серьезным Брамсом — нет, постой —
Парижем, мощно-одичалым,
Мучным и потным карнавалом
Иль брагой Вены молодой. /I,210/

So tröst mich mit dem Scheckenpferd Chopin
Und mit dem strengen Brahms, nein halt!
Mit ihm da, überwild: Paris-Latin,
Mit Mehl und Schweiß im Karneval,
Mit Dünnbier, jungem Wien und Arlequin . . .

(Übertragung: RD)[7]

Im Gegensatz zum *jungen* Wien war Paris bei Mandelstam stets die Stadt mit weitreichender Vergangenheit gewesen. Zur Erinnerung: der erste Vers des Gedichtes

Notre-Dame hatte das römische Vorleben der Stadt beschworen (S. 251), und in jenem von Auguste Barbier inspirierten Gedicht *Die Sprache des Pflastersteins* war von der *Urahne der Städte* die Rede gewesen (S. 182f.). In einem nicht erhaltenen Gedicht der Pariser Nachklänge – Nadeschda Mandelstam entsinnt sich eines einzigen Verses – wird die *Place de l'Etoile* genannt.[8]

Den Abschluß der Hommages an Frankreich bildet das Woronescher Gedicht vom 3. März 1937, wo sich persönliche Reiseerinnerungen mit historischen, architektonischen, literarischen und kinematographischen Reminiszenzen kaleidoskopartig mischen. *Er begriff die Länder, in denen er sich nur kurze Zeit aufgehalten hatte. /. . ./ Ich habe viele Jahre in Frankreich gelebt – besser und genauer als dieses Gedicht kann man es gar nicht sagen*[9], schreibt ein anderer russischer Schriftsteller und Frankreichkenner, Ilja Ehrenburg (1891–1967), über diesen Text:

Я прошу /Var.: молю/, как жалости и милости,
Франция, твоей земли и жимолости.

Правды горлинок твоих и кривды карликовых
Виноградарей в их разгородках марлевых.

В легком декабре твой воздух стриженный
Индевеет денежный, обиженный,

Но фиалка и в тюрьме — с ума сойти в безбрежности! —
Свищет песенка-насмешница, небрежница —

Где бурлила, королей смывая,
Улица июльская кривая.

А теперь в Париже, в Шартре, в Арле
Государит добрый Чаплин Чарли —

В океанском котелке с рассеянною точностью
На шарнирах он куражится с цветочницей.

Там, где с розой на груди, в двухбашенной испарине
Паутины каменеет шаль,
Жаль, что карусель воздушно-благодарная
Оборачивается, городом дыша, —

Наклони свою шею, безбожница,
С золотыми глазами козы,
И кривыми картавыми ножницами
Купы скаредных роз раздразни. /I,254f./

Ich bitte dich, wie um Mitgefühl und Gnade,
Frankreich, um deine Erde und das Geißblatt.

Um die Wahrheit deiner Turteltauben und die
Unwahrheit der zwergenhaften
Winzer in ihren Trennwänden aus Gaze.

Im leichten Dezember bedeckt sich deine geschorene Luft
mit Reif, die geldreiche, gekränkte,

Doch das Veilchen gibt es auch im Gefängnis – man
könnte verrückt werden in der Uferlosigkeit! –
es pfeift die Spötterin-Melodie, die Achtlose –

Wo sie brodelte, Könige wegspülend,
die gebogene Juli-Straße.

Doch jetzt, in Paris, in Chartres, in Arles
hält der gute Chaplin Charlie seinen Staat –

In seiner Ozeansmelone spielt er mit
zerstreuter Genauigkeit
An Scharnieren /wie eine Marionette/ bei der
Blumenverkäuferin hastig den Herrn.

Dort wo, mit der Rose auf der Brust, in
zweitürmiger Verdunstung,
zu Stein wird des Spinngewebes Schal,
schade, daß das luftig-dankbare Karussell
sich wendet, Stadt atmend –

Beuge deinen Hals, du Gottlose,
mit den goldenen Augen der Ziege,
und mit gebogenen Scheren von Aussprachefehlern
/mit schnarrender »R«-Aussprache/
reize die Büsche der Geizhalsrosen.

Die Prosaübersetzung der Wörtlichkeit eines Gedichtes ist immer dazu verurteilt, nur blasse Inhaltsangabe zu sein. Und insofern gar weniger noch, als das Gedicht der Ort ist, wo Inhalt anderes meint. Wo sich ein Gedicht in Prosa nacherzählen lasse, da seien die Laken nicht angerührt, da habe die Poesie nicht genächtigt, hält Mandelstam in seinem *Gespräch über Dante* fest /II, 363f./. Um die spärliche Teilinformation anzureichern, wurde sie auf den vorliegenden Seiten wo immer möglich durch dichterische Annäherungen ergänzt. Der Wortsinn schwingt sich nie zum Alleinherrscher über die Dichtung auf, die sich vom Klang nährt, von Lautimpulsen, über sie ihre Eindringlichkeit, ihre Beschwörungskraft, ihren magischen Reiz erwirkt. Schon die ersten beiden Verse des zitierten Gedichtes verkünden dieses lautbezogene Programm. Das russische Wort für *Geißblatt* – im Genetiv, wie er hier steht: /žimolosti/ – ist die lautliche Verschmelzung dessen, was sich das Ich des Gedichtes von Frankreich erbittet, nämlich Mitgefühl /žalosti/ und Gnade, Gunst /milosti/. Die beiden Begriffe aus dem Empfindungsbereich sind Pflanze geworden, haben sich zu einer Pflanze vereinigt, verkörpern sich in ihr. Nur eine Lautspielerei? Keineswegs, denn die Pflanze wird durch eine literarische Reminiszenz des mittelalterkundigen Mandelstam ihre vollumfängliche Motivierung erfahren. In der Unauflösbarkeit der Verschränkung von Klang und Sinn liegt das Dichterische begründet.

Um die Erde, deine, Frankreich, und das Geißblatt
Bitt ich heute – wie um Erbe, Gunst, die Geist hat,

Um die Wahrheit deiner Turteltauben, Narrheit
Deiner Winzer – Reich aus Gaze offenbarend.

In Dezemberleichte: deine Luft, geschoren,
Reifbedeckt, gekränkt und voller Louisdore . . .

Blume im Gefängnis – Uferlosigkeit: ein Wahnsinn!
Pfeift Chansons, die Spötterin, die mich da ansingt,

Wo die Juli-Straße, brodelnd-aufgewühlte
Krummgebogen lag und Könige wegspülte.

In dem Land, das zwischen Chartres, Paris, Arles liegt
Hält er heute seinen Staat, der gute Chaplin Charlie –

Präzisionszerstreutheit – in der Ozeansmelone:
Stolzt er vor dem Blumenmädchen, die Scharniere schonend.

Dort liegt (Rose auf der Brust, zweitürmige Verdunstung)
Spinngewebe längst versteinert: leichter Schal,
Schad, jetzt wendet sich das Karussell, das seine Kunst tut,
Städtisch, luftig-dankerfüllt ein weitres Mal.

Nun so beug deinen Hals denn, du Heidin,
Zickleinaugen sind dein: golden-heiß,
Mit gebogenen schnarrenden Schneiden –
Geizhals-Rosenbusch: zwick ihn nun, reiz!

(Übertragung: RD)

Was spielt sich in diesem rätselhaften Gebilde ab, was hat dieses Kaleidoskop der Bilder und Gesten zu bedeuten? Die Geschichte eines Paares, eine Liebesgeschichte – aufgefächert und variiert in vier weiteren, durch Anspielung gegenwärtigen Paaren aus der Welt der Literatur und des Films. Die Grundsituation: ein dichterisches Ich – nennen wir es ohne Bedenken Mandelstam – bittet ein weibliches Gegenüber um Beistand, in einem Gedicht, wo Weiblichkeit allgegenwärtig sein wird (und bis in die Reimwörter: von zweiundzwanzig Versschlüssen sind nur deren vier männlich, auf eine betonte Silbe ausge-

TRISTAN UND ISOLDE, HOLZSCHNITT AUS EINER DEUTSCHEN AUSGABE, AUGSBURG 1484

hend). Diese Partnerin ist im zweiten Vers genannt: Frankreich – in der russischen Sprache ein weibliches Substantiv. Auch das grammatische Geschlecht jenes Landes bekommt hier seine Motivierung. Ein Hinweis: schon im Villon-Essay von 1913 wird das Frankreich der ersten Hälfte des 15. Jh., das Frankreich zur Zeit der englischen Besatzung, als *echte Frau* geschildert, welche die Sieger mit Neugier gemustert habe /II, 302/. Alle weiteren Beziehungen in diesem Gedicht sind Verkörperungen des einen Paares Mandelstam/Frankreich, zugleich Metonymien (Austausch von Benennungen ein und desselben) und Metaphern (Bilder des Vergleichs, in welchen die Intensität jener Beziehung ihren Ausdruck sucht).[10]

Die Geschichte des ersten literarischen Paares liegt in der zunächst so seltsam anmutenden Bitte um das Geißblatt verschlüsselt. Das Geißblatt (französisch: *chèvrefeuille*) ist in der mittelalterlichen Sage von *Tristan und Isolde* Symbol für unverbrüchliche Treue und Verbundenheit, deren Prinzip in der Versnovelle *Chievrefoil* (*Chèvrefeuille*) der ersten Dichterin Frankreichs, Marie de France, um 1170 formuliert wurde: *Ne vus sanz mei, ne mei sanz vus* (Ihr nicht ohne mich, ich nicht ohne Euch).[11]

Mandelstam kannte diese Gegebenheit. Im Jahre 1900 hatte der französische Mediävist Joseph Bédier eine Synthese der verschiedenen Tristan-Quellen (der höfische Tristan des Thomas d'Angleterre, der archaischere des

Béroul, die Novelle der Marie de France, die deutschen Bearbeitungen des Eilhart von Oberge, Ende des 12. Jahrhunderts entstanden, und des Gottfried von Straßburg, Beginn des 13. Jahrhunderts, u. a.) als Roman veröffentlicht. Mandelstam war von dem Unternehmen sehr angetan – in einem Artikel erwähnt er es als *wahres Wunder der Rekonstruktion*, das unbedingt eine Übersetzung ins Russische verdienen würde /II, 421/.

Nun zur Geißblatt-Episode. Die Liebenden sind einmal mehr getrennt. Der Hof des Königs Marke soll zu Pfingsten das Schloß Tintajôl verlassen und nach der Weißen Heide aufbrechen. Tristan sendet einen Boten zu Isolde mit der Nachricht, er werde sich am Wege in einem Dorngestrüpp verborgen halten (. . . *und er entbietet Euch, Ihr möchtet Mitleid mit ihm haben*).[12] An jenem Ort reißt er einen Haselzweig ab, um den sich ein Geißblattsproß rankt, und legt ihn vor sein Versteck an die Straße. Da er Tierstimmen nachzuahmen versteht, gibt er Isolde weitere Signale:

In diesem Augenblick drang der Sang von Grasmücken und Lerchen aus dem dornigen Dickicht, und Tristan legte all seine Zärtlichkeit in seine Melodien. Die Königin hat die Botschaft ihres Freundes wohl verstanden. Sie bemerkt am Boden den Haselzweig, um den sich das Geißblatt mit all seiner Kraft rankt, und denkt in ihrem Herzen: »So steht's um uns, mein Freund: Ihr nicht ohne mich, ich nicht ohne Euch!« Sie hält ihren Zelter an, gleitet von ihm herab /. . ./, wendet sich zu dem Gebüsch um und sagt mit lauter Stimme: »Ihr Vögel in diesem Gehölz, ihr habt mich mit euren Liedern erfreut, ich sage euch Dank. Während mein Herr Marke in die Weiße Heide reitet, will ich auf meinem Schlosse Saint-Lubin Rast machen. Ihr Vögel, gebt mir dorthin das Geleit; heute abend will ich's euch reichlich vergelten, wie braven Minnesängern.«[13]

Marie de France war in der Deutung des Symbols weiter gegangen und hatte auch das tragische Ende der Liebenden durchblicken lassen:

D'eus deus fu il tut autresi
Cume del chevrefoil esteit
Ki a la codre se perneit:
Quant il est s'i laciez e pris
E tut entur le fust s'est mis,
Ensemble poënt bien durer,
Mès ki puis les volt desevrer,
Li codres muert hastivement
E li chevrefoil ensement.[14]

Mit ihnen beiden war es gerade so
wie mit dem Geißblatt,
das an den Haselzweig sich heftet:
hat es sich um ihn geschlungen und festgemacht
und den Zweig ganz umgeben,
können sie zusammen wohl lange dauern,
doch wenn man sie dann trennen will,
stirbt der Haselzweig sofort
und das Geißblatt ebenso.

Der Haselzweig für sich allein ist Sinnbild der Verlassenheit, des Exils. Wenn Mandelstam im Gedicht Frankreich, diese weibliche Präsenz, um die Geißblattranke bittet, so sucht er jene Ganzheit im Paar wiederherzustellen, jene unzertrennliche Verschlingung beider sich ergänzender Prinzipien (Dichtung und Kultur, Rußland und Frankreich – zu Europa), jene unverbrüchliche Zusammengehörigkeit bis auf den Tod, wie sie in der Sage von Tristan und Isolde dargestellt ist.

Daß in Mandelstams Gedicht ein Eingeschlossener spricht, wird im vierten Verspaar deutlich. In seinem *Gefängnis* (Vers 7) jedoch gibt es eine Blume, in der die Geschichte des zweiten literarischen Paares verschlüsselt liegt: Carmen und José aus Prosper Mérimées Novelle

Carmen (1845) und der gleichnamigen Oper von Georges Bizet (1875). Beide Werke, Novelle wie Oper, werden auch in Mandelstams Essays erwähnt /II, 273, 333/. Es ist die in einem spanischen Zigeuner- und Schmugglermilieu angesiedelte Geschichte zügelloser Leidenschaftlichkeit, betörten Verfallenseins.

Nachdem die Zigeunerin Carmen den Dragoner José bei der ersten Begegnung vor allen Umstehenden verspottet und verhöhnt hat, schleudert sie ihm eine Blume ins Gesicht, die José aufbewahrt. Als er degradiert im Gefängnis sitzt, nachdem er Carmen, von ihr bereits umgarnt, hat entwischen lassen, statt sie, des blutigen Handgemenges in der Tabakfabrik wegen, hinter Gitter zu bringen, zieht er diese Blume hervor. Obwohl bereits vertrocknet, hat sie – Wunder, Behexung – ihren Duft bewahrt.[15] Die Verfasser des Librettos der Bizet-Oper *Carmen*, Meilhac und Halévy, haben dieses Motiv ausgesponnen und bereichert:

La fleur que tu m'avais jetée,
Dans ma prison m'était restée.
Flétrie et sèche cette fleur
Gardait toujours sa douce odeur,

Et pendant des heures entières,
Sur mes yeux fermant mes paupières,
De son parfum je m'enivrais
Et dans la nuit je te voyais.[16]

Die Blume verfügt über magische, betörende Kräfte. In die Gefängnismauern bringt sie ein Versprechen erotischer Erfüllung und – Verheißung der Freiheit, in einem allerdings zwiespältigen Sinne, da José, aus dem Gefängnis entlassen, seine Freiheit an Carmen verlieren wird. Es ist jedoch Carmen, die Josés Freiheit inszenieren will, indem sie ihm die im Brot eingebackene Feile sendet. *Für die Menschen ihrer Rasse ist die Freiheit alles, und sie würden Feuer an eine Stadt legen, um sich einen einzigen Tag im Gefängnis zu ersparen.*[17] Carmen ist die Verkörperung dieses Ungebundenseins, des Freiheitswillens, und noch ganz am Schluß, als sie schon weiß, daß José sie – aus Eifersucht, Machtverlust – erstechen wird, spricht sie es aus: *Carmen wird immer frei sein.*[18]

Wenn also Mandelstam in seinem Gefängnis Carmens Blume besitzt und ihr spöttisches, aufreizendes Lied hört (Vers 8), ist sie – wie für José – Andeutung der Freiheit und der Fülle, welche die Kerkermauern jäh zu weiten vermag. Die Räume sind vertauschbar: eine Blume kann das enge Gefängnis zum weiten Raum umgestalten, in der endlosen Weite Mittelrußlands jedoch, in der Ebene um Woronesch, wo sich Mandelstam in der Verbannung befindet, in dieser *Uferlosigkeit* (Vers 7), könnte man vor Beengtheit *verrückt werden.* Jene Blume, deren Duft sich auf so wundersame Weise bewahrt hat, ist Mandelstams Erinnerung an die französische Kultur.

Das dritte Paar ist das heiterste und im Gedicht am wenigsten verschlüsselte: Charlie Chaplin und die blinde Blumenverkäuferin aus dem Film *City Lights* von 1931. Charlie verliebt sich in das blinde Mädchen (von der Schauspielerin Virginia Cherrill verkörpert), das ihm gleich zu Beginn des Films, ohne ihn sehen zu können, eine Blume entgegenstreckt – die Verwandlung der Geißblattranke – und für das er als Straßenreiniger und Boxer arbeiten wird, um ihm die Operation zur Wiedererlangung des Augenlichts zu ermöglichen. Aus dem Gefängnis entlassen (Charlie wurde für einen Dieb gehalten), steht er erneut der nunmehr sehenden Blumenverkäuferin gegenüber, und ihre Blicke können sich endlich begegnen.[19] Der Film stammte aus den USA, wurde am 6. Januar 1931 in New York uraufgeführt, doch assoziiert ihn Mandelstam mit Frankreich, wo Charlie, nachdem

CHARLIE CHAPLIN UND VIRGINIA CHERRILL IN CITY LIGHTS, 1931

die *City Lights* ihre Eroberung der Welt begonnen haben, auch in den französischen Städten Paris, Chartres und Arles seinen Staat begründet und sein *gütiges* (Vers 12) Herrschertum entfaltet. Mandelstam hält treffend Charlies Mimik, Gestik und Stummfilmgangart fest: zerstreuter, scheinbar ungerührter Blick, ihm widersprechend schnelle und präzise Bewegungen der Arme und Hände und schließlich ein Gang, als hätten seine Beine Scharniere statt Kniegelenke, wie eine Marionette. Ist die *Ozeansmelone* (ein Hut, so weit und tief wie das Meer) nicht die humoristische Version der im Villon-Gedicht auftauchenden *schädeltiefen Welt* (S. 273 f., 278), Ausdruck für menschlichen Reichtum, tiefe Humanität?

Die vierte und letzte Verkörperung des Paares Mandelstam/Frankreich führt sowohl ins neunzehnte Jahrhundert als auch ins Spätmittelalter zurück: es ist das Zigeunermädchen Esmeralda und der Poet Pierre Gringoire aus Victor Hugos Roman *Notre-Dame de Paris* von 1831. Die *Gottlose mit den goldenen Augen der Ziege* überstrahlt den Schluß des Mandelstamgedichtes. Im Roman wird Esmeralda immer von ihrer kleinen Ziege begleitet, die *vergoldete* Hörner und Hufe hat.[20] Mandelstam faßt das Zigeunermädchen und seine Begleiterin zu einer Gestalt zusammen. Esmeralda ist einerseits, wie bereits Carmen, starke erotische Präsenz (als Zigeunerin betört auch sie durch ihre Schönheit, ihren Tanz und ihren Gesang), andrerseits gütig-verstehende Weiblichkeit: sie errettet nur aus Mitleid den Poeten Gringoire vor dem Galgen, als die Gaunerwelt den Eindringling erhängen will[21], und gibt als einzige dem leidenden, verspotteten, am Pranger stehenden Quasimodo, dem buckligen Glöckner von Notre-Dame, zu trinken.[22]

Nach dem Zeugnis Nadeschda Mandelstams wäre die Heidin mit den Ziegenaugen Maja Kudaševa, die Frau des Schriftstellers Romain Rolland, die bei Stalin in Mandelstams Angelegenheit hätte vermitteln sollen.[23] Die für Mandelstams Dichtung charakteristische Mehrzahl der Bedeutungsebenen schließt auch diese konkrete Zuordnung nicht aus. Die Heidin und Zigeunerin ist jedoch in diesem Gedicht nur eine der Verkörperungen Frankreichs, die Mandelstam zu Beginn demütig um Beistand bittet, und am Schluß, der von Imperativen bestimmt wird, direkt zum Handeln auffordert: *beuge deinen Hals* und *reize auf*, das heißt – beschwöre durch deinen Tanz, entfalte deinen Zauber, laß deine magischen Mittel zur Wirkung kommen. In Vers 21 erweist sich die Heidin selbst in ihrer Aussprache als Französin – sie spricht mit schnarrenden »R«-Lauten, die für den Russen untypisch sind (im Russischen wird das »R« gerollt). Das jenen Umstand bezeichnende Adjektiv /kartavyj/ ist über seine markanten Laute »K« und »R« in diesem Gedicht von auffälliger Gegenwart (*g*o*r*linok/ *k**r*ivdy/ *k*a*r*likovych/ vino*g**r*adarej/ raz*g*o*r*od*k*ach ma*r*levych/ de*k*ab*r*e/ *k*o*r*olej/ *k**r*ivaja/ *k*u*r*ažitsja/ *g**r*udi/ *k*a*r*usel'/ bla*g*oda*r*naja/ *g*o*r*odom/ *k**r*ivymi/ *k*a*r*tavymi/ s*k*a*r*ednych). Es ist, als ob das Schnarrende /kartavyj/ und Krumme, Gebogene /krivoj/ als das »Unrichtige« und »Eigensinnig-Trotzige« in allen französischen Elementen gefeiert werden sollte – als Gegenpol zur endlosen Weite und Gleichförmigkeit der Ebenen, als Antipode zur Woronescher *Uferlosigkeit*.

Auch die *Geizhalsrosen* im letzten Vers, die durch den Tanz der Esmeralda gereizt werden sollen (durch die *krummen Scheren von schnarrender Aussprache* – »Rosenschere« als erotische Metapher für die Beine der tanzenden Zigeunerin), dürften ihren Ursprung im Roman Victor Hugos haben. Der Poet Gringoire äußert sich in folgenden Worten über den Tyrannen seiner Zeit, über Louis XI. (der Roman spielt in der zweiten Hälfte des 15. Jahrhunderts): *Er ist geizig gegenüber verdienstvollen Männern. Er müßte wirklich die vier Bücher des Salvian von Köln lesen,* ADVERSUS AVARITIAM. *Wahrhaftig! Er ist ein engherziger König in seinem Verhalten gegenüber den Literaten und begeht barbarische Grausamkeiten. /. . ./ Unter diesem milden frommen Herrscher knarren die Galgen vor lauter Gehenkten, die Richtblöcke faulen von dem Blut, die Gefängnisse bersten wie allzusehr gefüllte Bäuche.*[23]

Die Tyrannen als Geizige und Engherzige – ihr Porträt aus Victor Hugos *Notre-Dame de Paris*, das dem von der tanzenden Zigeunerin Esmeralda regierten Schluß des Mandelstam-Gedichtes als Subtext unterlegt ist, verleiht auch diesem Werk politische Beiklänge. Selbst da schon, wo der Dichter betont, im Frankreich der Gegenwart herrsche Chaplin, kann dem Leser nicht entgehen, daß die Endung dieses Namens auf einen anderen Beherrscher verweist, auf denjenigen der Sowjetunion im Jahre 1937. Der *gutmütige* Chaplin, der Frankreich auf humoristische und menschliche Weise beherrscht, wird zur Kontrastfigur, zum absoluten Gegenpol Stalins.

Über die Geschichte der vier beschworenen Paare aus Literatur und Film hinaus versammelt Mandelstam in diesem Gedicht all seine französischen Themen, ruft zum letztenmal seine bevorzugten Dialogpartner in Erinnerung. In seiner Bitte um Beistand und Verbundenheit ist Mandelstam jenem seit dem 11. Jahrhundert, seit der *Chanson de Roland* wirkenden Topos der *douce France*

OSSIP MANDELSTAM, 1907/1908 IN PARIS (?)

(sanftes, mildes Frankreich) verpflichtet, dem er allerdings anverwandelnd in eigenwilligen Bildern eine stark individualisierte Gestalt verleiht. So werden etwa die französischen Tauben und Weinberge (Verse 3 und 4) durch das in der russischen Volksdichtung, vor allem in den Märchen auftretende Paar *Wahrheit/Unwahrheit* in das Universum des Märchens gerückt – das Adjektiv *zwergenhaft* verstärkt diesen Eindruck noch. Hier entsteht französische Landschaft, in der ein russisches Märchen sich abspielt. Selbst das Gurren der französischen Turteltauben findet durch die Häufung der »R«-Laute in diesem Verspaar seine lautliche Abbildung in der russischen Sprache (neun Mal erscheint das »R« – die höchste Frequenz im Gedicht). Wenn Mandelstam in diesem zweiten Verspaar die französische Weinbautradition beschwört, ist daran zu erinnern, daß der Russe das Wesen der Kultur in einer Analogie mit dem Wein definiert

(S. 20) und die Metapher im besonderen für die Dichtung verwendet hat – in einem Gedicht von 1932 spricht er vom *Traubenfleisch der Verse* /I, 186/ und nur wenig später, in einem anderen Gedicht, tauchen die Verse auf (S. 31): *Ich war Buchstabe, war Weinrebenzeile,/ Ich war das Buch, das euch im Schlaf erscheint* /I, 191/.

Der im Gegensatz zum russischen milde französische Winter, der *leichte Dezember* (Vers 5), wird durch ungewöhnliche Ausdrücke verfremdet, wobei die Adjektive *geschoren* und *beleidigt* gewiß für die Winterlandschaft stehen können (geschnittene Reben, schmucklose Weinberge), gleichzeitig jedoch an Mandelstams Verbannungssituation in Woronesch denken lassen.

Im vierten Verspaar ist – neben der *Carmen* Prosper Mérimées und Georges Bizets – die ganze französische Chansontradition vertreten sowie die Lyrik Verlaines (Titel eines Gedichtbandes: *La Bonne Chanson*), den Mandelstam immer wieder sei es mit dem *ironischen Liedchen* /II, 296/, sei es mit dem *trunkenen Lied* /II, 227/ in Verbindung bringt (S. 87, 89). Das fünfte Verspaar verdichtet historisches Geschehen und dessen dichterisches Gewissen: die Juli-Straße, die *Könige wegspült*, ist Besinnung auf die Juli-Revolution von 1830 wie auf Auguste Barbiers *Iambes*.

Im zweiten Teil des Gedichtes tritt Mandelstams Architekturthema auf, sein Kult der gotischen Kathedrale. Die *Rose auf der Brust* deutet auf die gotische Fensterrose, bereitet jenes Fensterrosen-Gedicht vor (*Ich sah den See vor mir nun aufrecht stehen*, (S. 256), das nur einen Tag später, am 4. März 1937 entstehen sollte, und belegt erneut die Präsenz des Weiblichen in diesem Frankreich-Gedicht. In der *zweitürmigen Verdunstung* ist noch einmal die Leichtigkeit dieses Baues erfaßt, die *Brust* und das Partizip *atmend* zeigen die Kathedrale in ihrer Körperlichkeit, als Organismus, wie im Gedicht *Notre-Dame*, das

Karussell bringt das dynamische Element in den Text ein und mit dem Bild des sich versteinernden Spinngewebes schließt Mandelstam an seine frühesten akmeistischen Architekturgedichte des Jahres 1912 an:

Кружевом, камень, будь,
И паутиной стань /I,17/

Stein, sei Spitzentuch
und werde Spinngewebe . . .

Der sich versteinernde *Schal* (Vers 16) weist als Selbstzitat auch in einen anderen Bereich, auf die Beschäftigung mit der Phädra-Thematik und der klassischen Tragödie Racines. Schon im ersten Phädra-Gedicht war der klassische Schal vertreten, und in jenem kurzen Gedicht, wo Phädra, die Schauspielerin Rachel und die zeitgenössische Dichterin Achmatowa zu einer Person verschmelzen (S. 120), *versteinert,* von den Schultern gleitend, auch er.

Die letzte Strophe schließlich, mit ihrer tanzenden Zigeunerin, ihren Imperativen, ihrem als Subtext gegenwärtigen Tyrannenporträt aus Victor Hugos Roman, ist eine würdige Vertreterin jener Dichtkunst der Verve und der Aufsässigkeit, für die Mandelstam von André Chénier und François Villon kostbarste Anregungen erhalten hatte.

Dieses Gedicht vom 3. März 1937 versammelt die verschiedensten Epochen der Kulturgeschichte Frankreichs, vom Mittelalter bis zum modernen Stummfilmkino – den Norden (Paris und Chartres, Metropolen der Gotik) wie den Süden (die Provence, Land der Sonne und des Weines – Arles, die Wahlheimat Van Goghs). Es zeigt auch, daß der Frankreichmythos Mandelstams bis zum Schluß intakt bleibt, im Gegensatz zum Bild Italiens, von dem er ebenfalls im März des Jahres 1937 Abschied nimmt, im Gedicht mit dem Titel *Rom*. Die ewige Stadt hat sich in ein amphibisches Wesen verwandelt, wird von einer *Diktatormißgeburt* (Mussolini) geknechtet – Schwarzhemden gehen da, *Söldner braunen Blutes, toter Cäsaren bösartige Welpen* /I, 260/. Und der künstlerische Nimbus Roms? *All deine Waisen, Michelangelo, gehüllt in Stein und Scham* . . .

Frankreich hatte für Mandelstam seine Aura des Lichtvollen, Künstlerischen, Lebensfreudigen bewahrt. In der Bitte um Beistand, Verständnis, Verbundenheit (durch die Bitte um das Geißblatt Tristans und Isoldes in eins gefaßt), die Mandelstam an Frankreich richtet, ist auch die Bitte eines Dichters der Kultur eingeschlossen, jenes kulturelle Erbe fortzuführen, mit aller Treue in die Zukunft hinein zu verlängern. Bei aller *Uferlosigkeit* (Vers 7), in der dieses Gedicht geschrieben wurde, läßt es keine hoffnungslose Tonalität vernehmen. Als Signale können die starke Präsenz des Weiblichen wie die Vitalität der Imperative am Schluß gelten. Hier ist 1937, kurz vor dem Ende, noch einmal das Vertrauen in die Kultur formuliert worden. Auch wo hier Winter herrscht, ist es ein *leichter Dezember.*

Ein Schlusswort

Dichtung unterscheidet sich gerade dadurch von einer automatischen Rede, daß sie uns weckt und aufrüttelt in der Mitte des Wortes. Dann erweist dieses sich als weitaus länger, als wir gedacht haben, und wir erinnern uns, daß Sprechen bedeutet – immer unterwegs zu sein.

MANDELSTAM, »Gespräch über Dante«

Daß es möglich ist, zugleich ein bedeutender russischer und ein europäischer Dichter zu sein, hat bereits im neunzehnten Jahrhundert Alexander Puschkin (1799–1837) in aller Fülle erwiesen. Das eine wird das andere nie ausschließen können. Ossip Mandelstam als europäischen Dichter zu zeigen, war auf den vorliegenden Seiten eines der bestimmenden Anliegen. Daß dieser Russe einem europäischen Denken verpflichtet war, könnte noch, falls nicht alles hier Versammelte dies getan hätte, ein Aufsatz belegen, der erst vor wenigen Wochen – der Überraschungen ist kein Ende – nach langem Verschollensein wiederaufgetaucht ist. Er trägt den Titel *Menschenweizen* und stammt aus dem Jahre 1922: *Jegliche Nationalidee ist im gegenwärtigen Europa zur Nichtigkeit verurteilt, solange sich dieses Europa nicht als ein Ganzes gefunden hat und sich als eine sittliche Persönlichkeit empfindet. Außerhalb des gemeinsamen, gleichsam auf eine Mutter bezogenen europäischen Bewußtseins ist keinerlei kleinere Völkerschaft möglich. Der Ausweg aus dem nationalen Zerfall /. . ./ hin zu einer universalen Einigkeit, zu einer internationalen Vereinigung, führt über eine Wiedergeburt des europäischen Bewußtseins, über die Wiedereinsetzung des Europäismus in unserer großen Völkerschaft.*[1]

Keinen Augenblick lang habe Oswald Spenglers Theorie vom *Untergang des Abendlandes* Mandelstam zu betören vermocht, hält Nadeschda Mandelstam in ihren Erinnerungen fest.[2] Europa ist für diesen Russen ein der Erneuerung fähiger Organismus, nicht das Überkommene und Veraltete, sondern – Aufgabe, notwendiges Ziel einer modernen Gemeinschaft.

Die unerschrockene Antwort Mandelstams auf die Frage, was denn Akmeismus sei, die ihm 1933 provokativ gestellt wurde, als durch die Gleichschaltung der sowjetischen Literatur auch der Dialog mit Westeuropa bereits unterbunden war und das *silberne Zeitalter* der russischen Dichtung sein Ende gefunden hatte, ist Signal und Manifest: Akmeismus sei *Sehnsucht nach Weltkultur* (S. 19). Dies ist ganz im Sinne Goethes zu verstehen, als Verlangen des Menschen nach einem *freien geistigen Handelsverkehr*[3] zwischen den Literaturen und den Kulturen, die sie verkörpern: *Nationalliteratur will jetzt nicht viel sagen, die Epoche der Weltliteratur ist an der Zeit, und jeder muß jetzt dazu wirken, diese Epoche zu beschleunigen.*[4] Der neu erzwungenen, vom Staate diktierten Isolation der russischen Literatur hielt Mandelstam auch in den dreißiger Jahren noch beharrlich seine Poetik entgegen, seinen von Anfang an bekundeten Willen, in der Dichtung *die Grenzen des Nationalen einstürzen zu lassen* (S. 34 f.).

Am Ursprung der Poetik Mandelstams liegt das Prinzip der Reise, der Wunsch, sich dem Fremden auszusetzen und es anzunehmen, durch das Fremde hindurch ins Eigene und Wesentliche zu gelangen, bis Fremdes und Eigenes nicht mehr zu trennen sind. Dieses Prinzip der Reise ist für Mandelstam in den Körper des Menschen eingeschrieben durch die Zirkulation des Blutes, das in seiner Salzigkeit den Menschen organisch mit der Weite des Ozeans verbindet. Hier sein Gedanke zu jener Rede des Odysseus, die sich im XXVI. Gesang von Dantes *Inferno* befindet: *Dies ist ein Gesang über die Zusammensetzung des menschlichen Blutes, in dem das Salz des Ozeans enthalten ist. Das Prinzip der Reise liegt im System der Blutgefäße begründet. Das Blut ist planetarisch, solar, salzig* /II, 388/ . . .

In einem Brief von 1931, wo Mandelstam vom Wesen seines Buches *Die Reise nach Armenien* spricht, ist diese Notwendigkeit als unumstößlich festgehalten: *Man muß immer reisen, und nicht nur nach Armenien und Tadschikistan* /III, 169/.[5] Sein Prosatext führt darauf im Überfluß vor, was dieser Orakelsatz meint: was alles Reise werden kann, wie viele Reisen in der einen aufgehoben sind. Der Satz ist ein Plädoyer für Neugier, Interesse, *intellektuelle Leidenschaft* (seine Formulierung). Goethe und Dante sind Reisen. Die Kapuzinerkresse, die als Pflanze für Mandelstam *Klang* bedeutet, wie er in der *Reise nach Armenien* festhält, und jene Koschenillelaus, aus der man den roten Farbstoff gewinnt, sind nicht weniger bedeutsame Reisen als Monet und Cézanne, Gluck und Mozart. Musik, Malerei, Biologie und Dichtung gehen auf in der einen Kunst, der Reisekunst. Und Wortkunst, die Dichtung, wird im *Gespräch über Dante* als ein *Unterwegssein* im Worte erklärt (vgl. den Denkspruch zu diesem Schlußwort).

Wenn der Russe Mandelstam im vorliegenden Essay auf einer Reise gezeigt wurde, die über die Grenzen einer Nationalliteratur hinausgeht, hinauszugehen gewillt ist, konnte es sich in keinem Augenblick darum handeln, ihn einer Abhängigkeit zu überführen, ihm eine Bevormundung durch westeuropäische Dichter nachzuweisen. Des *Flaschenpostlesers* und *providentiellen Gesprächspartners* (S. 41) Bereitschaft zum Dialog mit seinen französischen Dichterfreunden aus allen Epochen, mit Villon, Racine, Chénier, Barbier, Verlaine und anderen, benimmt ihm nicht seine Eigenständigkeit und Originalität, sondern steigert diese nur, erweist ihre Fülle und ihre Weite. Die Dynamik dieses Dialoges, die Bedeutsamkeit der schöpferischen Anverwandlung für Mandelstam kann nicht genug betont werden.

Das beste Genie ist das, welches alles in sich aufnimmt, sich alles zuzueignen weiß, ohne daß es der eigentlichen Grundbestimmung, demjenigen was man Charakter nennt, im mindesten Eintrag tue, vielmehr solches noch erst recht erhebe und durchaus nach Möglichkeit befähige – schreibt Goethe am 17. März 1832 an Humboldt.[6] In der französischen Tradition haben Montaigne, Chénier und Gide unermüdlich auf den Reichtum dessen hingewiesen, der sich dem Einfluß nicht entzieht, der das Fremde zwar als Gültiges annimmt, dessen Endgültigkeit jedoch als Verarmung empfände. André Gide in seiner *Apologie des Einflusses*: *In seinem Verkehr mit den Autoren der Antike vergleicht sich Montaigne mit den Bienen, die »einmal hier und einmal dort die Blumen plündern«, doch darauf den Honig herstellen, »der ganz der ihre ist« – dies sei nicht mehr, so sagt er, »Thymian noch Majoran«. – Nein: es ist Montaigne, umso besser.*[7]

Und Mandelstam selber begibt sich in die Tradition eines solchen Denkens, wenn er den unmittelbaren Vorläufer und Lehrmeister der Akmeisten, Innokentij Annenskij (1856–1909), mit den Worten ehrt: . . . *Innokentij Annenskij war bereits ein Beispiel dessen, was der organische* /= akmeistische; RD/ *Dichter zu sein hat: ganz Schiff, das aus fremden Bohlen gefügt ist, doch eine völlig eigene Gestalt hat* /III, 34/. Noch in diesem Bild greift Mandelstam einen seit der Antike wirkenden Topos auf: den Vergleich der Dichtung mit der Schiffahrt. *Dichten* heißt *die Segel setzen.*[8] Mandelstam vergleicht direkt den Dichter mit einem Schiff, verleiht damit dem Topos eine *ganz eigene Gestalt* und setzt seine persönliche Reisethematik fort.

Der Hafen dieses Schiffes liegt nicht in einem Niemandsland. Wenn Mandelstam am 21. Januar 1937, nicht lange vor seinem Tod, in einem seiner letzten Briefe, seine unabdingbare Zugehörigkeit zur russischen Dichtung voraussagen kann (der Brief ist in der EINFÜHRUNG, auf S. 9 zitiert), so entspringt dies der Sicherheit eines Wissens: nur deshalb kann sein Werk untrennbar mit der russischen Dichtung verwachsen und deren Stamm beeinflussen und verändern, weil es in ihr verwurzelt ist. Schon 1915, als Vierundzwanzigjähriger, hatte Mandelstam in seinem Essay über den russischen Philosophen Čaadaev (1794–1856) neben der bereichernden Reise in die Kultur Westeuropas die Rückkehr nach Rußland gepriesen: *Čaadaev war der erste Russe, der wahrhaftig, mit seinen Ideen, im Westen geweilt und den Rückweg gefunden hat* /II, 291/.

Mit dem Thema der Rückkehr kommt auch unsere Reise, unser Text zu seinem Ausgangspunkt zurück, zu jenem einzelnen Vers, der diesem Essay vorangestellt ist, da er den ganzen Mandelstam in sich trägt. Doch hier noch, im Abschluß, tritt ein Dialog Mandelstams mit einem französischen Gesprächspartner des 16. Jahrhunderts zutage, eröffnet den immer nur scheinbaren Abschluß aufs neue. Joachim Du Bellay (1522–1560), der neben Ronsard bedeutendste Dichter der französischen Plejade, hat im einunddreißigsten Sonett seiner Sammlung *Les Regrets* von Rom aus, wo er in diplomatischer Mission weilte und die ewige Stadt als Exil erlitt, in der Rückkehr des Odysseus alle Rückkehr besungen:

Heureux qui, comme Ulysse, a fait un beau voyage,
Ou comme cestuy la qui conquit la toison,
Et puis est retourné, plein d'usage et raison,
Vivre entre ses parents le reste de son aage![9]

Am Schluß jenes Mandelstamgedichtes nun, das aus dem Jahre 1917 stammt, fällt nach den Bildern von der Halbinsel Krim (das alte Tauris) die Frage: *Goldenes Vlies, wo bist du, goldenes Vlies* /I, 64/*?* Genau wie bei Du Bellay ist Iason, der mit den Argonauten das goldene Widderfell aus Kolchis zurückzuholen hatte, nur in der Umschreibung gegenwärtig (*qui conquit la toison* – der das Vlies eroberte), nur in dieser Frage. Dann beschwören Mandelstams Verse den Moment der Rückkehr des Odysseus, den Moment, wo er sein Schiff verläßt. Bei Du Bellay war der Mann aus Ithaka *voller Erfahrung und Verstand* zurückgekehrt. Auch bei Mandelstam tritt er nicht unverändert auf das Ufer. Hier ist keine Rede vom Ende einer Irrfahrt – der Reisende ist durchdrungen von dem, was er gefunden hat, bereichert und erfüllt:

Одиссей возвратился, пространством и временем полный.

Odysseus ist zurückgekehrt, voller Raum und Zeit.

Paris, Dezember 1983

Anmerkungen

Einführung S. 9–16

1 Ossip Mandelstams Texte werden nach der folgenden Ausgabe zitiert: Sobranie sočinenij v 3 tomach /Gesammelte Werke in 3 Bänden/. Hrsg. G. P. Struve, B. A. Filippov.– New York 1967–1971. Ergänzungsband: Paris 1981; Herausgeber, außer den bereits genannten: N. A. Struve.

Textnachweis im folgenden mit einer römischen Zahl für den entsprechenden Band /I, II, III, IV/ und der Seitenzahl. Ein Prosatext erscheint in meiner deutschen Übersetzung, mit Nachweis in schräger Klammer, der sich auf die Ausgabe des russischen Originals bezieht. Die runde Klammer (S. xy) dient für Verweise innerhalb dieses Essays. Ein Gedicht wird im russischen Original zitiert, mit Nachweis und einer möglichst präzisen deutschen Interlinearversion oder – wo Illustration, nicht Analyse das Motiv des Zitates darstellt – in einer dichterischen Übertragung, durch *Kursivschrift* markiert.

Die Schreibung von nicht kyrillisch wiedergegebenen Zitaten sowie von russischen Namen, Buch- oder Aufsatztiteln entspricht der deutschen Bibliothekstransliteration. Ausnahmen im Textteil: Ortsnamen oder die Namen einiger russischer Dichter, die sich im deutschen Sprachraum bereits eingebürgert haben. Beispiele: statt Aleksandr Puškin – Alexander Puschkin, statt Dostoevskij – Dostojewskij, und, vor allem wichtig, statt Osip Mandel'štam – Ossip Mandelstam.

2 ausführlicher deutscher Wortlaut der Antwort in den Anmerkungen zum Kapitel »Unanimismus – ein Ausweg?«, S. 333, Anmerkung 4

3 Roman Jakobson: Von einer Generation, die ihre Dichter vergeudet hat (1930).– in: Jakobson 1979, 158–181.

In den folgenden ANMERKUNGEN werden literarische Texte mit dem Namen des Autors und dem Titel des Werkes nachgewiesen, kritische Literatur mit dem Namen des Autors und dem Erscheinungsjahr seines Beitrages. Die genauen Angaben sind dem LITERATURVERZEICHNIS zu entnehmen: steht vor dem Namen ein Asterisk (*) – der Rubrik »Literatur über Mandelstam«, die anderen – der Rubrik »Varia«.

4 Stellvertretend möge hier ein bedeutender russischer Lyriker stehen, der in den USA im Exil lebende Iosif Brodskij: In einem Nachruf auf die Witwe Mandelstams (in: The New York Review, 5. März 1981) spricht er ohne zu zögern von »Russia's greatest poet in this century«.

5 Vgl. die Bibliographie in O. M. II, III und IV – sowie unser LITERATURVERZEICHNIS, das sich jedoch als Auswahlbibliographie begreift. Die zweibändigen Memoiren der Frau des Dichters:
Nadežda Mandel'štam: Vospominanija /Erinnerungen/.– New York 1970. Vtoraja kniga /Das zweite Buch/.– Paris 1972. In deutscher Sprache: Nadeschda Mandelstam: Das Jahrhundert der Wölfe. Übersetzung Elisabeth Mahler.– Frankfurt am Main: S. Fischer Verlag 1971.
Generation ohne Tränen. Übersetzung Godehard Schramm.– Frankfurt am Main: S. Fischer Verlag 1975.

6 Gedichte Ossip Mandelstams (Buchpublikationen):
- Gedichte. Übertragen von Paul Celan.– Frankfurt am Main: S. Fischer Verlag 1959 /Neuauflage – Frankfurt am Main: Fischer TB 1983/. Aufgenommen und um vier Gedichte vermehrt in:
- Drei russische Dichter: Alexander Block, Ossip Mandelstam, Sergej Jessenin. Übertragen von Paul Celan.– Frankfurt am Main/ Hamburg: Fischer Bücherei 1963.
- Paul Celan: Gesammelte Werke in fünf Bänden. Fünfter Band – Übertragungen II. – Frankfurt am Main: Suhrkamp Verlag 1983
- Hufeisenfinder. Übertragen von Paul Celan, Rainer Kirsch, Hubert Witt, Uwe Grüning, Roland Erb. Herausgegeben von Fritz Mierau.– Leipzig: Reclam 1975
- Schwarzerde. 63 Gedichte aus den Woronescher Heften. Übertragen von Ralph Dutli.– Frankfurt am Main: Suhrkamp Verlag 1984.

Prosa Ossip Mandelstams:
- Die ägyptische Briefmarke /mit: Rauschen der Zeit/.– Übertragen von Gisela Drohla.– Frankfurt am Main: Suhrkamp Verlag 1965
- Ausgewählte Texte. Übertragen von Ralph Dutli.– in: Akzente, Zeitschrift für Literatur, 1982, Heft 2, 124–148
- Zwei Prosatexte: »Der Pelz«, »Aschtarak«. Übertragen von Ralph Dutli.– in: Internationales Jahrbuch für Literatur/ ensemble No. 13.– München: dtv 1982

– Die Reise nach Armenien. Übertragen von Ralph Dutli.– Frankfurt am Main: Suhrkamp Verlag 1983.

Mandelstams bedeutendste Texte erscheinen in deutscher Übertragung ab 1985 im Ammann Verlag, Zürich.

1985: Das Rauschen der Zeit. Die ägyptische Briefmarke. Vierte Prosa. Gesammelte »autobiographische« Prosa der zwanziger Jahre.

1986: Mitternacht in Moskau. Die Moskauer Hefte – Gedichte 1930–1934.

7 *Makovskij: Na parnase serebrjanogo veka /Auf dem Parnaß des silbernen Zeitalters/.– New York 1954.

*N. Struve in der Einleitung zu: Anthologie de la poésie russe. La renaissance du XXe siècle.– Paris 1970, 9

8 Einen Überblick geben *Poggioli 1960 und *Holthusen 1963

9 *Driver 1968 und *Brown 1973, 135–158

10 russisch in O. M. II, 320–325. Deutsch zuerst in: Akzente, Zeitschrift für Literatur 1982, Heft 2, 124–128

11 Deutsche Übersetzung des futuristischen Manifestes »Eine Ohrfeige dem öffentlichen Geschmack« in: Velimir Chlebnikov, Werke 2, 107 f.

12 die Bezeichnung »Überwinder des Symbolismus« geht auf Viktor Žirmunskij zurück, der 1916 diesen Titel für die Akmeisten reserviert, vgl. *Žirmunskij 1977, 106–133. Einen Überblick über die Debatte gibt *Weststeijn 1980.

Zur gegenwärtigen Avantgarde-Diskussion: *Flaker 1979

13 *Holthusen 1963, 87

14 *Žirmunskij 1977, 141; für die Nähe zum Futurismus *Bukhshtab 1971, 270; Boris Pasternaks Äußerung zitiert bei *N. Struve 1982, 271

15 Judentum: *Taranovskij 1974 (The Jewish Theme...); *Cohen 1974

Christentum: *N. Struve 1982

Antike: *Terras 1966; *Brown 1973, 253–275; *Schlott 1981

Italien: *G. Struve 1962, *Segal 1975

16 Donchin 1958

17 1979 fand im Pariser Kulturzentrum Georges Pompidou eine großangelegte Ausstellung zur Würdigung dieses Kulturdialoges statt. Vgl. *Catalogue de l'exposition Paris-Moscou 1900–1930.– Paris 1979

1 Anna Achmatova datiert in ihren Erinnerungen an Mandelstam diese Äußerung auf Woronesch 1937. Vgl. *Achmatova: tom 2, 185. Die Frau des Dichters schwankt zwischen Woronesch 1937 und den Lesungen in Leningrad im Jahre 1933. *N. Mandel'štam: Vospominanija /Erinnerungen/, 264. Deutsch: Das Jahrhundert der Wölfe, 285

2 *N. Mandel'štam: Vospominanija, 268f. Deutsch: Das Jahrhundert der Wölfe, 288f.

3 *Žirmunskij 1977, 123

4 Friedrich Schlegel: Fragmente aus dem »Athenäum« (1797).– in: ders.: Schriften und Fragmente, 98

5 Dostojewskij: Über Literatur (Deutsch von R. Schröder), 221 f., 226

6 *Segal 1975, 108

7 In der amerikanischen Ausgabe auf 1914 datiert. Einleuchtender 1916, nach der Ausgabe Leningrad 1973, 272, Anmerkung 77.

8 Für einen Überblick vgl. Russkie pisateli o jazyke. Chrestomatija /Russische Schriftsteller über die Sprache. Eine Chrestomathie/.– Leningrad 1955[2]

9 Michail Lomonosov: Polnoe sobranie sočinenij /Sämtliche Werke/, tom 7.– Leningrad 1952, 391

10 Arthur Rimbaud: Œuvres, 347:
»... le temps d'un langage universel viendra! ... cette langue sera de l'âme pour l'âme, résumant tout, parfums, sons, couleurs ...«

11 Guillaume Apollinaire: Calligrammes, 180:
»O bouches l'homme est à la recherche d'un nouveau langage Auquel le grammairien d'aucune langue n'aura rien à dire« (LA VICTOIRE)

12 vgl. das Kapitel »Bewegte Lippen« in *N. Mandel'štam: Vospominanija, 192 ff. Deutsch: Das Jahrhundert der Wölfe, 214 ff. Außerdem *Dutli 1982, 118 ff. und *Dutli 1984, 149 f.

13 Rilke/ Marina Zwetajewa/ Boris Pasternak: Briefwechsel, 206

14 Gedichte in französischer Sprache in Rilke: Sämtliche Werke. Zweiter Band.– Frankfurt 1956, 513–745. Russische Gedichte im vierten Band.– Frankfurt 1961, 947–971. Die beiden zitierten Briefstellen: ibid., 968

15 vgl. den erst kürzlich veröffentlichten, französisch geschriebenen und außergewöhnlichen Prosatext – Marina Zvétaieva:

Mon frère féminin. Lettre à l'Amazone.– Paris 1979./Deutsche Ausgabe, in meiner Übertragung: Marina Zwetajewa, Mein weiblicher Bruder.– München, Matthes & Seitz Verlag 1985/. Zu den deutschen Elementen bei Marina Zwetajewa – Rakuša 1981

16 deutsch zuerst in Akzente, Zeitschrift für Literatur 1982, Heft 2, 141f.

17 *Nikolaj Gumilev: tom 4, 177–184

18 Alfred de Vigny: Les Destinées, 196ff.

19 *N. Mandel'štam: Vospominanija, 247. Deutsch: Das Jahrhundert der Wölfe, 264

20 Henri Bergson: Œuvres, 67:
»La durée toute pure est la forme que prend la succession de nos états de conscience quand notre moi se laisse vivre, quand il s'abstient d'établir une séparation entre l'état présent et les états antérieurs.« Dies ist nur eine der vielfältigen Annäherungen Bergsons an die reine Dauer und stammt aus seiner ersten Studie *Essai sur les données immédiates de la conscience*, 1889. In seinem ganzen Werk (*Matière et mémoire*, 1896; *L'évolution créatrice*, 1907 etc.) kommt Bergson auf die reine Dauer zurück, variiert und bereichert die ersten Annäherungen an den Zeitstrom und das Bewußtsein.

21 vgl. dazu *N. Struve 1982, 244f., Anmerkung 100

22 *Levin 1969, 106 (fünf Perioden); *N. Struve 1982, 153 (sechs Perioden)

23 Bergson: Œuvres, 886:
»Oui, je crois que notre vie passée est là, conservée jusque dans ses moindres détails, et que nous n'oublions rien, et que tout ce que nous avons perçu, pensé, voulu depuis le premier éveil de notre conscience, persiste indéfiniment.«

24 Aleksandr Puškin: tom 6, 128

25 Bergson: Œuvres, 16:
»Ainsi tombera la barrière que le temps et l'espace interposaient entre sa conscience et la nôtre ...«

26 Curtius 1948, 317f.

27 vgl. mein Nachwort zu Ossip Mandelstam: Schwarzerde, 144

28 *Levin 1978, 137–145

29 deutsche Übertragung in Mandelstam: Schwarzerde, 87

30 André Gide: Europäische Betrachtungen (deutsch von E.R. Curtius), 193f.
Französischer Text in André Gide: Prétextes, 11:
»Mais comme on ne peut inventer rien de neuf pour soi tout

seul, ces influences que je dis personnelles parce qu'elles sépareront en quelque sorte la personne qui la subit, l'individu, de sa famille, de sa société, seront aussi bien celles qui le rapprocheront de tel inconnu qui les subit ou les a subies comme lui, – qui forme ainsi des groupements nouveaux – et crée comme une nouvelle famille, aux membres parfois très épars, tisse des liens, fonde des parentés – qui peut pousser à la même pensée tel homme de Moscou et moi-même, et qui, à travers le temps, apparente Jammes à Virgile.«

Dialog mit Frankreich

Französische Gouvernanten, ein erstes Frankreichbild S. 55–62

1 Introduction à la métaphysique.– in: Bergson: Œuvres, 1396: »Il y a une réalité au moins que nous saisissons tous du dedans, par intuition et non par simple analyse. C'est notre propre personne dans son écoulement à travers le temps. C'est notre moi qui dure.«

2 *Harris 1978, 238 ff.

3 *Iverson 1963

4 Marcel Proust: Auf der Suche nach der verlorenen Zeit (deutsch von Eva Rechel-Mertens). In Swanns Welt 2 – Dritter Teil: Ortsnamen. Namen überhaupt, 520. Französisch – Marcel Proust: A la recherche du temps perdu, vol. I, 393 f.: »On devait se contenter de m'envoyer chaque jour aux Champs-Elysées, sous la surveillance d'une personne qui m'empêcherait de me fatiguer et qui fut Françoise, entrée à notre service après la mort de ma tante Léonie. Aller aux Champs-Elysées me fut insupportable. Si seulement Bergotte les eût décrits dans un de ses livres, sans doute j'aurais désiré de les connaître, comme toutes les choses dont on avait commencé par mettre le »double« dans mon imagination. Elle les réchauffait, les faisait vivre, leur donnait une personnalité, et je voulais les retrouver dans la réalité /. . ./.

Der Dichter als Proteusgestalt
(Paul Verlaine) S. 63–106

1 *Brown 1973, 30, 32
2 *Karpovič 1957, 259
3 Verlaine: Œuvres poétiques complètes, 279
4 Stefan George: Werke II, 415
5 Donchin 1958, 91, 103, 105 f.
6 *Morozov 1973, 269 f.: hier Brief und Gedicht zusammen abgedruckt; in O. M. II getrennt, wobei zwei Varianten auf Seite 445 irrtümlicherweise zu einem Gedicht vereint.
7 vgl. Borel in Verlaine: Œuvres poétiques complètes, 171–190
8 Rimbaud: Œuvres, 346
9 ibid., 343 f.
10 Verlaine: Œuvres poétiques complètes, 326 f.
11 Borel in Verlaine: Œuvres poétiques complètes, 182 ff.
12 ibid., 195 f.
13 ibid., 192
14 ibid., 178
15 *Gumilev: tom 4, 363
16 Paul Celan, Fünfter Band – Übertragungen II, 57
17 *Toddes 1974
18 Adam 1965, 196
19 Mandelstam: Schwarzerde, 81
20 ibid., 49
21 ibid., 51
22 Paul Celan, Fünfter Band – Übertragungen II, 55
23 Gide: Prétextes, 20: »L'influence ne crée rien: elle éveille.«
24 Theisen 1974, 82
25 Verlaine: Œuvres poétiques complètes, 908
26 vgl. Borel in Verlaine: Œuvres poétiques complètes, 647 ff.
27 vgl. dazu Markov: Russian Imagism 1919–1924.– Gießen 1980
28 Verlaine: Œuvres poétiques complètes, 256
29 Brjusov: tom 6, 409–416
30 *Gumilev: tom 4, 173
31 ibid., 173
32 Paul Valéry: Œuvres, I, 710 f.:
»Mais je le voyais passer presque tous les jours, quand, au sortir de son antre grotesque, il gagnait, en gesticulant, quelque gargote du côté de Polytechnique. Ce maudit, ce béni, boitant, battait le sol du lourd bâton des vagabonds et des infirmes. Lamentable, et porteur de flammes dans ses yeux

couverts de broussailles, il étonnait la rue par sa brutale majesté et par l'éclat d'énormes propos. /. . ./ Verlaine, avec les siens, s'éloignait, dans un frappement pénible de galoches et de gourdin, développant une colère magnifique, qui se changeait quelquefois, comme par miracle, en un rire presque aussi neuf qu'un rire d'enfant.«

33 zit. bei Sabatier 1977, 233:
»L'effroyable Verlaine: un Socrate moderne et un Diogène sali; du chien et de l'hyène.«

34 Dieses Motto ist nur in der Ausgabe Leningrad 1973, S. 152 abgedruckt; fehlt in der amerikanischen Ausgabe.

35 Verlaine: Œuvres poétiques complètes, 80

36 *Baines 1976, 20

37 Baudelaire: Œuvres complètes, 45

38 *Morozov 1979, 135

39 *Brown 1973, 89

40 *N. Mandel'štam: Vtoraja kniga /Das Zweite Buch/, 134. Deutsch: Generation ohne Tränen, 102

41 *Terras 1966, 253

42 Mallarmé: Œuvres complètes, 366, 368:

»L'œuvre pure implique la disparition élocutoire du poëte, qui cède l'initiative aux mots, par le heurt de leur inégalité mobilisés; ils s'allument de reflets réciproques /. . ./.

Je dis: une fleur! et, hors de l'oubli où ma voix relègue aucun contour, en tant que quelque chose d'autre que les calices sus, musicalement se lève, idée même et suave, l'absente de tous bouquets. /. . ./

Le vers qui de plusieurs vocables refait un mot total, neuf, étranger à la langue et comme incantatoire, achève cet isolement de la parole: niant, d'un trait souverain, le hasard demeuré aux termes malgré l'artifice de leur retrempe alternée en le sens et la sonorité, et vous cause cette surprise de n'avoir ouï jamais tel fragment ordinaire d'élocution, en même temps que la réminiscence de l'objet nommé baigne dans une neuve atmosphère.«

43 Valéry: Œuvres, I, 712 ff.:
»/. . ./ deux vastes classes: celles des fidèles de Verlaine et celle des disciples de Mallarmé. /. . ./

Verlaine, – mais c'est tout le contraire. Jamais contraste plus véritable. Son œuvre ne vise pas à définir un autre monde plus pur et plus incorruptible que le nôtre et comme complet en lui-même, mais elle admet dans la poésie toute la variété de l'âme telle quelle. Verlaine se propose aussi intime qu'il le puisse; il est plein d'inégalités qui le font infiniment proche du lecteur.«

Faszination des Klassischen und modernes Bewusstsein der Gebrochenheit (Jean Racine) S. 107–144

1 Apollon No. 2, 1909, 63–78; No. 3, 1909, 46–61
2 Apollon No. 4, 1910, 5–10
3 *Žirmunskij 1977, 141
4 Apollon No. 4, 1910, 6
5 *Brown 1973, 207
6 *Gumilev: tom 4, 366
7 *Brown 1973, 210
8 Paul Celan, Fünfter Band – Übertragungen II, 133
9 vgl. *Ronen 1973. Der Aufdeckung von chiffrierten Zitaten bzw. sogenannten »Subtexten« hat sich ein ganzer Zweig der heutigen Mandelstamkritik verschrieben. Die grundlegenden Aufsätze sind: *Taranovskij 1967, 1974 etc. (gesammelt in: Essays on Mandel'štam, 1976) und *Ronen 1968, 1973. Überblick auch bei *Levinton/ Timenčik 1978
10 Racine: Œuvres complètes vol. I (Ed. R. Picard).– Paris 1950, 772. Alle weiteren Versangaben nach dieser Ausgabe.
11 Theile 1974, 53 f.
12 *Brown 1973, 213f.; *Martinez 1974, 121
13 vgl. verschiedene mögliche Quellen im Kommentarteil der amerikanischen Ausgabe O. M. III, 404–411; vgl. auch *Taranovskij 1974 (The Jewish Theme . . .)
14 Baudelaire: Œuvres complètes, 175:
»En elle le noir abonde: et tout ce qu'elle inspire est nocturne et profond. Ses yeux sont deux antres où scintille vaguement le mystère, et son regard illumine comme l'éclair: c'est une explosion dans les ténèbres. Je la comparerais à un soleil noir, si l'on pouvait concevoir un astre noir versant la lumière et le bonheur.«
15 Nerval: Œuvres, 693
16 ibid., 802 f.:
»Je crus que les temps étaient accomplis, et que nous touchions à la fin du monde annoncée dans l'Apocalypse de saint Jean. Je croyais voir un soleil noir dans le ciel désert et un globe rouge de sang au-dessus des Tuileries. Je me dis: »La nuit éternelle commence, et elle va être terrible. Que va-t-il arriver quand les hommes s'apercevront qu'il n'y a plus de soleil?«

17 Curtius 1948, 38f., 388; Badel 1969, 68
18 vgl. *Dutli 1901
19 Mandelstam: Schwarzerde, 89
20 Schadewaldt 1966, 7, 14
21 *Dutli 1984, 144, 152; deutsche Übertragung des Gedichtes in Mandelstam: Schwarzerde, 9
22 Deutsche Übertragung der drei Gedichte in Mandelstam: Schwarzerde, 69, 71, 73
23 Molière: Œuvres complètes vol. II, 730
24 Pascal: Pensées, 162f. (Pensée 347):
»L'homme n'est qu'un roseau, le plus faible de la nature; mais c'est un roseau pensant. Il ne faut pas que l'univers entier s'arme pour l'écraser: une vapeur, une goutte d'eau, suffit pour le tuer. Mais, quand l'univers l'écraserait, l'homme serait encore plus noble que ce qui le tue, parce qu'il sait qu'il meurt, et l'avantage que l'univers a sur lui; l'univers n'en sait rien. Toute notre dignité consiste donc en la pensée. C'est de là qu'il faut nous relever et non de l'espace et de la durée, que nous ne saurions remplir. Travaillons donc à bien penser: voilà le principe de la morale.«
25 Tjutčev: Lirika I, 199.
vgl. dazu auch *Taranovskij 1974 (The Jewish Theme...), 137f.

Modell einer Dichtkunst der Synthese und des »literarischen Zorns« (André Chénier) S. 145–171

1 Puškin: tom 6, 233
2 ders., tom 2, 15
3 G. Walter in Chénier: Œuvres complètes, IX-XXXVII (Avant-propos)
4 Tomaševskij 1960, 77, 154ff. etc.; Achmatova 1978 (frühe Puschkin-Studien)
5 Stremooukhoff 1957, 533
6 Puškin: tom 9, 360
7 *Achmatova: tom 2, 177
8 Fabre 1965, 259–268
9 Chénier: Œuvres complètes, 100
10 G. Walter in Chénier: Œuvres complètes, XXXIII
11 deutsche Übertragung in Paul Celan, Fünfter Band – Übertragungen II, 91
12 *Taranovskij 1967, 1973ff.

13 *Nilsson 1974, 75
14 Chénier: Œuvres complètes, 92
15 zit. bei *Brown 1973, 47
16 Chénier: Œuvres complètes, 123
17 ibid., 159 f.
18 ibid., 689:
»Car l'un ne fait que transposer des mots d'un papier sur un autre; il emprunte sans devenir riche; et les bonnes choses qu'il rencontre ne font que passer sur ses lèvres et le laissent maigre et décharné; tandis que l'autre les goûte, les savoure, les digère et leur suc devient sa propre substance. /. . ./

Et toujours cette sorte d'imitation inventrice dont j'ai parlé enrichit les auteurs les plus justement renommés pour leur originalité.«
19 *Ginzburg 1974, 364
20 Puškin: tom 2, 15 ff. (dort auch die weiteren Zitate aus der Elegie »André Chénier«)
21 zur Eulenspiegel-Affäre vgl. Kommentar in O. M. II, 604–608. Hier einige Angaben: Mandelstam hatte von einem Verlag den Auftrag bekommen, eine bereits bestehende, 1915 von einem gewissen Gornfeld besorgte Übersetzung von Charles de Costers »La Légende de Till Eulenspiegel« zu bearbeiten. Als der »Eulenspiegel« 1928 erschien, stand irrtümlicherweise nur Mandelstam als Übersetzer auf dem Titelblatt. Obwohl Mandelstam schuldlos war, schrieb er an den nichtsahnenden Gornfeld und bot ihm als Genugtuung das gesamte Übersetzerhonorar an – was Gornfeld nicht hinderte, Mandelstam in einer Zeitung anzuschuldigen. Ein gewisser Zaslavskij doppelte in der »Literaturnaja Gazeta« vom 7. Mai 1929 nach – offenbar mit Billigung durch höchste Stellen – und bezichtigte Mandelstam des »Plagiats« und der »Pfuscharbeit«. Die Kampagne gegen den Dichter war ausgelöst.
22 deutsche Übersetzung einiger Auszüge in: Akzente, Zeitschrift für Literatur 1982, Heft 2, 143 f. Vollständig 1985 im Band »Das Rauschen der Zeit« (Gesammelte »autobiographische« Prosa der zwanziger Jahre), Ammann Verlag, Zürich.
23 *Dutli 1983, 131
24 *Achmatova: tom 2, 187
25 Chénier: Œuvres complètes, 193 ff. (alle Zitate aus dem letzten »Iambe«)
26 in: Akzente, Zeitschrift für Literatur 1982, Heft 2, 145

27 *Dutli 1983
28 Chénier: Œuvres complètes, 105
29 Puškin: tom 2, 230
30 deutsche Übertragung der beiden letzteren Gedichte in Mandelstam: Schwarzerde, 13, 67
31 Chénier: Œuvres complètes, 194
32 deutsche Übertragung des letzteren Gedichtes in Mandelstam: Schwarzerde, 73
33 Chénier: Œuvres complètes, 190

Eine Revolution und ihre Erträge (Auguste Barbier) S. 173–192

1 Barbier: Iambes et Poëmes, 69 und 23
2 Baudelaire: Œuvres complètes, 476 f.
3 *N. Mandel'štam: Vtoraja Kniga /Das Zweite Buch/, 134. Deutsch: Generation ohne Tränen, 102
4 *N. Mandel'štam: Vospominanija /Erinnerungen/, 184. Deutsch: Das Jahrhundert der Wölfe, 205
5 *G. Struve 1975, 145 f. Dort wird auch zitiert Ētkind: Poēzija i perevod /Dichtung und Übersetzung/.– Moskau/Leningrad 1963, 101–105
6 *West 1980, 22, 106
7 Barbier: Iambes et Poëmes, 15
8 ibid., 17
9 ibid., 17
10 Mandelstam: Die Reise nach Armenien, 125. Vgl. dort auch mein Nachwort, 131
11 Barbier: Iambes et Poëmes, 38
12 *West 1980, 21, 23, 31 f., 38f., 41 f., 51 f., 60, 81, 83
13 *Segal 1974 (Pamjat' zrenija i pamjat' smysla/ Visuelles Gedächtnis und Sinn-Gedächtnis), 127 f. – dieser Studie verdankt meine Lektüre dieses Gedichtes wesentliche Anregungen.
14 Michelet: Histoire de la Révolution française, vol. I, 90: »Mirabeau était présent, et il attirait tous les regards. Son immense chevelure, sa tête léonine, marquée d'une laideur puissante, étonnaient, effrayaient presque; on n'en pouvait détacher les yeux.«
15 Barbier: Iambes et Poëmes, 62 (Gedicht »Le Rire«)
16 ibid., 20
17 Chénier: Œuvres complètes, 167–178
18 um diese beiden Prinzipien kreist die Lektüre *Segal 1974, 123

19 Barbier: Iambes et Poëmes, 22
20 ibid., 24
21 ibid., 28
22 zum Thema des Gedächtnisses vgl. wiederum *Segal 1974, 123

Die Suche nach einer Prosapoetik

(Mandelstam und die französischen Romanciers des »buddhistischen« 19. Jahrhunderts) S. 193–218

1 Baudelaire: Œuvres complètes, 453
2 Mandelstam: Die Reise nach Armenien, 65
3 Daudet: Tartarin de Tarascon, 56
4 Mandelstam: Die Reise nach Armenien, 104
5 Hugo: Œuvres complètes, tome 3:1, 663:
»Pris entre quatre murailles de pierre nue et froide, sans liberté pour mes pas, sans horizon pour mes yeux . . .«
6 Dostojewskij: Über Literatur (Deutsch von R. Schröder), 259:
»Diese Idee ist die Grundidee der Kunst im neunzehnten Jahrhundert, und als Künstler war Victor Hugo wohl ihr erster Verkünder. Es ist eine christliche und zutiefst moralische Idee; ihre Formel lautet: Erneuerung des untergegangenen Menschen, der zu Unrecht unter der Last der Umstände, der Stagnation der Jahrhunderte und der gesellschaftlichen Vorurteile erdrückt wird. Dieser Gedanke ist die Freisprechung der erniedrigten und von allen verstoßenen Parias der Gesellschaft.«
7 vgl. *Dutli 1983
8 *Harris 1978, 237 ff., 240, 249, 255
9 Flaubert: Briefe, 505
10 Balzac: Illusions perdues, 292:
»Si le présent est froid, nu, mesquin, l'avenir est bleu, riche et splendide.«
11 ibid., 178
12 Balzac: Le Père Goriot, 94
13 ibid., 120:
»Il s'agit pour moi de faire mon chemin ou de rester dans la boue.«
14 ibid., 262:
»Il voyait le monde comme un océan de boue . . .«
15 ibid., 89:
»– Mais, dit Eugène avec un air de dégoût, votre Paris est donc un bourbier.

– Et un drôle de bourbier, reprit Vautrin. Ceux qui s'y crottent en voiture sont d'honnêtes gens, ceux qui s'y crottent à pied sont des fripons.«

16 *Isenberg 1977, 267 ff.

17 von dieser Genealogie ist in der »Ägyptischen Briefmarke« selber die Rede:
»Ja, mit einer solchen Verwandtschaft kommt man nicht weit. Übrigens, wieso sollte er denn keinen Stammbaum haben, erlauben Sie mal, wieso nicht? Er hatte einen. Und der Hauptmann Goljadkin? Und die Kollegienassessoren, denen ›der liebe Gott ein wenig mehr Verstand und Geld hätte geben können‹ /II, 37/?«

18 deutsche Übersetzung dieses Textes in: Akzente, Zeitschrift für Literatur, 1982, Heft 2, 131–133

19 Herzen: Ausgewählte philosophische Schriften (Deutsch von A. Kurella), S. 81: »Wenn die Buddhisten der Wissenschaft sich einmal so oder anders in die Sphäre des Allgemeinen aufgeschwungen haben, verlassen sie sie nicht wieder. Sie lassen sich durch kein Zuckerbrot in die Welt der Wirklichkeit und des Lebens zurücklocken.«
S. 89: »Die Schuld der Buddhisten besteht darin, daß sie nicht dieses Bedürfnis empfinden, ins Leben hinauszutreten, die Idee tatsächlich zu verwirklichen. Sie betrachten die Versöhnung, die die Wissenschaft gibt, *als* Versöhnung *schlechthin*, nicht als Anlaß zum Handeln, sondern als vollkommene, in sich abgeschlossene Befriedigung.«
Russischer Text: »Buddizm v nauke«.– in: A. I. Gercen: Sobranie sočinenij v 30 tomach, tom 3.– Moskva 1954, 64–88

20 Das Tanka besteht aus 31 Silben, die auf fünf Verszeilen angeordnet sind (5–7–5–7–7). Daraus entstand später das Kürzestgedicht »Haiku«, auf drei Zeilen angeordnet, mit 17 Silben (5–7–5). Vgl. Haiku (Ulenbrook 1979), 161 ff.

21 Fosca 1941, 349

22 Westermann 1982, 761

23 Fosca 1941, 350 f.

24 Flaubert: Briefe, 667

25 Mandelstam: Die Reise nach Armenien, 69–78, 137 (Nachwort)

26 *Holthusen 1963, 39 ff.; *Kasack 1976, 51 f.

27 Mandelstam über Chlebnikov in: »Über die Natur des Wortes« /II, 247/, »Notizen über Poesie« /II, 261, 263/, »Sturm und Drang« /II, 348 f./ etc.

28 *Holthusen 1963, 24

29 Lanczkowski 1972, 58–65

30 deutsche Übersetzung dieses Textes in: Akzente, Zeitschrift für Literatur, 1982, Heft 2, 124–128

31 Herzen: Ausgewählte philosophische Schriften, 80 f.

Unanimismus – ein Ausweg?
(Jules Romains) S. 219–233

1 Vgl. etwa *Segal 1978 (»Noch ein unbekannter Text Mandelstams?«), der versucht, auf Grund stilistischer wie thematischer Eigenheiten in einem unsignierten Vorwort zu einer 1927 besorgten Übersetzung die Autorschaft Mandelstams nachzuweisen.

2 Romains: La Vie unanime, 18

3 ibid., 54

4 vollständiger deutscher Text in Akzente, Zeitschrift für Literatur, 1982, Heft 2, 143; 1985 im Band »Das Rauschen der Zeit« (Gesammelte »autobiographische« Prosa der zwanziger Jahre), Ammann Verlag, Zürich.

»Die Oktoberrevolution *mußte* meine Arbeit beeinflussen, da sie mir die ›Biographie‹ wegnahm, das Gefühl einer persönlichen Bedeutsamkeit. Ich bin ihr dankbar dafür, daß sie ein für allemal Schluß gemacht hat mit dem geistigen Versorgtsein und einem Leben auf Kulturrente ... Ich fühle mich als Schuldner der Revolution, bringe ihr jedoch Gaben dar, die sie vorläufig noch nicht benötigt.

Die Frage, wie der Schriftsteller zu sein habe, ist für mich vollkommen unverständlich: sie zu beantworten käme dem Willen gleich, sich den Schriftsteller zu erfinden, und dies wiederum hieße, für ihn seine Werke zu schreiben.

Bei aller Bedingtheit und Abhängigkeit des Schriftstellers von den Wechselbeziehungen der gesellschaftlichen Kräfte bin ich außerdem fest davon überzeugt, daß die moderne Wissenschaft über keinerlei Mittel verfügt, das Erscheinen solcher oder andersgearteter, erwünschter Schriftsteller auszulösen. Da sich die Eugenetik in einem rudimentären Stadium befindet, könnten kulturelle Kreuzungen und Pfropfungen jeglicher Art die unerwartetsten Resultate ergeben. Die Bereitstellung von Lesern ist eher möglich; dafür gibt es auch ein direktes Mittel – die Schule.« (Übersetzung: RD)

5 deutsche Übertragung des Gedichtes in Mandelstam: Schwarzerde, 43

6 ibid., 57
7 ibid., 109 (die beiden folgenden Zitate: ibid., 121, 123)
8 Duhamel: Compagnons, 13
9 Paul Celan, Fünfter Band – Übertragungen II, 151

Lebenslange Freundschaft
(François Villon, das französische Mittelalter) S. 235–286

1 Überblick über die Villon-Rezeption bei Dufournet 1970
2 Brockmeier 1977, 4ff.
3 Il'ja Érenburgs Erinnerungen, aus seiner Autobiographie »Menschen, Jahre, Leben«, und Zeugnisse G. Margvelašvilis werden im Kommentarteil zu O. M. III, 353–355, zitiert.
4 Villon: Le Testament, 24
5 Villon: Dichtungen, 29
6 *N. Mandel'štam: Vtoraja kniga /Das Zweite Buch/, 341, 338f. Deutsch: Generation ohne Tränen, 249
7 *Brown 1973, 45f.
8 Valéry: Œuvres I, 427–443
9 Paris: François Villon, 184f.:
»Verlaine fut un Villon moderne, qui, comme l'ancien, connut le vice, la misère et la prison, qui aima d'un amour alterné Margot et la Vierge Marie, et qui sut, comme l'ancien, conserver au milieu de son ›ordure‹ une fleur de rare poésie.«
10 Verlaine: Œuvres poétiques complètes, 985
11 Dufournet 1970, 57ff.; Paris: FrançoisVillon, 100ff.
12 Dufournet 1970, 49ff.
13 Schwob: François Villon (in: Spicilège)
14 Berkovskij: O proze Mandel'štama /Über die Prosa Mandelstams/, 1929, zitiert in O. M. II, 621
15 *Gumilev: tom 4, 175f.
16 Zumthor 1978, 8
17 *Gumilev: tom 4, 364
18 Paul Celan, Fünfter Band – Übertragungen II, 75
19 *Gumilev: tom 4, 172
20 Dufournet 1970, 66f., 133f.
21 Huizinga: Herbst des Mittelalters, 35, 37, 194 (»Das Bild des Todes«: 193–212)
22 *Brown 1973, 188 (Zeugnis Nadeschda Mandelstams)
23 Mandelstam: Die Reise nach Armenien, 45
24 *Gumilev: tom 4, 327

25 zuerst in Akzente, Zeitschrift für Literatur, 1982, Heft 2, 130 (Varianten)
26 *Steiner 1977, 243 f.
27 Baltrušaitis: Le roman de l'architecture gothique, 74, 87
28 Nerval: Œuvres, 47
29 deutsche Übersetzung in: Akzente, Zeitschrift für Literatur, 1982, Heft 2, 124–128
30 *Dutli 1982, 116
31 Hugo: Notre-Dame de Paris, 198 f.
32 Der Titel ist nur im Kommentarteil der Ausgabe Leningrad 1973 aufgeführt (S. 303) und fehlt in der amerikanischen Ausgabe.
33 *Baines 1976, 203 f.
34 Mandelstam: Schwarzerde, 107
35 Le Gentil 1967, 22 ff. (Datum und Funktion der »Chanson de Roland«)
36 »La vie de Saint Alexis« /I, 312–315/. Aus folgenden sechs »chansons de geste« hat Mandelstam ausgewählte Passagen übertragen:
- »Les quatre Fils Aymon« /I, 310–312/ – entstanden um das Jahr 1200
- »Aliscans« /I, 316–319/ – um 1200
- »La chanson de Roland« /IV, 39–54/ – um 1090
- »Le pèlerinage de Charlemagne à Jérusalem et Constantinople« /IV, 55–64/ – um 1140
- »Le couronnement de Louis« /IV, 64–68/ – um 1140
- »Berte au grand pied« /IV, 69–71/ – um 1270

37 *N. Mandel'štam: Vospominanija /Erinnerungen/, 258, 271. Deutsch: Das Jahrhundert der Wölfe, 277, 291
38 nur bei der ersten Veröffentlichung dieser Übertragungen abgedruckt, in: Slavica Hierosolymitana IV, 1979, 304
39 Paul Celan, Fünfter Band – Übertragungen II, 153
40 *Koubourlis 1974
41 in: Slavica Hierosolymitana IV, 1979, 304–328
42 La Chanson de Roland. Ed. Gérard Moignet.– Paris 1969, 99 (alle weiteren Zitate, im Text mit Versnummer versehen, nach dieser Ausgabe)
43 Wendt 1970, 341, 333
44 Braet 1975, 36
45 ibid., 157 (nach Studien von Steinmeyer und Heisig)
46 *N. Mandel'štam: Vtoraja kniga /Das Zweite Buch/, 71 f. Deutsch: Generation ohne Tränen, 58

47 Mandelstam: Schwarzerde, 131
48 deutsche Übersetzung in Akzente, Zeitschrift für Literatur, 1982, Heft 2, 131–133
49 Ägyptisches Totenbuch, übersetzt und kommentiert von Gregoire Kolpaktchy.– München-Planegg 1955
50 Chlebnikov: Werke 2, 127 f.
51 Mandelstam: Schwarzerde, 119
52 Villon: Le Testament, 77
53 Villon: Dichtungen, 81
54 Mandelstam: Schwarzerde, 43
55 ibid., 127
56 Kendall 1974
57 »Teper' nužno villonit'«. Zit. bei *Grigor'ev/ Petrova 1977, 188, Anm. 2
58 Villon: Le Lais et les Poèmes variés, 56
59 Villon: Dichtungen, 174
60 Mandelstam: Schwarzerde, 67
61 Villon: Le Lais et les Poèmes variés, 46
62 Villon: Dichtungen, 167

Letzte Gespräche S. 287–311

1 *N. Mandel'štam: Vospominanija /Erinnerungen/, 234. Deutsch: Das Jahrhundert der Wölfe, 250
2 Westermann 1982, 687 f.
3 Mandelstam: Die Reise nach Armenien, 76
4 *Dutli 1983, 137
5 ibid., 135
6 Kommentar von N. I. Chardžiev in O. M., Ausgabe Leningrad 1973, 291 f., Anm. 162
7 Mandelstam: Schwarzerde, 37
8 *Baines 1976, 225
9 zitiert in O. M. I, 537
10 Jakobson 1979, 110:
»In der Dichtung, wo die Ähnlichkeit die Kontiguität überlagert, ist jede Metonymie leicht metaphorisch und jede Metapher leicht metonymisch gefärbt.«
11 Tristan et Yseut, 301
12 Bédier: Der Roman von Tristan und Isolde, 154
13 ibid., 156
14 Tristan et Iseut, 301
15 Mérimée: La Vénus d'Ille/ Carmen, 105

16 ibid., 105
17 ibid., 105:
»Pour les gens de sa race, la liberté est tout, et ils mettraient le feu à une ville pour s'épargner un jour de prison.«
18 ibid., 136: »Carmen sera toujours libre.«
19 Hembus 1972, 103f.
20 Hugo: Notre-Dame de Paris, 89:
»Alors Gringoire vit arriver une jolie petite chèvre blanche, alerte, éveillée, lustrée, avec des cornes dorées, avec des pieds dorés, avec un collier doré . . .«
21 ibid., 118
22 ibid., 254
23 *Baines 1976, 204f.
24 Hugo: Notre-Dame de Paris, 475:
»Il est avaricieux pour les hommes de mérite. Il devrait bien lire les quatre livres de Salvien de Cologne ADVERSUS AVARITIAM. En vérité! C'est un roi étroit dans ses façons avec les gens de lettres, et qui fait des cruautés fort barbares. /. . ./ Sous ce doux sire dévot, les fourches craquent de pendus, les billots pourrissent de sang, les prisons crèvent comme des ventres trop pleins.«

Ein Schlusswort S. 313–318

1 Mandel'štam: Pšenica čelovečeskaja /Menschenweizen/.– in: Wiener Slawistischer Almanach Band 10, 1982, 454
2 *N. Mandel'štam: Vospominanija /Erinnerungen/, 267. Deutsch: Das Jahrhundert der Wölfe, 288
3 Goethe: Einleitung zu Thomas Carlyles »Leben Schillers«, Gedenkausgabe Band 14, 934
4 Goethe: Gespräche mit Eckermann, Gedenkausgabe Band 24, 229
5 Mandelstam: Die Reise nach Armenien, 7 und 129 (Nachwort)
6 Goethe: Briefe 1814–1832, Gedenkausgabe Band 21, 1042
7 Gide: Prétextes, 19:
»Montaigne, dans sa fréquentation des anciens, se compare aux abeilles qui ›pillottent de çà de là les fleurs‹, mais qui en font après leur miel, ›qui est tout leur‹ – ce n'est plus, dit-il, ›thym ne marjolaine‹.
– Non: c'est du Montaigne, et tant mieux.«
8 Curtius 1948, 138
9 Du Bellay: Les Regrets et autres œuvres poëtiques, 98

Literaturverzeichnis

I. Texte Ossip Mandelstams

Mandel'štam Osip *Sobranie sočinenij v trech tomach* /Gesammelte Werke in drei Bänden/. Pod redakciej G. P. Struve i B. A. Filippova.
Tom I: *Stichotvorenija* /Gedichte/. Izdanie vtoroe, dopolnennoe i peresmotrennoe.– Washington 1967
Tom II: *Proza*. Izdanie vtoroe, peresmotrennoe i dopolnennoe. – New York 1971
Tom III: *Očerki. Pis'ma* /Skizzen, Briefe/. – New York 1969
Tom IV: *Dopolnitel'nyj tom* /Ergänzungsband/. Pod redakciej G. Struve, N. Struve i B. Filippova. – Paris 1981

Mandel'štam Osip *Stichotvorenija* /Gedichte/. Sostavlenie, podgotovka teksta i primečanija N. I. Chardžieva. – Leningrad 1973

Mandel'štam Osip *Voronežskie tetradi* /Die Woronescher Hefte/. Podgotovka teksta, primečanija i posleslovie V. Švejcer. – Ann Arbor, Michigan 1980

Mandel'štam Osip *Pšenica čelovečeskaja* /Menschenweizen/. – in: Wiener Slawistischer Almanach Band 10, 1982, 454–457

In deutscher Sprache

Drei russische Dichter: *Alexander Block, Ossip Mandelstam, Sergej Jessenin*. Gedichte übertragen von Paul Celan.– Frankfurt am Main/ Hamburg: Fischer Bücherei 1963
*Paul Celans Übertragungen werden nach der folgenden Ausgabe zitiert:

Paul Celan Gesammelte Werke in fünf Bänden. Fünfter Band – Übertragungen II. – Frankfurt am Main: Suhrkamp Verlag 1983

Mandelstam Ossip *Ausgewählte Texte*. Aus dem Russischen von Ralph Dutli. – in: Akzente, Zeitschrift für Literatur (Hanser Verlag), 1982, Heft 2, 124–148

Mandelstam Ossip *Zwei Prosatexte – »Der Pelz«, »Aschtarak«*. Übertragung aus dem Russischen von Ralph Dutli.– in: Inter-

nationales Jahrbuch für Literatur/ ensemble No. 13. – München: Deutscher Taschenbuch Verlag 1982, 166–172
MANDELSTAM OSSIP *Die Reise nach Armenien*. Übertragung aus dem Russischen und Nachwort von Ralph Dutli. – Frankfurt am Main: Suhrkamp Verlag 1983
MANDELSTAM OSSIP *Schwarzerde*. 63 Gedichte aus den Woronescher Heften. Übertragung aus dem Russischen und Nachwort von Ralph Dutli. – Frankfurt am Main: Suhrkamp Verlag 1984

In Vorbereitung:

MANDELSTAM OSSIP *Das Rauschen der Zeit. Die ägyptische Briefmarke. Vierte Prosa*. Gesammelte »autobiographische« Prosa der zwanziger Jahre. Herausgegeben von Ralph Dutli. – Zürich: Ammann Verlag 1985.
MANDELSTAM OSSIP *Mitternacht in Moskau*. Die Moskauer Hefte – Gedichte 1930–1934. – Zürich: Ammann Verlag 1986.

II. Literatur über Mandelstam

ACHMATOVA ANNA *Mandel'štam. Listki iz dnevnika* /Blätter aus dem Tagebuch/. – in: Sočinenija v dvuch tomach /Werke in zwei Bänden/, tom 2. – New York/ München 1968, 166–187
BAINES JENNIFER *Mandelstam*. The Later Poetry. – Cambridge 1976
BLOT JEAN *Ossip Mandelstam*. – Paris 1972
BRODSKY JOSEPH *Nadezhda Mandelstam* (1899–1980). – in: The New York Review of Books 1981, March 5
BROWN CLARENCE *Mandelstam*. – Cambridge 1973
BROYDE STEVEN *Osip Mandel'štam and his Age*. A Commentary on the Themes of War and Revolution in the Poetry 1913–1923. – Cambridge, Mass./ London 1975 (= Harvard Slavic Monographs 1)
BUKHSHTAB BORIS *The Poetry of Mandelstam* (1929). Translated by Clarence Brown. – in: Russian Literature Triquarterly No. 1, 1971, 262–282
BUŠMAN IRINA *Poėtičeskoe iskusstvo Mandel'štama* /Die Dichtkunst Mandelstams/. – München 1964 (= Institut po izučeniju SSSR, Issledovanija i materialy, Serija I, vypusk 70)
Catalogue de l'exposition Paris-Moscou 1900–1930 organisée par le

Ministère de la Culture de l'URSS, Moscou, et le Centre Georges Pompidou. – Paris 1979
COHEN ARTHUR A. *Osip Emilievich Mandelstam.* An Essay in Antiphon.– Ann Arbor, Michigan 1974
DRIVER SAM *Acmeism.* – in: Slavic and East European Journal XII (1968), 2, 141–156
DUTLI RALPH *Verbündete in Nomadenleben und Exil. Die Gestalt Nadeschdas im Spätwerk Ossip Mandelstams.* – in: Neue Zürcher Zeitung, Literatur und Kunst, 27./28. Juni 1981
DUTLI RALPH *Der Bau, das denkende Auge und die Bewegung der Lippen. Drei Zugänge zu Ossip Mandelstam (1891–1938).* – in: Akzente, Zeitschrift für Literatur, 1982, Heft 2, 114–123
DUTLI RALPH *Lichtgewinn, Luftgewinn: Die Reise an den Ursprung.*– in: Ossip Mandelstam, Die Reise nach Armenien. – Frankfurt am Main 1983, 129–138
DUTLI RALPH *Gepflügte Zeit.*– in: Ossip Mandelstam, Schwarzerde, Gedichte aus den Woronescher Heften. – Frankfurt am Main 1984, 143–154
FAUCHEREAU SERGE *Où Pound et Eliot rencontrent Goumilev, Mandelstam et Akhmatova.* – in: Europe 57 (1979), No. 601, 57–73
FLAKER ALEKSANDAR *Zur Charakterisierung der russischen Avantgarde als Stilformation.* – in: Künstlerische Avantgarde. Annäherungen an ein unabgeschlossenes Kapitel. Hrsg. Karlheinz Barck, Dieter Schlenstedt, Wolfgang Thierse.– Berlin (Ost) 1979, 61–99
FLEJŠMAN LAZAR *Neizvestnaja stat'ja Osipa Mandel'štama – »Pšenica čelovečeskaja«* /Ein unbekannter Artikel Ossip Mandelstams – »Menschenweizen«/. – in: Wiener Slawistischer Almanach Band 10, 1982, 451–459
GINZBURG LIDIJA *Poėtika Osipa Mandel'štama.*– in: Izvestija Akademii Nauk SSSR. Serija literatury i jazyka, tom XXXI (1972), vypusk 4, 309–327
GINZBURG LIDIJA *Poėtika associacij* /Eine Poetik der Assoziationen/. – in: dies.: O lirike /Über Lyrik/. Izdanie vtoroe, dopolnennoe. – Leningrad 1974, 354–397
GORODECKIJ SERGEJ *Nekotorye tečenija v sovremennoj russkoj poėzii* /Einige Strömungen in der zeitgenössischen russischen Dichtung/. – in: Apollon 1913, 1, 46–50
GRIGOR'EV A./PETROVA I. *Mandel'štam na poroge tridcatych godov* /Mandelstam an der Schwelle zu den dreißiger Jahren/. – in: Russian Literature V (1977), 2, 181–192
GUMILEV NIKOLAJ *Sobranie sočinenij v četyrech tomach* /Gesammelte

Werke in vier Bänden/, tom 4. Red. G. P. Struve. – Washington 1968

HARRIS JANE GARY *An Inquiry into the Use of Autobiography as a Stylistic Determinant of the Modernist Aspect of Osip Mandel'štam's Literary Prose.* – in: American Contributions to the Eighth International Congress of Slavists (Zagreb/ Ljubljana Sept. 1978). vol. 2. – Columbus, Ohio 1978, 237–259

HOLTHUSEN JOHANNES *Russische Gegenwartsliteratur I. 1890–1940: Die literarische Avantgarde.*– Bern 1963

ISENBERG CHARLES *Associative Chains in »Ėgipetskaja marka«.* – in: Russian Literature V (1977), 3, 257–276

IVERSON ANNE MARY *Proust et Mandel'shtam à la recherche du temps perdu.* Rapprochement des méthodes employées par ces deux écrivains dans leurs œuvres.– Vancouver, University of British Columbia 1963 (diss.)

JACCOTTET PHILIPPE Quelques notes à propos de Mandelstam. – In: Revue de Belles-Lettres, Genève 1981, 1–4, S. 227–235

KARPOVIČ MICHAIL *Moe znakomstvo s Mandel'štamom* /Meine Bekanntschaft mit Mandelstam/. – in: Novyj Žurnal No. 49, 1957, 258–261

KASACK WOLFGANG *Lexikon der russischen Literatur ab 1917.* – Stuttgart 1976

KOUBOURLIS DEMETRIUS *A Concordance to the Poems of Osip Mandelstam.* Foreword by C. Brown.– Ithaca/ London 1974

LEVIN JURIJ *O nekotorych čertach plana soderžanija v poėtičeskich tekstach. Materialy k izučeniju poėtiki O. Mandel'štama* /Über einige Züge der Inhaltsebene in dichterischen Texten. Materialien zum Studium der Poetik O. Mandelstams/. – in: International Journal of Slavic Linguistics and Poetics XII (1969), 106–164

LEVIN JURIJ *O sootnošenii meždu semantikoj poėtičeskogo teksta i vnetekstovoj real'nost'ju (Zametki o poėtiki O. Mandel'štama)* /Über die Wechselbeziehung zwischen der Semantik des dichterischen Textes und der außertextlichen Wirklichkeit (Bemerkungen zur Poetik O. Mandelstams)/. – in: Russian Literature 10/11, 1975, 147–172

LEVIN JURIJ *Zametki o poėzii O. Mandel'štama tridcatych godov I* /Bemerkungen zur Dichtung O. Mandelstams der dreißiger Jahre I/. – in: Slavica Hierosolymitana vol. III, 1978, 110–173

LEVINTON G. A./TIMENČIK R. D. *Kniga K. F. Taranovskogo o poėzii O. Ė. Mandel'štama* /Das Buch K. F. Taranovskijs über die Dichtung O. E. Mandelstams/. – in: Russian Literature VI (1978), 197–211

MAKOVSKIJ SERGEJ *Na parnase serebrjanogo veka* /Auf dem Parnaß des silbernen Zeitalters/. – New York 1954

MANDEL'ŠTAM NADEŽDA *Vospominanija* /Erinnerungen/. – New York 1970

MANDEL'ŠTAM NADEŽDA *Vtoraja kniga* /Das Zweite Buch/. – Paris 1972

MANDELSTAM NADESCHDA *Das Jahrhundert der Wölfe.* Eine Autobiographie. Aus dem Russischen von Elisabeth Mahler. – Frankfurt am Main 1971

MANDELSTAM NADESCHDA *Generation ohne Tränen.* Erinnerungen. Aus dem Russischen von Godehard Schramm. – Frankfurt am Main 1975

MARTINEZ LOUIS *Le Noir et le Blanc.* A propos de trois poèmes de Mandelstam. – in: Cahiers de linguistique d'Orientalisme et de Slavistique (Université de Provence), 3–4, août-décembre 1974, 119–137

MEIJER JAN M. *The Early Mandel'štam and Symbolism.* – in: Russian Literature VII (1979), 521–536

MOROZOV A. *Pis'ma O. Ė. Mandel'štama k V. I. Ivanovu* /Die Briefe O. E. Mandelstams an V. I. Ivanov/. – in: Zapiski otdela rukopisej GBL, vypusk 34. – Moskva 1973, 258–274

MOROZOV A. *Mandel'štam v zapisjach dnevnika S. P. Kablukova* /Mandelstam in den Tagebuchaufzeichnungen S. P. Kablukovs/. – in: Vestnik russkogo christianskogo dviženija No. 129, 1979, 131–155

NILSSON NILS ÅKE *Osip Mandel'štam. Five Poems.* – Stockholm 1974

POGGIOLI RENATO *The Poets of Russia 1890–1930.* – Cambridge, Mass. 1960

RODARI FLORIAN Une nostalgie créatrice. – In: Revue de Belles-Lettres, Genève 1981, 1–4, S. 1–16

RONEN OMRY *Mandel'štam's »Kaščej«* /Mandelstams »Zaubergeist«-Gedichte/. – in: Studies presented to Professor Roman Jakobson by his students. – Cambridge, Mass. 1968, 252–264

RONEN OMRY *Leksičeskij povtor, podtekst i smysl v poėtike Osipa Mandel'štama* /Lexikalische Wiederholung, Subtext und Sinn in der Poetik Ossip Mandelstams/. – in: Slavic Poetics. Essays in honor of Kiril Taranovsky. – The Hague/ Paris 1973, 367–387

SCHLOTT WOLFGANG *Zur Funktion antiker Göttermythen in der Lyrik Osip Mandel'štams.* – Frankfurt am Main/ Bern 1981

SEGAL D. M. *Pamjat' zrenija i pamjat' smysla* /Visuelles Gedächtnis und Sinn-Gedächtnis/. – in: Russian Literature 7/8, 1974, 121–131

SEGAL D. M. *Fragment semantičeskoj poėtiki O. Ė. Mandel'štama* /Fragment einer semantischen Poetik O. E. Mandelstams/. – in: Russian Literature 10/11, 1975, 59–146

SEGAL D. M. *Ešče odin neizvestnyj tekst Mandel'štama*? /Noch ein unbekannter Text Mandelstams?/. – in: Slavica Hierosolymitana vol. III, 1978, 174–192

STEINER PETER *Poem as Manifesto. Mandel'štam's »Notre Dame«*. – in: Russian Literature V (1977), 3, 239–256

STRUVE GLEB *Ital'janskie obrazy i motivy v poėzii Osipa Mandel'štama* /Italienische Bilder und Motive in der Dichtung Ossip Mandelstams/. – in: Studi in Onore di Ettore Lo Gatto e Giovanni Maver. – Rom 1962, 601–614

STRUVE GLEB *Osip Mandelstam and Auguste Barbier. Some Notes on Mandelstam's Versions of »Iambes«*. – in: California Slavic Studies vol. VIII (1975), 131–166

STRUVE NIKITA *Anthologie de la poésie russe. La renaissance du XXe siècle*. – Paris 1970

STRUVE NIKITA *Ossip Mandelstam*. – Paris 1982

TARANOVSKIJ KIRILL *Pčely i osy v poėzii Mandel'štama. K voprosu o vlijanii Vjačeslava Ivanova na Mandel'štama* /Bienen und Wespen in der Dichtung Mandelstams. Zur Frage des Einflusses Vjačeslav Ivanovs auf Mandelstam/. – in: To Honor Roman Jakobson. Essays on the occasion of his seventieth birthday. Vol. III. – The Hague/ Paris 1967, 1973–1995

TARANOVSKIJ KIRILL *O zamknutoj i otkrytoj interpretacii poėtičeskogo teksta* /Über geschlossene und offene Interpretation des dichterischen Textes/. – in: American Contributions to the Seventh International Congress of Slavists (Warsaw Aug. 1973). Vol. I. – The Hague/ Paris 1974

TARANOVSKIJ KIRILL *The problem of context and subtext in the poetry of Osip Mandel'štam*. – in: Slavic Forum. Essays in Linguistics and Literature. Ed. M. S. Flier. – The Hague/ Paris 1974, 149–169

TARANOVSKIJ KIRILL *The Jewish Theme in the Poetry of Osip Mandel'štam*. – in: Russian Literature 7/8, 1974, 133–158

TARANOVSKIJ KIRILL *Essays on Mandel'štam*. – Cambridge, Mass. 1976 (= Harvard Slavic Studies VI)

TERRAS VICTOR *Classical Motives in the Poetry of Osip Mandel'štam*. – in: Slavic and East European Journal X (1966), 3, 251–267

TERRAS VICTOR *The Time Philosophy of Osip Mandel'štam*. – in:

The Slavonic and East European Review XLVII, No. 109 (1969), 344–354

TODDES E. *Mandel'štam i Tjutčev.* – in: International Journal of Slavic Linguistics and Poetics XVII (1974), 59–85

WEST DAPHNE M. *Mandelstam: »The Egyptian Stamp«.* – Birmingham 1980 (= Birmingham Slavonic Monographs No. 10)

WESTSTEIJN WILLEM G. *Futurism or Acmeism: Some Notes on the Succession to Russian Symbolism.* – in: Voz'mi na radost'. To Honour Jeanne van der Eng-Liedmeier. – Amsterdam 1980, 99–110

ŽIRMUNSKIJ V. M. *Preodolevšie simvolizm* /Die Überwinder des Symbolismus/ (1916). – in: ders.: Teorija literatury/ Poėtika/ Stilistika (Izbrannyc trudy). – Lcningrad 1977, 106–133

ŽIRMUNSKIJ V. M. *Na putjach k klassicizmu. O. Mandel'štam – »Tristia«* /Auf dem Wege zum Klassizismus. O. Mandelstam – »Tristia«/ (1921). – ibid., 138–141

III. Varia

ACHMATOVA ANNA *Rannie puškinskie študii* /Frühe Puschkin-Studien/. Po materialam archiva P. Luknickogo. – in: Voprosy literatury 1978, 1, 185–228

ADAM ANTOINE *Verlaine.* (Nouvelle édition, mise à jour). – Paris 1965

APOLLINAIRE GUILLAUME *Calligrammes (1918).* – Paris 1966

BADEL PIERRE-YVES *Introduction à la vie littéraire du Moyen Age.* – Paris 1969

BAKST L. *Puti klassicizma v iskusstve* /Die Wege des Klassizismus in der Kunst/. – in: Apollon No. 2 & 3, 1909, 63–78, bzw. 46–61

BALTRUŠAITIS JURGIS *Le roman de l'architecture gothique.* – in: ders.: Aberrations. Quatre essais sur la légende des formes. – Paris 1957, 73–96

BALZAC HONORE DE *Le Père Goriot.* – in: La Comédie humaine, III. Etudes de mœurs: Scènes de la vie privée/ Scènes de la vie de province. Ed. Pierre-Georges Castex. – Paris 1976

BALZAC HONORE DE *Illusions perdues.* – in: La Comédie humaine, V. Etudes de mœurs: Scènes de la vie de province/ Scènes de la vie parisienne. Ed. Pierre-Georges Castex. – Paris 1977

BARBIER AUGUSTE *Iambes et Poëmes.* Neuvième édition, revue et corrigée. – Paris 1858

BAUDELAIRE CHARLES *Œuvres complètes*. Ed. Marcel A. Ruff. – Paris 1968

BEDIER JOSEPH *Der Roman von Tristan und Isolde*. Deutsch von Rudolf G. Binding. – Frankfurt am Main 1979

BERGSON HENRI *Œuvres*. Edition du centenaire. – Paris 1959

BRAET HERMAN *Le songe dans la chanson de geste au XIIe siècle*. – Gent 1975 (= Romanica Gandensia XV)

BRJUSOV VALERIJ *Sobranie sočinenij v 7 tomach* /Gesammelte Werke in 7 Bänden/, tom 6. – Moskva 1975

BROCKMEIER PETER *François Villon*. – Stuttgart 1977

La Chanson de Roland. Texte établi d'après le manuscrit d'Oxford, traduction, notes et commentaires par Gérard Moignet. – Paris 1969

CHENIER ANDRE *Œuvres complètes*. Ed. Gérard Walter. – Paris 1958

CHLEBNIKOV VELIMIR *Werke 2*: Prosa/ Schriften/ Briefe. Herausgegeben von Peter Urban. – Reinbek bei Hamburg 1972

CURTIUS ERNST ROBERT *Europäische Literatur und lateinisches Mittelalter*. – Bern 1948

DAUDET ALPHONSE *Aventures prodigieuses de Tartarin de Tarascon*. Ed. G. van den Bogaert. – Paris 1968

DONCHIN GEORGETTE *The Influence of French Symbolism on Russian Poetry*. – The Hague 1958

DOSTOJEWSKI FJODOR M. *Über Literatur*. Hrsg. R. Schröder. – Leipzig 1976

DU BELLAY JOACHIM *Les Regrets et autres œuvres poëtiques*. – Texte établi par J. Jolliffe. Introduit et commenté par M. A. Screech. – Genève 1966

DUFOURNET JEAN *Villon et sa fortune littéraire*. – Bordeaux 1970

DUHAMEL GEORGES *Compagnons*. Poèmes 1910–1912. – Paris 1918

FABRE JEAN *Chénier*. – Paris 1965

FLAUBERT GUSTAVE *Briefe*. Herausgegeben und übersetzt von Helmut Scheffel. – Zürich 1977

FOSCA FRANÇOIS *Edmond et Jules de Goncourt*. – Paris 1941

FRIEDRICH HUGO *Die Struktur der modernen Lyrik*. Von der Mitte des neunzehnten bis zur Mitte des zwanzigsten Jahrhunderts. Erweiterte Neuausgabe. – Hamburg 1967

GEORGE STEFAN *Werke II*. – München/Düsseldorf 1958

GIDE ANDRÉ *Prétextes*. Réflexions sur quelques points de littérature et de morale. – Paris 1963

GIDE ANDRÉ *Europäische Betrachtungen*. Übertragen von Ernst Robert Curtius. – Stuttgart/Berlin o. J.

GOETHE J. W. *Schriften zur Literatur*. Gedenkausgabe zum 28. August 1949, Band 14. – Zürich 1950
GOETHE J. W. *Briefe 1814–1832*. Gedenkausgabe, Band 21. – Zürich 1951
GOETHE J. W. *Eckermann, Gespräche mit Goethe*. Gedenkausgabe, Band 24. – Zürich 1948
Haiku. Japanische Dreizeiler. Ausgewählt und aus dem Urtext übertragen von Jan Ulenbrook. – München 1979
HEMBUS JOE *Charlie Chaplin. Seine Filme – sein Leben*. – München 1972
HERZEN A. I. *Ausgewählte philosophische Schriften*. Aus dem Russischen übersetzt von Alfred Kurella. – Moskau 1949
HUGO VICTOR *Le dernier jour d'un condamné (1829)*. – in: Œuvres complètes. Edition chronologique de Jean Massin. Tome 3:1. – Paris 1967
HUGO VICTOR *Notre-Dame de Paris, 1482*. Ed. L. Cellier. – Paris 1967
HUIZINGA J. *Herbst des Mittelalters*. Studien über Lebens- und Geistesformen des 14. und 15. Jahrhunderts in Frankreich und in den Niederlanden. Deutsch von T. Wolff-Mönckeberg. Zweite verbesserte Auflage. – München 1928
JAKOBSON ROMAN *Poetik. Ausgewählte Aufsätze 1921–1971*. Hrsg. Elmar Holenstein und Tarcisius Schelbert. – Frankfurt am Main 1979
KENDALL P. M. *Louis XI. »L'universelle araigne ...«*. Trad. de l'anglais par E. Diacon. – Paris 1974
KUZMIN MICHAIL *O prekrasnoj jasnosti* /Über die herrliche Klarheit/. – in: Apollon No. 4, 1910, 5–10
LANCZKOWSKI GÜNTER *Geschichte der Religionen*. – Frankfurt am Main 1972
LE GENTIL P. *La Chanson de Roland*. Deuxième édition, revue et mise à jour. – Paris 1967
LOMONOSOV MICHAIL *Polnoe sobranie sočinenij* /Sämtliche Werke/, tom 7: Trudy po filologii 1739–1758gg. – Leningrad 1952
MALLARME STEPHANE *Œuvres complètes*. Ed. Henri Mondor et G. Jean-Aubry. – Paris 1945
MERIMEE PROSPER *La Vénus d'Ille. Carmen*. Ed. Jean Brunel. – Paris 1975
MICHELET JULES *Histoire de la Révolution française I*. Ed. Gérard Walter. – Paris 1952
MOLIERE *Œuvres complètes*. Vol. II. Ed. G. Couton. – Paris 1971
NERVAL GERARD DE *Œuvres*. Ed. Henri Lemaitre. – Paris 1966

PARIS GASTON *François Villon.* – Paris 1901
PASCAL BLAISE *Pensées.* Texte de l'édition Brunschvicg. Introduction et notes par Ch.-M. des Granges. – Paris 1964
Russkie pisateli o jazyke /Russische Schriftsteller über die Sprache/. Chrestomatija. – Leningrad 1955[2]
PROUST MARCEL *A la recherche du temps perdu. Vol. I.* Ed. Pierre Clarac et André Ferré. – Paris 1954
PROUST MARCEL *Auf der Suche nach der verlorenen Zeit.* In Swanns Welt 2. Deutsch von Eva Rechel-Mertens. – Frankfurt am Main 1978
PUŠKIN ALEKSANDR *Sobranie sočinenij v 10 tomach* /Gesammelte Werke in 10 Bänden/. – Moskva 1974–1978
RACINE JEAN *Œuvres complètes.* Vol. I. Ed. R. Picard. – Paris 1950
RAKUŠA ILMA *Marina Cvetaevas »Germanica«.* – in: Komparatistik. Theoretische Überlegungen und südosteuropäische Wechselseitigkeit. Festschrift für Zoran Konstantinović. – Heidelberg 1981, 379–397
RILKE RAINER MARIA/ ZWETAJEWA MARINA/ PASTERNAK BORIS *Briefwechsel.* Hrsg. Jewgenij Pasternak, Jelena Pasternak und Konstantin M. Asadowskij. Aus dem Russischen von Heddy Pross-Weerth. – Frankfurt am Main 1983
RIMBAUD ARTHUR *Œuvres.* Ed. Suzanne Bernard. – Paris 1960
ROMAINS JULES *La Vie unanime.* Edition présentée par Michel Décaudin. – Paris 1983
SABATIER ROBERT *La poésie du dix-neuvième siècle.* II – Naissance de la poésie moderne. – Paris 1977
SCHADEWALDT WOLFGANG *Antike und Gegenwart.* Über die Tragödie. – München 1966
SCHLEGEL FRIEDRICH *Schriften und Fragmente.* Ein Gesamtbild seines Geistes. Aus den Werken und dem handschriftlichen Nachlaß zusammengestellt und eingeleitet von Ernst Behler. – Stuttgart 1956
SCHWOB MARCEL *François Villon.* – in: ders.: Spicilège u. a. – Paris 1979
STREMOOUKHOFF D. *André Chénier en Russie.* – in: Revue de littérature comparée XXXI (1957), 529–549
THEILE WOLFGANG *Racine.* – Darmstadt 1974
TJUTČEV FEDOR *Lirika, I & II.* Podgot. K. V. Pigarev. – Moskva 1965
TOMAŠEVSKIJ B. *Puškin i Francija* /Puschkin und Frankreich/. – Leningrad 1960

Ägyptisches Totenbuch. Übersetzt und kommentiert von Gregoire Kolpaktchy. – München-Planegg 1955

Tristan et Iseut. Les Tristan en vers. Ed. Jean Ch. Payen. – Paris 1974

VALERY PAUL *Œuvres.* Vol. I. Ed. Jean Hytier. – Paris 1957

VERLAINE PAUL *Œuvres poétiques complètes.* Ed. Y.-G. Le Dantec, révisée, complétée et présentée par Jacques Borel. – Paris 1962

VIGNY ALFRED DE *Les Destinées.* Ed. André Jarry. – Paris 1973

VILLON FRANÇOIS *Le Testament Villon.* Ed. Jean Rychner et Albert Henry. – Genève 1974

VILLON FRANÇOIS *Le Lais Villon et les Poèmes variés.* Ed. Jean Rychner et Albert Henry. – Genève 1977

VILLON FRANÇOIS *Dichtungen.* Deutsche Übersetzung von Carl Fischer. – München 1963

WENDT MICHAEL *Der Oxforder Roland.* Heilsgeschehen und Teilidentität im 12. Jahrhundert. – München 1970

WESTERMANN *Das große Lexikon der Malerei.* – Braunschweig 1982

ZUMTHOR PAUL *Anthologie des grands rhétoriqueurs.* – Paris 1978

Postscriptum

Ossip Mandelstam: François Villon (1910/1913)

Astronomen vermögen die Wiederkehr eines Kometen nach Ablauf einer großen Zeitspanne genau vorauszusagen. Für diejenigen, die Villon kennen, stellt das Auftauchen Verlaines ein ebensolches astronomisches Wunder dar. Die Schwingungen dieser beiden Stimmen sind sich verblüffend ähnlich. Außer der Klangfarbe und der Biographie jedoch verbindet diese Dichter eine beinah gleiche Mission in der Literatur ihrer Zeit. Beiden war es beschieden, in einer Epoche gekünstelter Treibhausdichtung aufzutreten, und ähnlich wie Verlaine die *serres chaudes* des Symbolismus durchschlug, warf Villon der mächtigen Rhetorischen Schule, die man mit vollem Recht als den Symbolismus des 15. Jahrhunderts auffassen darf, seine Herausforderung entgegen. Der berühmte *Roman de la Rose* hatte zum ersten Male die undurchdringlichen Schutzwände errichtet und jene fortwährend sich verdichtende Gewächshausatmosphäre geschaffen, die dem Atmen der vom Roman entworfenen Allegorien unentbehrlich war. *Liebe, Gefahr, Haß, Hinterlist* – das sind keine toten Abstraktionen. Sie sind keineswegs körperlos. Die mittelalterliche Dichtung verleiht diesen Geistern gleichsam einen Astralleib und ist zärtlich für die künstliche Luft besorgt, die zur Aufrechterhaltung ihres zerbrechlichen Seins so notwendig ist. Der Garten, in welchem diese eigenartigen Personen leben, wird von einer hohen Mauer umgrenzt. Wie der Anfang des Rosenromans berichtet, war der Verliebte auf der vergeblichen Suche nach dem verborgenen Eingang lange um diese Schutzmauer herumgestreift.

Dichtung und Leben sind im 15. Jahrhundert zwei selbständige, miteinander verfeindete Dimensionen. Es ist kaum anzunehmen, daß Maître Alain Chartier einer eigentlichen Verfolgung ausgesetzt war und persönliche Unannehmlichkeiten erdulden mußte, nachdem er die damalige öffentliche Meinung gegen sich aufgebracht hatte – durch ein allzu hartes Urteil über die *Mitleidlose Dame*, die er nach einer glänzenden Gerichtsverhandlung, unter Beachtung aller Feinheiten der mittelalterlichen Prozeßführung, im Brunnen der Tränen ertränkte. Die Dichtung des 15. Jahrhunderts war autonom: sie hatte in der damaligen Kultur die Stellung eines Staates im Staate. Erinnern wir uns an den *Liebeshof* von Charles VI.: verschiedene Dienste schließen 700 Menschen zusammen, von der höchsten Herrschaft bis hin zum Kleinbürger und den untersten Clercs. Die Nichtbeachtung der Standesunterschiede erklärt sich durch den ausschließlich literarischen Charakter dieser Einrichtung. Die Hypnose der Literatur war derart stark, daß die Mitglieder solcher Vereinigungen sich mit grünen Kränzen schmückten – dem Symbol des Verliebtseins – und so durch die Straßen zogen, getragen vom Wunsche, den literarischen Traum in die Wirklichkeit hinein zu verlängern.

François Montcorbier (des Loges) wurde 1431 in Paris geboren, in der Zeit der englischen Besatzung. Zu der Armut, die seine Wiege umgab, kam die Not des ganzen Volkes und insbesondere die Not der Hauptstadt. Man könnte nun erwarten, daß die Literatur jener Zeit erfüllt gewesen sei von patriotischem Pathos und von Rachedurst für die erniedrigte Würde der Nation. Indessen finden wir weder bei Villon noch bei seinen Zeitgenossen solche Gefühle. Das von den Ausländern gefangengesetzte Frankreich zeigte sich als echte Frau. Wie eine Frau in Gefangenschaft verwandte es die Hauptaufmerksamkeit auf die Kleinigkeiten seiner Kultur- und Alltags-Toilette und musterte die Sieger mit Neugier. Die höhere Gesellschaft, darin ihren Dichtern folgend, enteilte wie vordem durch den Traum in die vierte Dimension der *Gärten der Liebe* und der *Gärten der Freude*, für das Volk hingegen entzündeten sich am Abend die Lichter der Tavernen, und an Festtagen wurden Farcen und Mysterienspiele aufgeführt.

Die weiblich-passive Epoche prägte tief das Schicksal und den Charakter Villons. Zeit seines ungesitteten Lebens bewahrte er die unerschütterliche Überzeugung, daß irgend jemand sich um ihn kümmern, über seine Angelegenheiten Bescheid wissen und ihm aus schwierigen Situationen heraushelfen müsse. Noch als erwachsener Mensch ruft er, vom Bischof von Orléans in *Meung-sur-Loire* in den Kerker geworfen, jammernd seine Freunde an: *»Le laisserez-vous là, le pauvre Villon?«* ... Die soziale Karriere des François Montcorbier begann damit, daß ihn Guillaume Villon in seine Obhut nahm, der angesehene Domherr der Klosterkirche *Saint-Benoît-le-Bestourné*. Nach Villons eigenem Bekenntnis war der alte Domherr für ihn »mehr als eine Mutter« gewesen. Im Jahre 1449 erlangt er den Grad eines Baccalaureus, 1452 den eines Lizentiaten und Maître. »O Herr, wenn ich in den Tagen meiner unbesonnenen Jugend gelernt und guten Sitten mich geweiht hätte – ein Haus hätte ich bekommen und ein weiches Bett. Aber was soll man dazu sagen! Aus der Schule weggelaufen bin ich wie ein verschlagener Junge: wenn ich diese Worte schreibe, blutet mein Herz.« So seltsam dies auch erscheinen mag, Maître François Villon hatte für eine gewisse Zeit ein paar Zöglinge und unterwies diese, so gut er konnte, in Schulweisheit. Bei seiner Ehrlichkeit sich selber gegenüber erkannte er jedoch, daß es ihm nicht anstand, den Titel eines Maître zu tragen, und so zog er es vor, sich in den Balladen den »armen kleinen Scholaren« zu nennen. Das Lernen gestaltete sich für Villon aber auch besonders schwierig, da ausgerechnet auf die Jahre seines Studiums die Studentenunruhen von 1451–1453 fielen. Die Menschen des Mittelalters liebten es, sich als Kinder der Stadt, der Kirche, der Universität zu begreifen . . . Doch die »Kinder der Universität« fanden ausschließlich an losen Streichen Geschmack. Es wurde eine heldenhafte Jagd auf die populärsten Aushängeschilder des Pariser Marktes veranstaltet. Der Hirsch hatte die Ziege und den Bären zu trauen, und als Geschenk für die Jungvermählten war der Papagei vorgesehen. Die Studenten stahlen auch einen Grenzstein aus den Besitzungen der *Mademoiselle de Bruyères*, stellten ihn auf den Berg der heiligen Geneviève, tauften ihn *la vesse* und machten den Stein, nachdem sie ihn bereits einmal der Gewalt der Obrigkeit entrissen hatten, mit eisernen Faßbändern am Orte fest. Auf den runden Stein stellten sie einen anderen, einen länglichen, den *Pet au Diable*, und machten beide in den Nächten zum Gegenstand ihrer Verehrung, bestreuten sie mit Blumen und tanzten um sie herum zu den Klängen von Flöten und Tamburinen. Die erbosten Fleischer und die beleidigte Dame unternahmen die entsprechenden Schritte. Der Gerichtsvorsteher von Paris erklärte darauf den Studenten den Krieg. Zwei verschiedene Gerichtsbarkeiten prallten aufeinander – und die unverschämten Polizeibeamten hatten auf den Knien, mit angezündeten Kerzen in Händen, beim Rektor der Universität um Verzeihung zu bitten. Villon, der zweifellos im Mittelpunkt dieser Ereignisse stand, hielt sie fest im uns nicht erhaltenen Roman *Le Pet au Diable*.

Villon war Pariser. Er liebte die Stadt und das Nichtstun. Für die Natur hegte er keinerlei Zärtlichkeit und verspottete sie sogar. Schon im 15. Jahrhundert war Paris jenes Meer, in dem man schwimmen konnte, ohne je

Überdruß zu empfinden, und das restliche Weltall vergaß. Doch wie leicht stößt man auf eines der zahllosen Riffe einer untätigen Existenz! Villon wird zum Mörder. Die Passivität seines Schicksals ist bemerkenswert. Es ist, als ob es nur darauf gewartet hätte, von einem Zufall befruchtet zu werden, gleichgültig, ob von einem guten oder einem schlechten. In einer unsinnigen Straßenraueferei erschlägt Villon an einem 5. Juni den Geistlichen Sermoise mit einem schweren Stein. Zum Galgen verurteilt, reicht er seine Appellation ein, wird begnadigt und in die Verbannung geschickt. Die Landstreicherei zerrüttete vollends seine Moralität, indem sie ihn mit der Verbrecherbande *la Coquille* in Berührung brachte, deren Mitglied er wird. Bei seiner Rückkehr nach Paris beteiligt er sich an einem großen Diebstahl im *Collège de Navarre* und flüchtet unverzüglich nach Angers – einer unglücklichen Liebe wegen, wie er beteuert, in Wirklichkeit jedoch zur Vorbereitung eines Raubes an seinem reichen Onkel. Vom Pariser Horizont verschwindend, veröffentlicht Villon sein *Petit Testament*. Darauf folgen Jahre ziellosen Umherstreifens, mit Zwischenhalten an Feudalhöfen und in Gefängnissen. Am 2. Oktober 1461 von Louis XI. amnestiert, verspürt Villon eine tiefe schöpferische Bewegung, seine Gedanken und Empfindungen nehmen ungewöhnlich scharfe Umrisse an, und er schafft das *Grand Testament* – sein Denkmal für alle Zeiten. Im November des Jahres 1463 war François Villon Augenzeuge eines Streites und Mordes an der *Rue Saint-Jacques*. Hier enden unsere Kenntnisse über sein Leben, und seine dunkle Biographie bricht jäh ab.

Grausam war das 15. Jahrhundert den Einzelschicksalen gegenüber. Viele ordentliche und besonnene Leute verwandelte es in Hiobsgestalten, die vom Grunde ihrer übelriechenden Verliese aufmurrten und Gott der Ungerechtigkeit bezichtigten. Es wurde eine besondere Art der Gefängnisdichtung geschaffen, die von biblischer Bitterkeit und Rauhheit durchdrungen war, soweit diese der höflichen romanischen Seele überhaupt zugänglich ist. Doch aus dem Chor der Gefangenen dringt scharf die Stimme Villons hervor. Seine Auflehnung gleicht eher einem Prozeß denn einer Revolte. Er verstand es, in einer Person den Kläger und den Angeklagten zu vereinen. Die Beziehung Villons zu sich selber überschreitet nie bestimmte Grenzen der Intimität. Er ist für sich selber nicht zartfühlender, aufmerksamer und fürsorglicher als ein guter Advokat seinem Klienten gegenüber. Selbstmitleid ist ein parasitisches Gefühl, das Seele und Organismus zersetzt. Jenes trockene juristische Mitleid jedoch, das Villon sich schenkt, ist für ihn die Quelle seiner Munterkeit und der unerschütterlichen Überzeugung von der Rechtlichkeit seines »Prozesses«. Der vollkommen sittenlose, »amoralische« Mensch lebt, als echter Nachfahre der Römer, völlig in einer vom Recht bestimmten Welt und kann sich keinerlei Verhältnisse außerhalb von Gerichtsbarkeit und Norm vorstellen. Der lyrische Dichter ist seiner Natur nach ein zweigeschlechtliches Wesen, fähig zu unzähligen Aufspaltungen im Namen eines inneren Dialoges. Bei keinem ist dieser »lyrische Hermaphroditismus« so lebhaft zum Ausdruck gekommen wie bei Villon. Welch eine vielfältige Auswahl bezaubernder Duette: der Betrübte und der Tröstende, die Mutter und das Kind, der Richter und der Angeklagte, der Besitzende und der Bettler ...

Besitztum lockte Villon zeit seines Lebens wie eine musikalische Sirene und ließ ihn zum Dieb werden ... und zum Dichter. Als kläglicher Landstreicher macht er sich die ihm unzugänglichen Güter mit Hilfe einer schneidenden Ironie zu seinem Eigentum.

Die modernen französischen Symbolisten sind in die Dinge verliebt, als seien sie deren Besitzer. Vielleicht ist selbst die »Seele der Dinge« nichts anderes als das Gefühl des Besitzers, durchgeistigt und veredelt im Laboratorium der aufeinanderfolgenden Generationen. Villon hatte den Abgrund zwischen Subjekt und Objekt bestens erkannt, verstand ihn jedoch als Unmöglichkeit des Besitzes. Der Mond und andere neutrale »Gegenstände« sind unwiederbringlich aus seinem dichterischen Haushalt verbannt. Dafür lebt er sofort auf, wenn die Rede auf gebratene Enten an Sauce oder die ewige Glückseligkeit fällt, die zu erlangen er nie endgültig die Hoffnung verliert.

Villon malt ein bezauberndes *intérieur* im holländischen Stil, wobei er durch ein Schlüsselloch späht.

Villons Sympathien für die Hefe der Gesellschaft, für alles Verdächtige und Verbrecherische, sind in keiner Weise Dämonismus. Die finstere Kumpanei, mit welcher er sich so rasch und so eng verband, fesselte seine weibliche Natur durch ihr großes Temperament, durch ihren mächtigen Lebensrhythmus, den er in den anderen Gesellschaftsschichten nicht finden konnte. Man muß schon hören, mit welcher Lust Villon in der *Ballade à la grosse Margot* vom Beruf des Zuhälters erzählt, der ihm offensichtlich nicht fremd war: »Wenn Kunden kommen, greife ich einen Krug und laufe, den Wein zu holen.« Weder der blutleer gewordene Feudalismus noch das neu in Erscheinung getretene Bürgertum mit seinem Hang zu flämischer Schwere und Behäbigkeit vermochten jenem gewaltigen dynamischen Vermögen einen Ausweg anzubieten, das wie durch ein Wunder im Pariser Clerc versammelt und konzentriert war. Dürr und finster, brauenlos, mager wie eine Chimäre, mit einem Kopf, der seiner eigenen Aussage gemäß an eine geschälte und geröstete Nuß erinnerte, den Degen in der halbweiblichen Kleidung des Studenten verbergend – so lebte Villon in Paris wie das Eichhörnchen im Rad und kannte keine ruhige Minute. Er liebte in sich das raubgierige, gemagerte Tierchen, und sein abgewetztes Fell war ihm teuer: »Nicht wahr, Garnier, ich habe gut daran getan zu appellieren«, schreibt er an den Staatsanwalt, kaum ist er dem Galgen entronnen, »nicht jedes Tier verstünde es, sich so herauszuwinden.« Wäre Villon in der Lage gewesen, sein dichterisches *Credo* formulieren zu müssen, hätte er zweifellos in der Art Verlaines ausgerufen:

Du mouvement avant toute chose!

Als mächtiger Visionär träumt er das eigene Erhängtwerden am Vorabend der vermeintlichen Hinrichtung. Seltsam jedoch – mit unbegreiflicher Erbitterung und rhythmischem Schwung stellt er in seiner Ballade dar, wie der Wind die Körper der Unglücklichen in eine Schaukelbewegung versetzt, einmal hierhin, einmal dorthin, nach seinem Gutdünken ... Selbst dem Tode noch verleiht er dynamische Eigenschaften, und sogar hier bringt er es zuwege, seine Liebe zu Rhythmus und Bewegung kundzutun ... Ich meine, es sei nicht der Dämonismus, sondern die Dynamik des Verbrechens gewesen, die Villon gefesselt hat. Wäre es möglich, daß ein reziprokes Verhältnis zwischen der sittlichen und der dynamischen Entwicklung eines Geistes bestünde? In jedem Falle sind die beiden Testamente Villons, das große wie das kleine – dieses Fest herrlicher Rhythmen, wie es die französische Dichtung bis dahin nicht gekannt hatte – unheilbar amoralisch. Dieser klägliche Landstreicher schreibt zweimal sein Vermächtnis, verteilt nach rechts und nach links seine angebliche Habe und behauptet als Dichter ironisch seine Herrschaft über alle Dinge, die er zu besitzen wünscht. Auch wenn sich das Seelenleben Villons bei all seiner Originalität nicht durch eine besondere Tiefe auszeichnete – seine gelebten Beziehungen, ein verworrener Knäuel von Bekanntschaften, Verbindungen, Abrechnungen, stellten ein Gebilde von genialer Komplexität dar. Dieser Mensch hat es fertiggebracht, eine wirkliche, vitale Beziehung mit einer ungeheuren Anzahl von Personen verschiedensten Ranges einzugehen, auf allen Stufen der gesellschaftlichen Hierarchie – vom Dieb bis zum Bischof, von der Kneipenwirtin bis zum Prinzen. Mit welchem Genuß erzählt er ihre tiefsten Geheimnisse! Wie genau und treffsicher er ist! Die *Testaments* Villons sind schon deshalb fesselnd, weil er in ihnen eine Menge genauer Kenntnisse vermittelt. Dem Leser kommt es vor, als könne er sich ihrer bedienen, und so fühlt er sich als Zeitgenosse des Dichters. Der gegenwärtige Augenblick vermag den Druck der Jahrhunderte auszuhalten, seine Unversehrtheit zu bewahren und das gleiche »Jetzt« zu bleiben. Man muß es nur verstehen, ihn aus dem Erdboden der Zeit herauszuheben, ohne seine Wurzeln zu beschädigen – ansonsten wird er verwelken. Villon hat es geschafft. Die Glocke der Sorbonne, die seine Arbeit am *Petit Testament* unterbrach, erklingt bis heute.

Wie die Troubadours-Prinzen hat Villon »in seinem Latein« gesungen: irgendwann, noch als Scholar, hatte er von Alkibiades gehört – und in der Folge schließt sich die unbekannte *Archipiade* der grandiosen Prozession der *Damen der vergangnen Zeiten* an.

Das Mittelalter klammerte sich hartnäckig an seine Kinder und trat sie nicht freiwillig an die Renaissance ab. Das Blut des authentischen Mittelalters floß in den Adern Villons. Ihm ist er verpflichtet mit seiner Ganzheit, seinem Temperament, seiner geistigen Eigenart. Die Physiologie der Gotik – denn eine solche gab es tatsächlich, und das Mittelalter war eben eine physiologisch-geniale Epoche – vertrat bei Villon die Weltanschauung und entschädigte ihn im Überfluß für den fehlenden Traditionsbezug zur Vergangenheit. Mehr noch – sie sicherte ihm einen Ehrenplatz in der Zukunft, da die französische Dichtung des 19. Jahrhunderts ihre Kraft aus derselben nationalen Schatzkammer der Gotik schöpfen wird. Nun wird man sagen: was hat denn die herrliche Rhythmik der *Testaments*, die einmal launisch ist wie ein Stehaufmännchen, dann wieder gemessen wie eine kirchliche Kantilene, mit der Kunst der gotischen Baumeister gemeinsam? Aber ist denn die Gotik nicht der Triumph der Dynamik? Und noch eine Frage: was ist beweglicher, was fließender – eine gotische Kathedrale oder ein weicher Wellengang des Ozeans? Wodurch, wenn nicht durch das Gefühl für Architektonik, erklärt sich das wundervolle Gleichgewicht jener Strophe, in der Villon seine Seele über die Gottesmutter – *Chambre de la divinité* – und die neun Himmelslegionen der Dreifaltigkeit anvertraut? Dies ist kein blutarmer Flug auf den Wachsflügelchen der Unsterblichkeit, sondern ein architektonisch begründetes Aufsteigen gemäß den Schichten der Kathedrale. Wer als erster in der Architektur das bewegliche Gleichgewicht der Massen verkündete und das Kreuzgewölbe schuf – der hat genial das psychologische Wesen des Feudalismus formuliert. Der Mensch des Mittelalters fühlte sich im Weltgebäude ebenso unentbehrlich und gebunden wie ein beliebiger Stein im gotischen Bau, der mit Würde den Druck der Nachbarn aushält und als unumgänglicher Einsatz in das allgemeine Spiel der Kräfte eingeht. Dienen bedeutete nicht nur ein Tätigsein für das allgemeine Wohl. Unbewußt betrachtete der mittelalterliche Mensch allein schon die ungeschminkte Tatsache seiner Existenz als einen Dienst, als eine Art Heldentat. Villon, das letzte Kind, Epigone der feudalen Weltauffassung, erwies sich als unempfänglich für deren ethische Seite, für die solidarische Bürgschaft. Das Beständige, Sittliche der Gotik war ihm vollkommen fremd. Dafür stand er ihrer Dynamik nicht gleichgültig gegenüber und erhob sie auf die Ebene des Amoralismus. Zweimal erhielt Villon Begnadigungsschreiben – *Lettres de rémission* – von Königen: von Charles VII. und Louis XI. Er war fest davon überzeugt, einen solchen Brief dereinst auch von Gott zu erhalten, mit der Vergebung all seiner Sünden. Vielleicht verlängerte er ganz im Sinne seiner trockenen und rationalen Mystik die Stufenleiter der feudalen Gerichtsbarkeiten bis ins Unendliche, und in seinem Geiste gärte verworren die wilde, doch zutiefst feudalistische Auffassung, daß es einen Gott über Gott gebe . . .

»Ich weiß ja gut, daß ich kein Engelssohn bin, gekrönt mit einem Diadem von Sternen oder andern Himmelskörpern«, sagte von sich selber der arme Pariser Schüler, der für ein gutes Abendbrot zu vielem fähig war.

Solche Verneinungen kommen einer bejahenden Zuversicht gleich.

(*aus dem Russischen von Ralph Dutli*)

Namenregister

(zur Schreibung russischer Namen vgl. Anmerkung 1, S. 319)